H. DE LAVILLATTE

Membre de la Société dés Sciences naturelles et archéologiques de la Creuse
et de la Société des Archives historiques du Limousin.

ESQUISSES

DE

BOUSSAC

(CREUSE)

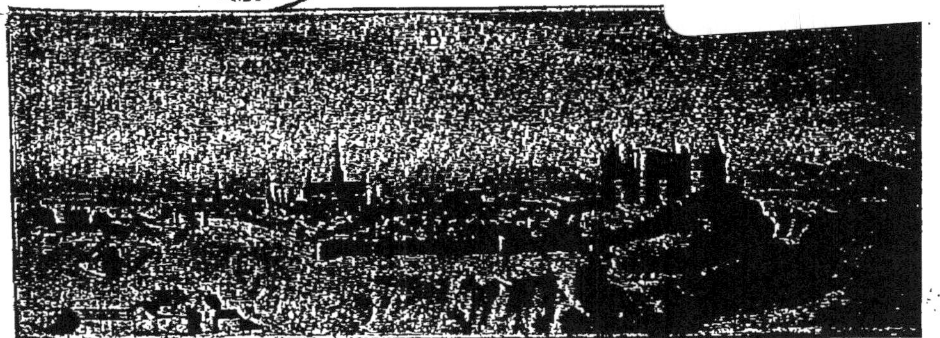

PARIS

ÉMILE-PAUL, ÉDITEUR

100, rue du Faubourg-Saint-Honoré, 100
Place Beauvau.

—

1907

ESQUISSES DE BOUSSAC

H. DE LAVILLATTE

Membre de la Société des Sciences naturelles et archéologiques de la Creuse
et de la Société des Archives historiques du Limousin.

ESQUISSES

DE

BOUSSAC

(CREUSE)

PARIS

ÉMILE-PAUL, ÉDITEUR

100, rue du Faubourg-Saint-Honoré, 100
Place Beauvau.

—

1907

DÉDIÉ

A LA MÉMOIRE

DU PRÉSIDENT

DISSANDES DE LAVILLATTE

AU LECTEUR

Château de Lavillatte (Creuse), 1907.

Quand la pensée me vint de réunir les quelques notes qui vont suivre, le premier ouvrage que je consultai m'apprit « qu'il n'y avait absolument aucun fait historique à rapporter dont Boussac ait été l'occasion ou le théâtre (1) ».

C'était clair, mais un peu court peut-être pour écrire un volume, et je me demandais si, avec des données aussi précises et aussi précieuses, il ne vaudrait pas mieux, sans aller plus loin, remettre ma plume sur mon bureau et renoncer à mon projet. « Les peuples heureux n'ont pas d'histoire », me remémorais-je comme fiche d'ultime consolation.....

Et pourtant..... pourtant, du bas de la montagne qui lui fait un piédestal à sa taille, j'avais bien des fois contemplé un castel d'allure étrangement guerrière, dont les tours féodales dominent les campagnes avoisinantes..... bien des fois, dans le site pittoresque où elles dressent orgueilleusement leur robuste stature, j'avais été hanté par le souvenir de cet héroïque maréchal de Brosse, mort jeune encore dans ce château reconstruit en partie par ses soins, mort pauvre et oublié, après avoir donné ses biens pour toutes les nobles causes, après avoir versé pour elles son sang sur tous les champs de bataille ; bien des fois, j'avais admiré les traits de l'amie du malheureux prince oriental Zizim,

---

(1) A. Guilbert. *Histoire des villes de France*, tome VI, page 285.

la Dame à la Licorne, dont une série de tapisseries, longtemps conservées à Boussac, confiées aujourd'hui au Musée de Cluny, évoquent, en leurs tons au chatoiement légèrement éteint, l'énigmatique personnalité!.....

Et je me disais que si, en effet, Boussac fut, par son peu d'étendue et par sa situation géographique, placé en dehors des événements qui changent le sort d'un pays; que si la petite ville, comme les peuples heureux dont j'évoquais plus haut la consolante félicité, n'avait pas d'histoire, du moins avait-elle un passé assez riche en souvenirs pour lui en faire une, si abrégée du reste, si incomplète, qu'elle ne troublera pas son bonheur, je l'espère.....

Je me hâte d'ajouter que, grâce à la bienveillance d'érudits parmi lesquels je dois citer d'abord mon éminent compatriote, M. Antoine Thomas, membre de l'Institut (1); M. Emile Chénon, professeur à la Faculté de Droit de Paris; M. Louis Duval, ancien archiviste de la Creuse, archiviste de l'Orne (2); M. Autorde, archiviste de la Creuse, et son secrétaire, M. Aubaile; M. Boisserie de Masmontet, auquel je suis redevable de plusieurs documents inédits; mon parent, M. Henry du Breuil de Souvolle, etc., etc....., grâce aussi à l'obligeance des habitants de Boussac et des environs, que je ne puis individuellement remercier ici....., — il me

---

(1) M. Antoine Thomas a bien voulu m'autoriser à reproduire le registre d'hommages de la seigneurie de Boussac (1519-1521) qu'il avait publié, « à condition, m'écrivait-il, que vous me soumettiez l'épreuve pour que je corrige quelques menues erreurs, ce qui fera de votre reproduction une deuxième édition revue par l'auteur ». Je laisse à penser si j'ai accepté avec empressement.

(2) M. Emile Chénon et M. Louis Duval, outre l'extrême complaisance avec laquelle ils se sont toujours montrés prêts à me donner les renseignements que je leur demandais, m'ont offert, M. Chénon, son *Histoire de Sainte-Sévère en Berry,* ouvrage couronné par l'Académie des Inscriptions et Belles-Lettres; M. Duval, ses *Esquisses marchoises.* J'ai largement puisé dans ces deux livres admirablement documentés.

faudrait les nommer presque tous, — ma tâche a été singulièrement facilitée.

Ce m'est un devoir de leur offrir l'expression de ma reconnaissance, qui de même va à tous ceux dont le concours est venu apporter une pierre à ce modeste édifice.

Ce sont tous ces souvenirs que je rappelle en commençant, c'est l'organisation de la cité, ce sont ses rapports, ses luttes avec le vieux manoir, son terrible protecteur, dont le sommet est encore surmonté du masque du Maréchal, le hardi batailleur du temps de Charles VII, que je vais tâcher de résumer ici.

Si, dans le cours de cette étude, on rencontre parfois une plainte sur tout ce qui s'est évanoui....., un mot pour regretter le passé qui s'envole illuminé en un rayonnement de gloire que ne peuvent ternir quelques ombres, inévitable signature de l'homme! qu'on s'unisse à la pensée qui les inspire à l'ami de « l'Autrefois ».

A les voir, ces âges révolus, dans la pénombre indécise de l'Histoire, où ils se profilent imprécis et mystérieux, ils gardent vraiment belle allure. Le chant qui les fit frissonner fut toujours un hymne au courage; ils eurent le culte de l'honneur; ils l'ont donné en apanage à la terre de France!

S'ils nous apparaissent, aujourd'hui, quelquefois difficiles à comprendre, c'est..... qu'ils nous précédèrent. A deux pas du rapide, dans le confort des habitations *modern-style* et sous l'éclatante réverbération de l'électricité, trouver pittoresques les vénérables diligences, la lueur vacillante des torches, poétiser les vieux créneaux, les douves profondes, comme aussi la rude existence d'antan....., n'est-ce pas quelque peu naïf?..... Mais notre vie, nos découvertes subiront aussi l'épreuve de la comparaison avec les progrès de l'avenir, mais le passé..... un jour, ce sera nous..... C'est donc faire œuvre de prévoyance, en même temps que de respect, d'essayer de le sauver un peu de l'oubli.

Je donnerai un aperçu rapide des faits et gestes de ceux qui ont possédé l'antique seigneurie, non pas que j'aie la prétention d'ajouter quoi que ce soit à la renommée de noms tels que Déols, Brosse, Luxembourg, Vendôme, Loménie, Rilhac, Carbonnières, etc....., mais parce que j'ai l'espérance que l'éclat des hauts faits de ceux qui les ont portés jettera un peu de lumière sur le pays où ils ont vécu.

Aux faits historiques, je joindrai aussi quelques vieilles légendes. « Rien ne parle mieux à notre esprit que le mot *légende*, disait, il y a quelques années, M. Louis de Meurville, dans le *Gaulois*; la légende n'est pas de l'histoire et c'est mieux que l'histoire : c'est la poésie d'une époque et d'une race qui s'est envolée à travers les siècles et nous est arrivée souvent déformée, ou transformée, chargée d'une addition à chaque époque, accaparée par d'autres, revenue au terroir sous couleur de l'étranger et toujours belle du parfum des âmes d'un autre âge. L'histoire nous donne des faits, la légende nous apporte le suc, la couleur, l'esprit des hommes et des choses d'une époque. »

H. DE LAVILLATTE.

Les dessins à la plume contenus dans ce travail ont été exécutés par M. de Fonrémis, dont le talent est bien connu. Les clichés représentant la porte d'entrée du château de Boussac, la grande cheminée de la salle des Gardes, la Dame à la Licorne (d'après l'illustration de l'Histoire de la Tapisserie, par Jules Guiffrey) sont de M. le docteur Desfosses. Ces différentes vues, ainsi que la reproduction photographique de la topographie de Mérian (Boussac au XVII° siècle), par M. l'abbé Savoyant, et les cartes éditées par M. Autixier, que l'on trouvera en feuilletant ce volume, compléteront les descriptions qu'il contient.

ESQUISSES DE BOUSSAC

CHAPITRE PREMIER

Boussac et ses environs vers 1840, d'après les descriptions de George Sand. — Vue de la Ville et du Chateau au xvii° siècle. — La Ville et le Chateau tels qu'ils sont aujourd'hui.

« Jeté sur des collines abruptes, le long de la Petite-Creuse, au confluent d'un autre ruisseau rapide, Boussac offre un assemblage de maisons, de rochers, de torrents, de rues mal agencées et de chemins escarpés qui lui donnent une physionomie très pittoresque..... Boussac a le bon goût de se lier si bien au sol qu'on y peut faire une belle étude de paysage à chaque pas, en pleine rue. Mais il passera bien du temps avant que les citadins de nos provinces comprennent que la végétation, la perspective, le mouvement du terrain, le bruit du torrent et les masses granitiques font partie essentielle de la beauté des villes qui ne peuvent prétendre à briller par leurs monuments.

« Il y a cependant un monument à Boussac : c'est le château d'origine romaine que Jean de Brosse, le fameux maréchal de Boussac, fit reconstruire en 1400, à la mode de son temps. Il est irrégulier, capricieux et coquet dans sa simplicité. Cependant les murs ont 10 pieds d'épaisseur, et dès qu'on franchit le seuil, on trouve que l'intérieur a la mauvaise mine de tous ces grands brigands du moyen âge que nous voyons dans nos provinces dresser encore fièrement la tête sur toutes les hauteurs.

« Ce château est moitié à la ville, moitié à la campagne. La
cour et la façade armoriée regardent la ville, mais l'autre
face plonge, avec le roc perpendiculaire qui la porte, jusqu'au lit de la Petite-Creuse et domine un site admirable, le
cours sinueux du torrent encaissé dans les rochers, d'im-
menses prairies semées de châtaigniers, un vaste horizon, une
profondeur à donner des vertiges. Le château, avec ses fortifications, ferme la ville de ce côté-là. Les fortifications sub-
sistent encore, la ville ne les a pas franchies..... La plus
belle décoration du grand salon du château est, sans contredit, ces curieuses tapisseries énigmatiques que l'on suppose
avoir été apportées d'Orient par Zizim, et avoir décoré la
tour de Bourganeuf durant sa longue captivité. Je les crois
d'Aubusson. Ces tableaux ouvragés sont des chefs-d'œuvre et,
si je ne me trompe, une page historique fort curieuse..... »

Tel est l'aspect de Boussac que George Sand donnait en
1844, dans le roman de *Jeanne*.

Décrire un coin du Berry, si petit fût-il, après George
Sand, serait chose malaisée et bien délicate..... C'est dans les
ouvrages de la grande artiste, toujours d'une merveilleuse
exactitude et en même temps vrais petits chefs-d'œuvre de
poésie rustique, que nous ferons de larges et nombreux
emprunts.

Le pays et les environs de Boussac..... C'est encore George
Sand qui nous les fait connaître dans une notice publiée par
le journal *L'Illustration*, le 3 juillet 1847 : « Le Berry, écrit-
elle, n'est pas ce qu'on le juge quand on l'a traversé dans ses
parties plates et tristes, de Vierzon à Châteauroux ou à
Bourges. C'est vers la Châtre qu'il prend du style et de la
couleur; c'est vers ses limites avec la Marche qu'il devient
pittoresque et vraiment beau. On entre par Boussac dans le
département de la Creuse, mais jusqu'à Toulx-Sainte-Croix —
quatre lieues au delà, sur l'arête élevée des collines qui forment
comme une limite naturelle aux deux provinces du Berry et de
la Marche — on foule encore le vieux sol berruyer. Les paysans
parlent presque tous la langue d'oc et la langue d'oïl, et, dans

sa sauvagerie marchoise, la campagne conserve encore quelque chose de la naïveté berrichonne. Boussac est un précipice encore plus accusé que Sainte-Sévère. Le château est encore mieux situé sur les rocs perpendiculaires qui bordent le cours de la Petite-Creuse. Ce castel, encore fort bien conservé, est un joli monument du moyen âge et renferme des tapisseries qui mériteraient l'attention et les recherches d'un antiquaire..... Ces tapisseries sont une œuvre de peinture très précieuse, il serait à souhaiter que l'administration des Beaux-Arts en fît faire des copies pour enrichir nos collections nationales. Je dis des copies, car je ne suis pas partisan de l'accaparement un peu arbitraire, dans les capitales, des richesses d'art éparses sur le sol des provinces. J'aime à voir ces monuments en leur lieu, comme un couronnement nécessaire à la physionomie historique des pays et des villes. Il faut l'air de la campagne de Grenade aux fresques de l'Alhambra, il faut celui de Nîmes à la Maison Carrée, il faut de même l'entourage des roches et des torrents au château féodal de Boussac, et l'effigie des belles châtelaines est là dans son cadre naturel. »

En remontant à des époques plus anciennes, nous trouvons quelques précieux renseignements. C'est d'abord Thaumas de la Thaumassière qui écrivait, en 1680 : « Boussac est une petite ville de cent maisons environ, ceinte de hautes murailles, flanquée d'une tour si vaste qu'elle pourrait loger le Roi et sa cour. Il y a trois portes principales. Son château, comme un nid d'aigle, élevé sur un rocher escarpé, passait pour imprenable. »

Et enfin, deux vues du milieu du xviie siècle. L'une, qui semble quelque peu plus ancienne, est celle de Chastillon ; elle nous a été gracieusement communiquée par M. Mazet, l'érudit collectionneur, qui a réuni de nombreuses gravures concernant la Marche, nous n'oserions affirmer toutes les gravures, mais du moins un nombre bien considérable dont il a publié le catalogue, reproduit dans les Mémoires de la *Société des Sciences naturelles et archéologiques de la Creuse*. L'autre est extraite de la Topographie de Mérian, publiée à

Francfort en 1656, et dont les lecteurs trouveront ici la reproduction. Ces deux vues semblent complètement de même époque, et, si quelques détails sont plus finis ou plus accentués dans celle de Chastillon, il serait difficile de noter une différence appréciable.

En étudier une, c'est donc les étudier toutes les deux,..... c'est en un mot le même aspect, et nous dirons l'aspect complet de Boussac au milieu du XVIIe siècle.

Vue de Boussac en 1656.

Cliché de M. l'abbé Savoyant, d'après la Topographie de Mérian.

« Sur la droite des deux gravures, comme l'a indiqué le savant abbé Lecler (1), on remarque le château dont la masse de construction domine non seulement la ville, mais tout le pays si pittoresque d'alentour. On distingue très bien ce qui restait du château primitif du XIIIe siècle : l'énorme donjon soutenu par de larges contreforts, surmonté de la niche du veilleur et encadré par deux courtines crénelées..... »

On remarque aussi la grosse tour à mâchicoulis qui existe toujours, privée malheureusement de sa haute et élancée toiture, puis la chapelle à clocher aigu et fort élégant, enfin les divers bâtiments du château proprement dit, dont la partie la plus éloignée forme une sorte de pavillon carré ; elle est surmontée de mâchicoulis et d'un toit pyramidal s'élevant bien au-dessus des toitures voisines et à la même hauteur que celle

____

(1) *Dictionnaire archéologique de la Creuse*, p. 83.

de la grosse tour ronde de l'entrée. Mâchicoulis et toiture pyramidale ont disparu, et le même faîtage s'étend sur tout le bâtiment. Une large coupure, dans la muraille qui servait de défense continue, a été faite pour servir de communication avec la ville, dont le mur d'enceinte part de la pointe du rocher la plus avancée sur le précipice et conserve à son départ l'échauguette qui protégeait la seule porte d'accès du manoir avant la fortification de la ville (1).

La portion la plus étendue du mur d'enceinte est représentée sur la gravure; on y peut voir quatre tours de défense et deux portes d'entrée, dont l'une, la plus éloignée du château, et à laquelle on accédait par un chemin profondément encaissé dans le haut talus qui se trouve devant la muraille fortifiée, est protégée par deux tours. Elle existe encore en grande partie; on a diminué la hauteur des tours, mais la route qui vient de Boussac-Bourg passe, pour entrer en ville, sous la porte qui a conservé sa toiture. A petite distance, le cimetière, lui aussi disparu, par cession à l'hôpital de Boussac qui, vers le milieu du xviiie siècle, y fit construire diverses annexes.

Touchant le cimetière, la chapelle de Notre-Dame-de-Pitié, qui devint chapelle de l'hôpital. Les bâtiments de l'hôpital et de la chapelle, transformés depuis en école, n'ont subi que de peu importantes modifications.

Au bas des rochers, sur lesquels est bâti le château, se trouve quelque étendue de terrain plat, sorte de carrefour d'où partent deux chemins : celui de droite se perd derrière le massif des rochers, pour monter à une porte d'accès du château; l'autre contourne le même massif, mais du côté

______

(1) « A l'aspect du nord, à l'entrée était une vaste cour qui était séparée d'une seconde cour par trois ponts-levis avec herses et un vaste fossé rempli d'eau. Cette seconde cour, formant l'enceinte particulière du château, était défendue par des remparts, des bastions et des donjons, par une énorme tour quarrée (*sic*) en pierres de taille que Jean de Brosse fit bâtir. Il y avait, en outre, plusieurs tours et fortifications qui enveloppaient le château. Entre le fossé et la seconde cour, il y avait un chemin couvert qui communiquait aux doubles remparts. » (*Journal du département de la Creuse* du 2 mai 1811 et *Nouveau Dictionnaire illustré de la Creuse*, par P. Valadeau, 1892.)

opposé, et arrive, par une courbe de grand rayon nécessaire pour gagner la hauteur, jusqu'à la porte de la ville la plus rapprochée du manoir; cette entrée n'a pas de tours de défense.

L'intérieur de la ville ne présente aucune place. Le tracé des rues est impossible à suivre. L'église est une construction imposante avec transept et haut clocher en charpente. A côté, deux maisons à pignons aigus : l'une d'elles existe encore, sans notables changements extérieurs; bien des souvenirs s'y rattachent et, dans un autre chapitre, nous nous proposons d'en rappeler quelques-uns des plus saillants. Un peu plus loin et dans la direction du château, on voit la seconde maison, haut et important édifice, dont il nous a été impossible de retrouver le moindre vestige ni le moindre souvenir de la part des habitants les plus âgés. Serait-ce le vieil hôpital auquel, au xive siècle, un seigneur de Brosse léguait par testament douze lits, ce qui indiquerait un vaste établissement charitable, déjà bien ancien en 1656 et qui aurait complètement disparu, usé par la vétusté, détruit par la faux du temps, alors que l'hôpital s'installait près du cimetière, vers le commencement du xviiie siècle; ou bien encore serait-ce, comme le pense l'abbé Lecler, *la maison commune* élevée par les habitants après la charte d'affranchissement de 1427? Nous avons longtemps partagé cette idée qui, à la suite de nos recherches, semble cependant devoir être abandonnée..... A la première réunion des membres du district de Boussac, qu'avait créé la Révolution, le procès-verbal qui fut rédigé et dont nous possédons l'original, sur lequel nous aurons du reste plus loin à revenir, constate que la réunion se tint dans l'auditoire appartenant au seigneur de Boussac (1), et qui semblait se trouver dans une dépendance du château (2). Dans tous les cas, cet auditoire était fort exigu, et les membres du district exposent que la ville n'ayant ni hôtel de ville, ni mai-

(1) Lieu où se rendait par conséquent la justice seigneuriale.

(2) Le 28 mars 1762, pour la nomination d'un maître d'école, il y avait eu réunion en l'auditoire de « cette ville et justice de Boussac », prise pour chambre de ville. (Voir chapitre VI.)

son commune où puissent se réunir les habitants, ils ont été obligés de faire leur première réunion dans l'auditoire de la justice du seigneur. Si le grand bâtiment élevé au xve siècle était la maison commune, il en serait sûrement resté tout ou partie au xviiie siècle.

Enfin, sur la gravure, sont représentés quatre clochers (en plus de celui de l'église). Ce devait être ceux de diverses chapelles dont il ne reste plus aucune trace.

Tels sont, à grands traits, les divers aspects que nous représentent ces deux curieuses vues si précieuses pour l'histoire du vieux Boussac.

Que reste-t-il aujourd'hui des fortifications et des anciens monuments de la cité? Nous allons essayer d'en donner un aperçu :

En partant de l'extrémité orientale du château, c'est-à-dire de la tour ronde qui le termine du côté de la ville, on voit encore les remparts, en parfaite conservation, formant une ligne ininterrompue qui, actuellement, soutient la terrasse du château et plusieurs jardins (1).

Ils viennent rejoindre une des anciennes entrées de Boussac, fermée jadis par la « Porte-Agova (2) », de l'autre côté de laquelle ils continuent jusqu'à une tour garnie de meurtrières (3) qui formait un angle des remparts. Les maisons faisant suite, et bornant de ce côté et jusqu'à la rue Martin-Nadaud le champ de foire de la ville (4), sont construites en partie sur les fossés de Boussac, encore très apparents.

A partir de la rue Martin-Nadaud, la trace des remparts se perd, ou du moins, le long de la rue établie sur la continuation des fossés (5), elle est cachée jusqu'à une autre tour (6),

(1) Ceux de la sous-préfecture, de la cure, etc...

(2) Nom actuel de la rue ouverte sur l'emplacement de cette porte.

(3) Cette tour se trouve dans le jardin de M. le docteur Desfosses.

(4) Ce champ de foire se trouve en dehors des anciens murs d'enceinte.

(5) Cette rue se nomme, du reste, la rue des Fossés.

(6) Située dans le jardin de M. Eugène Gaulmier. Joullieton, dans

éloignée de la rue Martin-Nadaud d'environ 50 mètres. Les meurtrières du rez-de-chaussée sont intactes, celles du premier sont remplacées par des fenêtres. Cette construction était reliée à une porte de ville qu'on remarque au-dessus de l'ancien cimetière, sur la topographie de 1656. Elle existe toujours et nous en avons déjà dit quelques mots.

Cette porte de ville, avec bâtiment la surplombant, est excessivement curieuse. Elle porte encore la trace des rainures servant au glissement des herses et elle est flanquée, nous l'avons mentionné plus haut, de deux tours qui la protégeaient autrefois. Celle de droite, dont les murs ont environ $1^m,90$ d'épaisseur, est éclairée au rez-de-chaussée et au premier par des fenêtres modernes qui, en 1865, ont remplacé les anciennes meurtrières. Son propriétaire, M. Gilbert, possède aussi l'étage supérieur de la deuxième tour (1), ancienne prison, dans laquelle une meurtrière, conservée celle-ci, laisse pénétrer une faible clarté et où l'on accède par le haut de la porte de ville.

Les fortifications continuent par le jardin de M. Gilbert, dont elles forment le mur intérieur, et qui contient les traces d'une seconde tour de défense.

De ce coin féodal, évocation des souvenirs d'autrefois, d'importantes murailles se prolongent, passent devant l'emplacement d'une tour démolie vers 1883, et, tantôt longeant le chemin, tantôt séparées de lui par des terrains ou des maisons nouvelles, atteignent, en dominant parfois une grande hauteur, un sentier escarpé qui monte à une ancienne porte de ville, détruite aujourd'hui, mais bien visible sur la gravure du XVIIe siècle, et dont le passage est une des entrées actuelles de Boussac.

Descendons ce sentier, longeons les remparts un peu

---

son *Histoire de la Marche*, publiée en 1815, nous dit, page 155 : « Ce qui forme aujourd'hui l'enceinte de la ville, encore entourée de murailles flanquées de tours de vingt mètres en vingt mètres, était la place d'armes du château. »

(1) Cette deuxième tour (à gauche en entrant dans la ville), moins apparente en raison de nouvelles constructions qui l'englobent, est enclavée dans la maison de Mme Mitaty.

Tour située dans le jardin des gendarmes (Dessin à la plume de M. de Fonrémis).

dégradés à leur sommet, nous arrivons ainsi au pied d'une grosse tour, surélevée à une époque plus récente et dominant le Béroux (1). Puis, poursuivant notre route jusqu'au moulin, nous voyons sans interruption, à notre gauche, et s'élevant de plus en plus au-dessus de nos têtes à mesure que nous descendons, le vieux mur de défense toujours debout, toujours solide, allant ainsi rejoindre l'enceinte même du château, accessible jadis par une petite porte, véritable poterne conservée ou reconstruite, qui donne à l'intérieur sur une terrasse et produit, vue du précipice où nous sommes arrivés, un effet des plus pittoresques.

Cette descente, pendant laquelle le regard peut envelopper d'abord la grande tour d'avant-garde, puis la ligne allongée des remparts, et bien haut dans le lointain l'antique manoir aux murs noircis par les siècles, cette descente, par ce point de vue sévère et guerrier, ramène l'imagination au temps des héroïques prouesses du maréchal de Boussac, à l'époque de la féodalité et des romans de chevalerie.

Mais c'est arrivé à l'angle du château que l'aspect devient imposant. Des masses énormes de rochers, se prolongeant du côté de la façade opposée à la ville, sont la base naturelle de l'ancienne forteresse dont la cime domine cette nature sauvage et le gouffre au fond duquel coule la rivière, de plus de 150 pieds de hauteur.

« Vue du bas de la rivière, rien de plus sévère que cette imposante construction élevée sur des blocs gigantesques d'un granit schisteux, à l'aspect dénudé, où croissent à grand'peine quelques plantes rabougries. Les hautes falaises des côtes de Normandie peuvent seules donner idée de cette masse à laquelle il ne manque que le mugissement de la vague pour représenter un nouveau mont Saint-Michel (2). »

Malgré la situation de son château, malgré les souvenirs du passé qu'évoquent ses murailles séculaires et ses tours déman-

---

(1) Cette tour est située au fond du jardin des gendarmes.
(2) Aucapitaine. *Notes sur Boussac.*

telées, Boussac, en 1907, n'est plus la cité fortifiée dont parle La Thaumassière, ni la ville pittoresque que décrit George Sand en 1844.

Elle s'est modernisée et, comme le dit M. Raillard (1) : « Le voyageur qui descend à la gare de Boussac, après avoir jeté un coup d'œil sur les pierres Jomâtres, se trouve vite arrivé devant la maison qui fut celle de Pierre Leroux. Là, c'est l'ancien foyer des idées nouvelles. En continuant sa route, il traverse la ville, il parvient à l'autre extrémité et il s'arrête en face des débris du château féodal des de Brosse. Là, c'est le souvenir des idées anciennes. A ses deux points extrêmes, Boussac offre donc les monuments qui représentent le mieux les pôles de la société. Le château a eu son histoire, la chaumière veut avoir la sienne. Dans son temps, le maréchal de Boussac, qui fut le compagnon de Jeanne d'Arc, a autant illustré sa ville que pourra le faire de nos jours le philosophe de Boussac. Mais, autre temps, autres mœurs ! Les choses vont ainsi, que la maisonnette de Pierre Leroux est sur le point de supplanter le château de Jean de Brosse. Ce qui n'empêche pas que si la ville de Boussac fait frapper une médaille pour conserver le souvenir de ses grands hommes, elle devra, pour être juste, opposer à l'effigie du philosophe celle du maréchal..... »

La nouvelle cité, avons-nous dit, s'est modernisée ; non seulement le sifflet de la locomotive a remplacé le son du cor annonçant l'arrivée, mais Boussac a maintenant des rues coupées à angles droits, des places, des avenues..... ; ses profonds fossés sont en partie comblés ; çà et là on rencontre bien encore une tour à mine féodale, mais ont disparu, peu à peu, presque toutes les maisons à pignons sur rue, avec leurs portes ogivales et leurs fines et délicates sculptures. Disparue la chapelle du château, disparus les clochetons qui ornaient l'église, disparue aussi la grande et importante construction qui attire l'œil dans la gravure de 1656 et

---

(1) *Pierre Leroux et ses œuvres*, par Célestin Raillard. Châteauroux, typographie et lithographie P. Langlois et Cie, 1899.

que nous avons un instant supposée être la « Maison commune » élevée à la suite de l'affranchissement de la ville en 1427.....

Au point de vue de l'hygiène, de la salubrité publique, il n'y a assurément qu'à se réjouir de ce nouvel état de choses; on doit féliciter l'administration de la ville d'avoir, avec sagesse, su prendre l'initiative de ces changements et les conduire à bonne fin..... l'archéologue qui porte ses regards vers le passé contemple avec mélancolie le Boussac d'antan s'en aller pierre par pierre et s'acheminer vers l'oubli.

Sans doute, le château est encore majestueux, mais il est difficile de ne pas s'attrister devant les dégradations et les mutilations sans nombre que, simultanément, le temps et les hommes ont fait subir à l'antique monument....., et la part du temps est encore la moindre : *Tempus edax, homo edacior*..... Depuis de longues années, on a installé la sous-préfecture dans une partie du vieux château; c'est très bien, d'autant plus que les quelques modifications faites à l'intérieur n'avaient alors en rien détruit les parties essentielles et historiques, mais depuis....., comment sont conservées les vieilles murailles dont la première pierre, d'après la légende, a été posée par Jules César ou par Léocade, gouverneur romain dans les Gaules, et la dernière par l'illustre maréchal de Boussac? La grande salle des Gardes, la plus merveilleuse de tout le château, avec ses deux splendides cheminées, dont l'une est armoriée aux armes de Brosse et de Bretagne, n'est-elle pas transformée en bûcher!.....

Enfin, Boussac s'est laissé enlever ses tapisseries..... sans protester..... sans faire une révolution! Un chapitre entier sera consacré à ces merveilles, mais il convient de faire connaitre comment elles ont quitté la ville.

Antérieurement à 1870, le délégué d'un riche financier était venu offrir des tapisseries une somme de 70,000 francs. Bien que leur valeur fût incontestablement beaucoup plus considérable, les représentants de Boussac, s'inspirant des besoins de la ville et se disant en outre que leurs magnifiques œuvres d'art pourraient enfin être réparées et entretenues comme elles le méritaient, allaient peut-être accepter les pro-

positions qui leur étaient faites, mais le ministre des Beaux-
Arts, dont l'autorisation était indispensable pour la vente de
ces pièces, classées monuments historiques, ne donna pas son
consentement. Ce ne fut que plus tard, en 1882, qu'elles
furent acquises par le Musée de Cluny, pour le prix de
25,500 francs, et, depuis 1883, elles sont installées dans
une salle construite spécialement pour leur exposition. Ce
dernier détail, seul, suffit à indiquer la valeur qu'on leur
attribua. M. du Sommerard disait, quelques jours après la
vente, et nous tenons ce détail de M. le docteur Desfosses,
qu'il venait d'acheter, pour un morceau de pain, une pièce
unique.

Nous avons sous les yeux l'article paru, le 21 avril 1883,
dans le *Figaro*, sous la signature de Pierre GIFFARD, et nous
en détachons quelques extraits qui montreront au lecteur
quel accueil enthousiaste les amis des arts firent alors à la
Dame à la Licorne :

« Aujourd'hui, samedi, la Commission des monuments historiques, ayant à sa tête M. Jules Ferry, ministre des Beaux-
Arts, va inaugurer, au Musée de Cluny, une salle nouvelle
dont on a beaucoup parlé avant qu'elle fût mise en état et
dont on parlera beaucoup plus encore, maintenant qu'elle est
admirablement installée par les soins de M. du Sommerard,
l'artiste consommé qui préside aux destinées des musées
archaïques de Cluny et du Trocadéro.

« Il s'agit de la salle où seront exposées désormais les tapisseries de la *Dame à la Licorne*, six merveilles de l'art français au XV.e siècle.....

« Ces tapisseries arrivèrent tendrement surveillées au
Musée de Cluny, où M. du Sommerard les fit étaler sur le
parquet d'une salle nouvelle, celle qui s'ouvre aujourd'hui.
C'est là que les amis de l'art, quelques intimes et privilégiés
dont nous fûmes, purent les admirer. Malgré les déchirures
et les trous, l'effet était déjà saisissant.

« C'est là que commencèrent des travaux de patience qui
viennent seulement de prendre fin ces jours-ci. Des artistes
de premier ordre, et peu connus d'ailleurs, furent appelés par

le directeur de Cluny et travaillèrent, sur place, à réparer l'outrage des ans aussi bien que celui des pieds sous-préfectoraux. On obtint, grâce à des précautions infinies, des rapiéçages et des reprises inappréciables au premier coup d'œil, et il résulte de ces travaux laborieux une *Dame à la Licorne* intacte, belle de jeunesse et de fraîcheur, qui fera l'admiration des siècles à venir..... »

La *Dame à la Licorne*, placée maintenant dans un des grands musées de notre capitale, est, il est vrai, mieux à la portée de la vue de tous, elle est pour toujours assurée des soins auxquels elle a droit, et il est aisé de comprendre que le chroniqueur du *Figaro*, journal éminemment parisien, se félicite de la voir transportée à Paris.....; mais, hélas! nul musée ne pourrait donner à la châtelaine du XVe siècle la forteresse de Jean de Brosse, nul décor ne lui rendrait le cadre féodal qu'elle a perdu..... Quel regret, on le voit, que sa disparition sans espoir de retour, et, comme conséquence, disparue aussi la visite des artistes et des touristes qui, chaque année, pendant la belle saison, à la suite de l'excursion classique de Toulx-Sainte-Croix et des pierres Jomâtres, venaient admirer Boussac, la belle salle des Gardes qui était encore, il y a quelques années, telle que du temps du Maréchal, et surtout ces admirables tapisseries dont chacun cherchait l'explication comme on cherche l'explication d'un rébus.

Il n'est que temps de revenir au Boussac du temps passé et à son histoire.....

CHAPITRE II

**ORIGINES DE BOUSSAC. — SES SEIGNEURS. — LE MARÉCHAL DE
BOUSSAC. — LA VILLE ET LE CHATEAU ANTÉRIEUREMENT A 1789.**

L'invasion des Romains avait laissé de nombreuses et profondes traces dans nos contrées. Ils avaient établi des voies de communication et édifié d'importantes constructions de défense. La légende leur attribue l'élévation de la première tour de Boussac, bâtie sur un rocher, au milieu d'une gorge entourée de précipices et au confluent de deux cours d'eau, la Petite-Creuse et le Béroux (1). A petite distance de cette tour, que de vieux historiens ont comparée à la « plus grosse tour de France, celle de Notre-Dame de Paris », à six kilomètres environ, à vol d'oiseau, se trouvait la ville de Toulx, le *Tullum* où saint Martial, premier évêque de Limoges, se rendant dans cette ville, avait commencé à prêcher et à baptiser quelques-uns de ses habitants.

Toulx, ancien *oppidum* gaulois (2), devenu ville galloromaine, était placé sur un point culminant du pays et domi-

---

(1) Veyron ou Béroux. La dernière appellation a prévalu sur la carte de l'état-major. En somme, Béroux n'est qu'une déviation de l'ancienne dénomination Le Veyron, qui, en patois, devait se dire Lou Veyrou, et qui a été francisée en Le Veyron. Entre le V et le B de l'initiale, la différence phonétique est insensible.

(2) Un système de fortifications primitives aurait protégé certains points de la région suivant des lignes déterminées. Les places fortes destinées à recouvrir la frontière des Bituriges auraient été Toulx-Sainte-Croix ; Châteauvieux, près Jarnage ; le Puy-de-Gaudy, « commandant le point de jonction des trois peuples » ; le mont Bernage ou les *Trois-Cornes* de Saint-Vaury ; Breithou ; Bridiers, près la Souterraine. Pour se défendre contre une invasion, les Lémovices auraient eu le

nail un vaste horizon (1). Trois enceintes, en amphithéâtre,
dont on voit encore les ruines et les énormes amas de pierres,
la protégeaient, et ses six portes ouvraient sur les grandes
voies d'Ahun, de Chambon, de Châteaumeillant et d'Argenton. Des tombeaux, de grandes quantités de tuiles à rebords
et des briques y indiquent le séjour des Romains. La ville
fut dévastée et détruite par les Vandales, vers l'an 350.

La première tour construite à Boussac par les Romains fut
transformée, peu à peu et dans la suite des temps, en un
énorme et puissant donjon, véritable forteresse, dont la plus
importante partie subsistait encore au xviiie siècle et qui est
reproduite sur la gravure de 1656 de la Topographie de
Mérian. Autour de cette citadelle et du donjon, les populations
éparses (et sans doute quelques-unes de Toulx, après la dé-
vastation de la ville) accoururent sous ses murs et y éta-
blirent leurs demeures, dans l'espoir de trouver là, près de
ces hautes murailles, aide, assistance et protection. Plus tard,
au xiie siècle, les ravages exercés pendant de si longues
années par les *Routiers* ou *Pillards*, et leur fuite vers le Berry,
après leur défaite en 1183 près de Guéret, avaient augmenté
les agglomérations d'habitants auprès des châteaux fortifiés,
et la population groupée autour du donjon de Boussac devint
plus importante. Enfin, la création de la juridiction de la

camp de Montpigeau (Saint-Eloi) et l'enceinte fortifiée qui couronne
une colline dominant la station de Saint-Sulpice-Laurière.

Les *oppidum* gaulois de la Creuse ne seraient pas jetés au hasard
sur notre sol, mais disposés selon les lignes coïncidant avec les limites,
fixées par hypothèse, des anciens peuples. — D'abord, sont-ce bien des
oppidum gaulois? On peut l'affirmer pour le Puy-de-Gaudy et pour
Toulx. (*Aigurande*, par M. Gabriel Martin.)

(1) A peu de distance au sud de Boussac est une montagne qui domine toute la contrée. Son sommet élevé, d'après Delambre, de 670 mètres au-dessus du niveau de la mer, est couvert d'une prodigieuse
quantité de pierres qui paraissent être les ruines d'un *oppidum* gaulois
(La Thaumassière). Le même auteur ajoute que, là, « les Romains éle-
vèrent sans doute la forteresse devenue, après eux, le séjour d'un prince
qui paraît encore dans les titres du xie siècle. Le château fut détruit
par les Anglais, au temps de Charles VI, et, sur ses ruines, ils pla-
cèrent trois lions de granit qu'on y voit encore. Aujourd'hui, Toull (*sic*)
a ajouté à son nom celtique celui de Sainte-Croix, et une église, entourée
de quelques maisons, subsiste seule de tant de débris ».

seigneurie de Boussac et de la châtellenie (1) attira dans la cité nombre d'officiers de juridiction, prévôts, assesseurs, juges, procureurs, greffiers, etc.....

Nous n'avons trouvé que peu de détails, peu de renseignements concernant les événements survenus dans le passé très lointain. D'après Joullieton (*Histoire de la Marche et du pays de Combraille*, p. 154), « Boussac a un château très ancien qui existait, assure-t-on, avant Léocade, sénateur romain, gouverneur de plusieurs provinces dans les Gaules, dans le troisième siècle, prince de la terre de Déols et premier seigneur de Boussac ».

On lit dans les *Esquisses marchoises* de M. Duval, pages 278 et 279 : « Les rares documents que nous possédions sur Boussac ne remontent guère qu'au milieu du XIIe siècle. Ainsi, en 1150, Roger de Verneiges (2) donna à l'abbaye de Bonlieu le mas de Montmars, en présence de Pierre, abbé de Bonlieu, au château de Boussac, « *apud castrum de Botzac* (3) ».

Vers la même époque, W. Adémar, du consentement de son frère Hélie, fit don au même monastère de 6 deniers de cens à prendre sur le mas Albanel. Cet acte fut fait en pré-

---

(1) En 1275, un arrêt du Parlement de Paris établit que la châtellenie de Boussac était du ressort d'Issoudun et faisait partie du bailliage de Bourges. Cet arrêt fut confirmé, en 1302, par un autre arrêt du Parlement. Nicolas de Nicolay, dans sa description du Berry, cite Boussac à l'article : Villes et justices inférieures dudit ressort d'Issoudun. — Justices en ville. — Quant à l'ordonnance qui a réglé la juridiction de la seigneurie, elle est de 1503, et Pérathon, dans l'*Album de la Creuse*, indique : 1° que son bailli avait droit de haute, moyenne et basse justice, et 2° qu'un vieux manuscrit rappelle qu'il allait souvent rendre justice sous un grand chêne, situé près le village de Bordesoulle, qui servait de limite à la terre de Boussac, au Bourbonnais et au pays de Combraille..... Un plagiaire de saint Louis, ce bon bailli !

(2) Vers la même époque, Roger de Verneiges fut témoin de la donation du mas de la Roche et de la dîme générale de la paroisse de Boussac-les-Eglises (*Botzac las Egleisas*) faite à la même abbaye par Aimeri de Verneiges. Cette donation fut confirmée, en 1104, par W. et par Amélius de Verneiges, en présence de Guillaume, abbé de Pré-Benoit. Dans ce dernier acte, Boussac-les-Eglises est dénommé en latin *Bocac Ecclesiarum*. (*Cartulaire de Bonlieu*, f°s 179-182-183, et *Esquisses marchoises*, p. 278.)

(3) *Cartul. de Bonlieu*, f° 180, et *Esquisses marchoises*, p. 278.

sence de Pierre, abbé de Bonlieu, et de Géraud, chapelain de
« *Botzac-lo-chastel* (1) ».

A son lit de mort, Hélie Adémar (*sic*) donna tout ce qu'il
possédait dans la forêt de Fosse-Lobeira, et cet acte fut fait
« *apud castrum de Bossac* (2) ».

Pierre de Boussac, fils de Jean, fit don à l'abbaye de Bonlieu, dans laquelle il venait d'être reçu comme frère, de tous
ses droits sur le mas de la Tour-Sainte-Austrille. Cet acte fut
fait le 6 mai 1200, dans le cimetière de « *Garait* », en présence
de P. Palestels, seigneur de Dun-le-Palestel (aujourd'hui
Dun-le-Palleteau), de P. de Burguo-novo, de Geoffroi, prévôt
d' « *Aun* », etc. (3).

Pierre de Boussac figure à son tour, comme témoin, dans
une donation faite aux moines de Bonlieu par Emenos Lobez
de Saint-Chabrais, des droits d'usage, chauffage et glandage
dans ses forêts (4). Il est fait mention du même personnage
dans une charte d'Etienne de Saint-Chabrais, datée du 5 des
ides de mars 1202 (*v. s.*), par laquelle il renonce à toute contestation au sujet de la rente d'une émine de seigle donnée
par Pierre de *Boczac* (5).

Arnaud de *Bozac*, en 1206, donne aux mêmes religieux sa
part des dîmes de Lignerolles, de *Linairolis* (6), et ce qu'il
possédait à titre de droit de *sirventage* et de *bailiage* dans la
paroisse de Saint-Chabrais. Géraud de *Botzac* confirme cette
donation en 1207 (7).

« Ces personnages, dit M. Duval, étaient-ils seigneurs de
Boussac? A première vue, la question ne semble pas douteuse.
Cependant, l'on sait qu'à cette époque la baronnie de Boussac
faisait partie des domaines des sires de Déols et l'on connaît
les noms de ces seigneurs. Or, ces noms ne sont pas les
mêmes que ceux des donateurs que nous venons de citer.

(1-2) *Cartul. de Bonlieu*, f⁰ˢ 170-182-137-41-202, et *Esquisses marchoises*,
p. 278.

(3-4-5) *Ibid.*, f⁰ˢ 170-182-137-41-202, et *Esquisses marchoises*, p. 278
et 279.

(6) Nom inconnu. (*Esquisses marchoises*, p. 279.)

(7) *Cartul. de Bonlieu*, f⁰ˢ 215-216, et *Esquisses marchoises*, p. 279.

Ces personnages n'étaient donc pas seigneurs de Boussac. Peut-être appartenaient-ils à une famille de Boussac? »

Godefroy de Preuilly, « seigneur de Boussac, héritier de l'illustre famille de Déols au commencement du XIIIe siècle », fait don à l'abbaye de Pré-Benoît des forêts de Sagne-Guerin, de la Tremoletta (le Trimoulet), du Montel et Forest-Villa..... (*Voir chapitre VI.*)

Le 14 août 1903, nous recevions de M. le chanoine Martin, curé de Boussac, la lettre suivante :

« Mon cher Monsieur de Lavillatte,

« Monsieur Salvatore Busacca, ingénieur à Trapani (Sicile), cherchait, en novembre 1901, quelques renseignements historiques sur la ville de Boussac, pendant l'époque comprise entre 950 et 1050, et particulièrement au sujet des seigneurs féodaux qui y vivaient alors, parce qu'un de ses ancêtres, du nom d'Archambault de Boussac, seigneur de la ville de Prato (1), abandonna, en 1030, le château de Boussac..... »

Nous écrivîmes à M. Salvatore Busacca, qui ne put nous donner aucun détail précis. Nous tenons néanmoins à mentionner le fait.

Les différents noms de la ville de Boussac sont cités dans le *Dictionnaire topographique, archéologique et historique de la Creuse,* par A. Lecler, publié en 1902 à Limoges, imprimerie Ducourtieux (2). On y trouve : en 1095, *Cappella de Bociaco*; en 1150, *Cappella de Botzac-le-Chastel*; encore vers

____

(1) M. Busacca voulait sans doute parler de Pradeaux, commune de Toulx-Sainte-Croix.

(2) M. l'abbé Lecler nous écrivait le 16 septembre 1903 :

« Monsieur,

« Le Dictionnaire de la Creuse dont vous me parlez est formé d'une suite de notes que j'ai données à M. Ducourtieux, pendant quatorze ans, pour un almanach de la Creuse. Ce travail, fait à bâtons rompus pendant ce long espace de temps, aurait bien besoin d'être revu et complété, surtout pour les premières pages qui furent données à l'imprimeur précipitamment et sans cadre bien arrêté. Mais, tel qu'il est, si vous y trouvez quelques choses d'utile, vous pouvez en user en toute liberté.

« Je m'aperçois, en relisant l'article qui vous intéresse, que j'ai

1150, *Præpositus de Bozac*; en 1162, *apud Bocac*; en 1204, *Castrum de Bossac*; en 1209, *apud Bocac*; en 1217, *apud castrum de Bolzac*; en 1301, *Bocac*; en 1462, *Chastel de Boussac*; en 1471, *Ecclesia S. Clarencii de Bossaco-castri*; en 1561, *Baronnye de Boussac*; en 1700, *paroisse de Boussac-le-Château*; en l'an II, *Boussac-la-Montagne*.

La liste chronologique des seigneurs de Boussac qui va suivre sera très succincte.

omis, pour les temps anciens de Boussac, quelques indications importantes; aussi vais-je vous donner, ci-après, copie du Pouillé de Nadaud qui vous servira à compléter cet article.....

« Boussac-le-Château, *Bossacum castri*, sur le ruisseau du Veyron. Est mal nommé *Bustatumi* et *Botac* en 1209, dans *Martène*, t. I. *Ampliss. collectio.*, col. 1095.

« Humbault, évêque de Limoges, céda la chapelle de *Bociaco* aux moines du Bourgdieu, l'an 1095. (*Gall. christ. nov. rustrum*, col. 147.)

« C'est apparemment *Capella de Bortiaco* dépendante de Bourgdieu, en 1212. (*Innocent III, lib. XV, Epist.* 143.)

« Et dite annexe de Pradeaux en 1440, 1558, 1567.

« Cure en ville murée, 680 communiants. — Décimes 55 livres. Fête patronale, Sainte-Anne, jadis Saint-Cléréance, le 12 août. Sur un reliquaire de la sacristie, il y a ces mots : *Caput beati Clerenti innocencii filii regis, de numero innocentium.* Il n'est pas dans le martyrologe universel. Les ophtalmiques, c'est-à-dire ceux qui avaient mal aux yeux, l'invoquaient apparemment à cause du mot *Clarencius*. (Collin, *Vie des Saints de Limoges*, préface.) Le patron collateur était l'abbé de Bourgdieu, en 1618. Le prince de Condé en 1641, 1686, 1687, 1731. Le roi en 1745, 1761, 1763, 1764.

« Vicairie fondée par Nicolas Villeroux, curé de Lourdoue-Saint-Michel, aumônier ordinaire de Jean Barthou, archevêque de Nazareth et ci-devant évêque de Limoges, pour un prêtre qui doit résider, spiritualisée le 5 octobre 1493. A l'autel de Saint-Christophe, l'héritier et le plus proche parent en ligne directe nomme le titulaire. Ce fut Villeroux en 1514. Parenton, clerc, en 1564, 1567. Du Chier, sieur de la Vergne, en 1566. L'évêque en 1597.

« Autre par Guillaume Furet, bourgeois du bourg de Boussac, dans l'église de Saint-Martin de Boussac-les-Eglises, le 1er mai 1457, signé Ludovici. A l'autel de Saint-Sébastien, chapelle que le fondateur veut être construite. Les héritiers nomment le titulaire. Ce fut Furet en 1565, Bergerie, veuve de Furet, avec Furet, prêtre et chanoine de Saint-Martin-de-Linerac, et autre Furet, fils du fondateur.

« Autre par Pierre de Brosse, chevalier, seigneur de Boussac, dans la chapelle du château, le 2 février 1314, à l'autel de Saint-Jean. Le seigneur du château de Boussac nomme le titulaire. C'est l'évêque qui fait cette nomination en 1604. »

Nous ne ferons évidemment que condenser, résumer, ce qu'ont déjà dit de nombreux auteurs : Moreri, le P. Anselme, La Thaumassière, MM. Emile Chénon, Louis Duval, etc.....
Comme nous le disons au lecteur, dans notre notice préliminaire, l'*Histoire de Sainte-Sévère en Berry*, par M. Chénon, et les *Esquisses marchoises*, déjà citées, de M. Duval, nous ont servi de guides pour ce chapitre de notre ouvrage. Nous allons les mettre largement à contribution, la science et l'autorité de leurs auteurs étant une garantie certaine de l'authenticité des renseignements qu'ils nous donnent.

La seigneurie de Boussac, avant de passer, au XIII⁰ siècle. dans la maison de Brosse, était la propriété de la maison de Déols (1), haute et puissante famille, issue du sénateur romain Léocade, gouverneur des Gaules narbonnaise et aquitaine, dont les membres possédaient de nombreuses et importantes terres et qui semblent n'avoir jamais habité, ou du moins bien rarement, le château de Boussac. Ils avaient dans la ville un officier qui, sous le nom de prévôt, était investi des fonctions administratives et judiciaires. En 1191, Eudes de Déols, se trouvant à Châteaumeillant, ratifia, en présence d'Etienne Le Noir, son prévôt à Boussac (2), les donations

---

(1) Déols (*Dolum* ou *Dolensis vicus*), à un kilomètre nord-est de Châteauroux, sur la rive gauche de l'Indre. C'était, au IXᵉ siècle, un des principaux fiefs du Bas-Berry. Déols devint la capitale d'une principauté qui s'étendait des rives du Cher à celles de l'Angolin et de la Gartempe. Déols dut en grande partie sa célébrité à son abbaye qui, suivant M. de Caumont, remonte au delà du IXᵉ siècle. L'abbé portait le titre de prince et battait monnaie. C'est près de Déols que, vers 471, Evaric, roi des Wisigoths, remporta sur le roi armoricain Riothana et sur Syagrius une victoire complète. — Quant à la baronnie de Boussac, « elle comprenait, dit Joullieton, vingt-sept communes et avait plus de soixante fiefs dans sa mouvance ».

D'après Borel d'Hauterive, Laume, le premier connu des princes souverains de Déols, possédait la terre déolaise en principauté, en 898, et fonda l'abbaye de Déols en 917. La maison de La Châtre, nous dit-il, est issue des princes souverains de Déols qui, suivant Aucapitaine (page 18), portaient comme armes : palé d'or et six pièces de gueules. — Il serait peut-être plus régulier de dire : palé d'or et de gueules de six pièces.

(2) En 1202, le prévôt de Boussac se nommait Deproi. — *Bastardus,*

faites à l'abbaye de Pré-Benoît par ses prédécesseurs, Raoul de Déols et ses fils, Ebbes, Charles et Raoul (1).

En 1204, la concession aux moines de Bonlieu des droits d'usage (pacage et affouage) dans les bois de Fosse-Lobeira, par Jeoffroi Lomagre, Geoffroi et Amélius, ses fils, fut confirmée par une charte d'Eudes de Déols, donnée au château de Boussac (2).

En 1205, Raoul de Déols, baron de Boussac, fils d'Eudes, promet que, si l'évêque de Limoges voulait inféoder à quelqu'un le château de Boussac, il ne recevrait cette place que de la main dudit évêque (3).

On voit ainsi que le château de Boussac, bien que de la province du Berry, faisait partie du diocèse de Limoges et relevait en même temps de l'évêque du même diocèse au point de vue féodal.

M. Louis Duval explique ce fait dans ce sens « qu'on peut admettre, dit-il, avec le P. Bonaventure de Saint-Amable, qu'à l'époque où s'organisa la féodalité, les mêmes circonstances qui permirent la conversion des bénéfices possédés à titre viager, en comtés, en vicomtés, en baronnies héréditaires, purent engager quelques seigneurs à se rendre hommagers à l'évêque, pour s'affranchir de l'obéissance royale ou pour s'affermir dans leurs usurpations. Mais, sans remonter aussi loin, peut-être doit-on chercher l'origine et l'explication de cet usage dans l'institution de la *trêve* et de la *commune* établie au XIe siècle, par le concile de Limoges, en 1034, et

prepositus de Bozac, figure comme témoin dans une charte de Geoffroy de Prulec, fils de Raoul de Déols, en faveur de l'abbaye de Bonlieu. (*Cartulaire de Bonlieu*, f° 121, et *Esquisses marchoises*, p. 279 et 280.)

(1) Roy de Pierrefitte. *Abbaye de Pré-Benoît*, p. 2, et *Esquisses marchoises*, p. 279 et 280.

(2) *Esquisses marchoises*, p. 280.

(3) L. Delisle. *Cartulaire de Philippe-Auguste*, n° 1148, et *Esquisses marchoises*, p. 281.

Nadaud, dans son *Nobiliaire du diocèse et de la généralité de Limoges*, t. I, p. 231, ajoute : « Que si ce prélat voulait en cela être contraire au roi, lui, Raoul, aiderait le roi de tout son pouvoir contre qui que ce fût. » Il donne l'acte comme étant du mois de septembre 1209, et il donne à Eudes de Déols le prénom d'Odon.

par Aimon de Bourbon, archevêque de Bourges. Le cartulaire de l'archevêché de Bourges nous a conservé les formules d'hommages et les serments de trêve et de commune rendus à l'archevêque par les seigneurs du Berry, pour les années 1261 et 1262. On y trouve, par exemple, l'hommage et le serment du vicomte de Brosse pour ce qu'il possédait en Berry ».

Eudes (ou Ebbes) de Déols eut quatre filles, dont deux entrèrent dans la famille de Brosse (1). Isabelle épousa Hugues, vicomte de Brosse, et Marguerite prit pour époux, vers 1255, Roger de Brosse, duquel sort la branche des seigneurs de Boussac (2).

(1) Les deux autres entrèrent dans la famille de Bomez ou Bomès.

(2) « Vers 1255, les deux frères avaient épousé deux sœurs : Isabelle et Marguerite de Déols, filles d'Ebbes de Déols, seigneur de Châteaumeillant, la Roche-Guillebaud, Préveranges, Bellefaye, Huriel et Boussac. Ce double mariage devait accroître sensiblement l'étendue de leurs domaines. En effet, à la mort d'Ebbes de Déols, ils firent, en avril 1256, de concert avec leur belle-sœur, Mahaud de Déols, et leur nièce, Guyotte de Bomès, petite-fille mineure d'Ebbes de Déols, un partage provisionnel, qui leur attribua d'abord les terres de Châteaumeillant, la Roche-Guillebaud, Préveranges et Bellefaye. Le partage définitif leur donna, au contraire, les terres de Boussac et d'Huriel. — A la mort de leur père, Hugues et Roger de Brosse firent un nouveau partage : Hugues, comme aîné, prit la vicomté de Brosse et la seigneurie d'Argenton. Enfin, dans le partage des biens de Guiburge Palesteau, Hugues II de Brosse se réserva les seigneuries de Châteauclop, Dun-le-Palesteau et la Motte-Feuilly. Roger n'eut pour son frérage (*frareschia*) et pour tous ses droits de père et de mère que la châtellenie de Sainte-Sévère, et probablement aussi la justice haute et basse sur le bourg de Lignerolles, mais sur le bourg seulement. Le reste de la paroisse de Lignerolles resta compris, avec la paroisse de Rongères en entier, dans la « baillie » de la Motte-Feuilly. En outre, Roger de Brosse était astreint à certaines charges. Il devait payer notamment 10 livres de rente à son frère, 50 sous de rente au chapitre de Saint-Etienne de Bourges, 15 au chapitre de Neuvy-Saint-Sépulcre, 5 à celui de la Châtre-en-Berry, et enfin 400 livres une fois pour toutes aux exécuteurs testamentaires d'Hugues Ier de Brosse. Le partage était d'ailleurs absolu, en ce sens qu'Hugues II de Brosse ne retenait aucun droit de suzeraineté sur la partie assignée à son frère. — Par suite de la mort sans postérité de sa belle-sœur, Isabelle de Déols, Roger de Brosse devint en outre seigneur pour le tout de Boussac et d'Huriel, du chef de sa femme, Marguerite de Déols. — En sorte que, une fois tous ces partages terminés, vers 1265 environ, Hugues II de Brosse pouvait se dire vicomte de Brosse, seigneur d'Ar-

La maison de Brosse se distingue par tout ce qui caracté-
rise les grandes races. Nous ne songeons pas à retracer ici
tout son passé : elle appartient à l'histoire de France. Son
origine antique et illustre, les charges qu'elle a remplies, les
alliances souveraines qu'elle a contractées la placent aux premiers rangs de la noblesse.

Géraud, vicomte de Brosse, qui vivait en 1220, descendait en ligne directe de Faul-cher, vicomte de Limoges, connu en 881.

Le premier seigneur du nom de Roche-chouart, nous dit le savant docteur A. de La Porte (*Les Gens de qualité en Basse-Marche*, p. 4), portait le nom d'Aymeric. Il était le quatrième fils de Géraud, vicomte de Limoges, et de Rothilde de Brosse, et vivait à la fin du xe siècle.

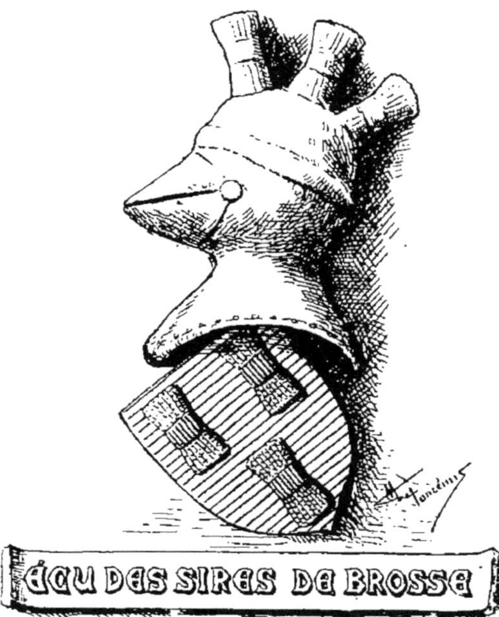

Dessin à la plume de M. de Fonrémis.

Les armes de Brosse sont : d'azur à 3 brosses d'or liées de gueules.

.genton, de Châteauclop, de Dun, de la Motte-Feuilly, etc..., et son frère,
Roger, seigneur de Sainte-Sévère, Huriel et Boussac.

« En l'année 1282 (*n. st.*), alors que leurs partages étaient depuis
longtemps terminés, Roger de Brosse se plaignit à son frère Hugues II
de n'avoir pas reçu tout ce qui devait lui revenir pour son frérage et
sa part héréditaire. Hugues, « pour le bien de la paix », consentit à lui
donner un supplément, et, par un acte passé à Sainte-Sévère, le
12 mars 1282 (*n. st.*), il lui fit remise de différentes dettes, lui abandonna divers héritages et le cens qu'il percevait sur les vignes dites
d'*outre-bois*, situées dans la baillie de la Motte-Feuilly. Enfin, ce qui
était plus important, il lui donna tous les droits de propriété et tous
les droits de justice haute et basse qu'il possédait dans la ville et pa-

Plusieurs héraldistes les ont décrites : d'azur à 3 gerbes d'or liées de gueules.

Le sceau de Jean II de Brosse était : 3 brosses avec des supports. Cimier : un casque surmonté d'une gerbe dans un vol banneret. Légende : Scel de Jehan de Brosse, comte de Penthièvre (1).

On voit encore les ruines du château de. Brosse, dans la paroisse de Chaillac, canton de Saint - Benoît - du - Sault (Indre) (2). Il existait déjà au xe siècle.

Roger de Brosse, époux de Marguerite de Déols, seigneur de Sainte-Sévère, de Boussac et d'Huriel, eut pour enfants : 1° Pierre, qui suit ; 2° Guillaume, évêque de Meaux, puis archevêque de Bourges en 1321 (3), enfin archevêque de Sens en 1330 ; mort en 1338 ; 3° Belleassez, mariée, en 1293, à Ythier, seigneur de Magnac, en Limousin, et de Cluys, en Berry.

On lit, dans La Thaumassière, qu'en 1265, un procès s'éleva entre Roger de Brosse et la comtesse de la Marche. Cette dernière se plaignait qu'il eût fait élever des fourches patibulaires dans le lieu de Pierre-Bus, sur les frontières de la Marche. Le procès fut gagné par Roger de Brosse.

Ce même Roger confirma, en 1269, l'assence perpétuelle,

roisse de Rongères, au sud du ruisseau qui se jette dans l'Indre, en face de Reccux. Par suite de cette donation, la paroisse de Rongères, alors comprise dans la baillie de la Motte-Feuilly, se trouva désormais comprise, pour la plus grande partie et plus tard pour la totalité, dans la pleine justice de Sainte-Sévère. — Roger de Brosse augmenta encore ses domaines en achetant la même année, à Gilles Ajasson, sa maison du Puy et tout ce qu'il possédait dans la châtellenie de Sainte-Sévère. » (*Histoire de Sainte-Sévère.*)

(1) Cabinet de M. de Clairambault.

(2) Il y eut des alliances entre la famille de Brosse et la puissante famille des Chauvigny qui a possédé une grande partie du Berry et dont l'histoire est en même temps celle de cette province. Le château de Brosse, puissante forteresse, assiégée bien souvent, tantôt détruite en partie, tantôt reconstruite encore plus importante, passa aux Chauvigny au xve ou au xvie siècle.

(3) C'est lui qui eut l'honneur de consacrer, le 5 mai 1324, la magnifique cathédrale de cette ville. (*Histoire de Sainte-Sévère.*)

faite par Jeoffroy Maurel, aux moines de Bonlieu, de la moitié du bois de Fosse-Lobeira, tant en bois qu'en terre cultivée, avec droit d'y faire des défrichements, moyennant une redevance annuelle de trois setiers de blé, un de froment, un de seigle et un d'avoine, mesure de Boussac, et une somme de 10 livres tournois une fois payée. Cet acte fut fait à Boussac, le vendredi après la Purification, 1268 (8 février 1269 de notre style) (1).

En 1275, un arrêt du Parlement de Paris établit que la châtellenie de Boussac était du ressort d'Issoudun et faisait partie du bailliage de Bourges. Cet arrêt fut confirmé, en 1302, par une décision du Parlement rendue à la requête du baron de Boussac (2).

Roger de Brosse testa le 21 juillet 1286. Il prit part à la première croisade de saint Louis et mourut, dit Moreri, avant 1287. Il fut enterré dans l'abbaye de Pré-Benoît. Ses armoiries sont placées à la cinquième salle des Croisades, à Versailles.

Pierre Ier de Brosse, fils aîné de Roger, seigneur de Boussac, de Sainte-Sévère et d'Huriel, mort vraisemblablement en 1315, inhumé dans l'église de Saint-Martin d'Huriel, dans un tombeau sur lequel est son effigie, avait épousé, en 1301, Blanche de Sancerre, fille de Jean, comte de Sancerre, et de Marie de Vierzon, dont il eut : 1° Louis, qui suit ; 2° Pierre ; 3° Jeanne, mariée à Jean de Wailly.

Louis Ier de Brosse, seigneur de Boussac, de Sainte-Sévère, Huriel, etc..... servit en *Xaintonge* contre les Anglais, en 1338, et fut tué à la bataille de Poitiers, en 1356, en défendant le roi Jean. La même année, le 31 août, il avait fait son testament, que M. Antoine Thomas a publié dans le *Bulletin de la Société des Sciences de la Creuse*, en 1906. Entre autres

(1) Copies du XVIIe siècle. *Bonlieu.* Carton XIV. Arch. de la Creuse. (*Esquisses marchoises.*)

(2) *Actes du Parlement de Paris*, t. I, p. 333 ; t. II, p. 16 ; et *Esquisses marchoises*, p. 284.

dispositions, il veut, ordonne, établit, « nous volons ordrenons et establisons » à Boussac un hôpital de douze lits pour recevoir les pauvres, et ses exécuteurs testamentaires sont, d'après sa volonté : « Notbles homes noz segneur de La Tour, noz dame de La Tour, sa esposee, et notre chiere compaingne esposee dame Constance de La Tour, dame de Seincte Severe, et noz chiers et ametz enfantz Loys et Perres et le segneur d'Apcho, Monsr Pierre d'Aubuzo, Monsr Johan de Guierlay, Monsr Perres Lo Gronh et Monsr Hodes Argon, chivaliers, et Johan David, escuyer. »

Louis de Brosse fut inhumé dans l'église d'Huriel. Jusqu'en 1322, il eut seul le gouvernement des biens de ses père et mère. Il fit battre monnaie en se soumettant à l'ordonnance de 1320. Il résigna ce droit en 1330. En 1322, le 31 janvier (*n. s.*), dimanche avant la Purification, Louis et Pierre de Brosse firent le partage du bien de leurs parents. Boussac, Sainte-Sévère et la Pérouse échurent à Louis, l'aîné; Huriel, le Bouchaud, les étangs des Landes et tout ce qui était tenu du seigneur de Bourbon formèrent le lot de Pierre. Louis de Brosse épousa, en premier mariage, Jeanne de Saint-Verain, dame de Cési, et, en deuxième mariage, le 17 mars 1339, Constance de La Tour d'Auvergne. Du premier mariage, il eut : 1° Marguerite, mariée en 1343 à Guillaume Comptour, le jeune, seigneur d'Apchon; 2° Blanche, dame de Cési, mariée à Guy de Chauvigny, seigneur de Châteauraoul. — Du second, il eut : 1° Louis; 2° Pierre; 3° Isabelle, mariée en 1365 à Guichard de Culant; 4° Jeanne, alliée à Godemar de Lignières.

Louis II de Brosse posséda d'abord en commun avec son frère Pierre la succession de leur père, Louis Ier; en 1387, ils procédèrent à un partage définitif. Louis garda Sainte-Sévère, Boussac et la Pérouse; Pierre eut la châtellenie d'Huriel, la terre et l'étang des Landes et différentes rentes (1).

(1) En 1376, il concéda la haute justice sur Villebouche, fief de Boussac, à Guillaume le Groing, seigneur du lieu, et donna, vers la même époque probablement, le lieu du Puy à Jean le Groing, chevalier, seigneur de la Motte-au-Groing. (*Histoire de Sainte-Sévère.*)

Louis de Brosse mourut le 8 octobre 1390. Il ne laissait pas d'enfants de son mariage avec Marie de Harcourt et ses biens revinrent à son frère, Pierre de Brosse.

Pierre II de Brosse, seigneur d'Huriel, etc., puis de Boussac et de Sainte-Sévère, à la mort de son frère Louis II, avait épousé, un peu avant 1375, Marguerite de Maleval (Malleval, d'après Moreri), fille et principale héritière de Louis, seigneur de Maleval, de la Forêt, de Châteauclos, d'Eguzon, de Genouillat, etc.....

Nous voyons dans l'*Histoire de Sainte-Sévère* que « Pierre II de Brosse, père du Maréchal, eut à s'occuper de sa châtellenie de Sainte-Sévère, dont une partie fut menacée, au commencement du xvᵉ siècle, d'être détachée du Berry et annexée au Limousin, ainsi que la châtellenie de Boussac qui appartenait également à Pierre de Brosse. Cependant (et c'était là « chose toute notoire », comme le duc de Berry, Jean de France, allait bientôt le déclarer), « les dix lieux de Sainte-Sévère et de Boussac avec toutes leurs châtellenies, appartenances et appandances » faisaient partie du duché de Berry et du ressort d'Issoudun, et, de tout temps, leurs habitants avaient contribué « en tous subsides, aides, tailles, impostz avec ladicte duchié et comme partie d'icelle ». Il en était ainsi notamment à l'époque où le prince Noir occupait la Guyenne.

« Malgré cela, le connétable de France, Charles d'Albret, seigneur de Châteaumeillant et autres lieux, ayant établi, en 1404, un impôt de guerre sur le Limousin, fit demander au duc de Berry de laisser contribuer au payement de cette taille les manants et habitants de la châtellenie de Boussac et ceux « des villes et paroisses de Viviers, de Saint-Pol et de Tercilhac » qui dépendaient de Sainte-Sévère. Il donnait comme prétexte que « ladite châtellenie de Boussac et lesdiz lieux de Viviers, de Saint-Pol et de Tercilhac estoient, quant à l'espirituaulté, du diocèse de Limoges ».

« La spiritualité et la fiscalité, ajoute M. Chénon, n'avaient certes rien à voir ensemble! Le duc de Berry fut cependant touché de l'argument et accorda la permission demandée. En fait, donc, les habitants de Boussac et ceux de Viviers, Tercillat et Saint-Pol contribuèrent, en 1404, à la taxe imposée au Limousin.

« La chose ne devait pas tirer à conséquence, mais les sujets de Pierre de Brosse, ne se sentant pas en sûreté sur ce point, se plaignirent à leur seigneur qui se chargea de transmettre leurs réclamations au duc de Berry..... Le duc Jean se rendit à cette observation, et, en sa qualité de lieutenant du Roy en Berry, il prit une ordonnance dont le dispositif est ainsi conçu : « Voulons, ordonnous et déclarons par la teneur
« de ces présentes lettres, que les diz habitants d'icelle chas-
« tellenie de Boussac et desdiz lieux et paroisses de Saint-
« Pol, de Viviers et de Tercilhac ne sont en rien tenuz et ne
« doivent en aucune manière estre contrains à contribuer
« avec ledit païs de Limosin, ne aux tailes, aides ou impostz,
« qui se mettront sus pour le temps avenir en icelui, mais
« demourront, et doivent demourer contribuables avec nostre
« dit païs de Berry, comme accoustumé a esté d'ancienneté,
« nonobstant ladicte contribution qu'ils ont fait l'année passée
« avec ledit païs de Limosin. »

« Cette ordonnance, donnée à Paris, au mois d'août 1405, fut confirmée au mois de mars suivant. »

Pierre de Brosse mourut le 28 juillet 1422, laissant pour enfants : 1° Jean (*le Maréchal*), qui suit ; 2° Antoinette, morte jeune ; 3° Blanche, mariée à Guérin, seigneur de Brion ; 4° Catherine, qui épousa Blain Loup, seigneur de Beauvoir et de Montfon, sénéchal du Bourbonnais.

Jean Ier de Brosse, appelé le MARÉCHAL DE BOUSSAC, seigneur de Boussac, de Sainte-Sévère, d'Huriel et de la Peyrouse, maréchal de France, conseiller, chambellan du Roi, naquit au château de Boussac en 1375. Il épousa, le 20 août 1419, Jeanne de Naillac, dame de la Motte-Jolivet, fille de Guillaume, seigneur de Naillac, du Blanc, de Châteaubrun et de Bridiers, et de Jeanne Turpin. Ils eurent pour enfants : 1° Jean II de Brosse, qui suit ; 2° Marguerite, mariée, en 1448, à Germain de Vivonne ; 3° Blanche, mariée à Jean de Roye (1).

(1) La Thaumassière (*Histoire du Berry*, livre VIII) dit que Blanche

Il n'y eut guère de combats, guère d'entreprises militaires, pendant les premières années du règne de Charles VII, dans lesquels on ne vit briller l'héroïque seigneur de Boussac. Il servit ce prince avec courage et fidélité, combattit la déplorable influence de ses favoris et contribua grandement au salut de l'Etat.

La soumission n'était pas la principale vertu de ces hardis chevaliers du XVe siècle, toujours prêts à donner leur sang, mais incapables de modérer leur indomptable naturel. Souvent, ils imposèrent leurs volontés au Roi, dont le pouvoir n'était plus, hélas! reconnu que dans quelques provinces en deçà de la Loire ; souvent, le prince fut contraint de se défaire de ministres qui avaient cessé de plaire à ses capitaines, aussi dominateurs qu'ils étaient braves et dévoués. Ainsi fut sacrifié le seigneur de Giac, ainsi fut sacrifié Le Camus de Beaulieu, son successeur, qui, en 1426, dans le logis même du Roi et presque en sa présence, succomba sous les coups du terrible Jean de Brosse..... Si cet acte peut lui être reproché, hâtonsnous de dire qu'il le racheta par une générosité sans bornes, par un désintéressement à toute épreuve, par des prodiges de valeur, dont le titre de maréchal de France, accordé par lettres données à Meaux-sur-Eure, le 14 juillet 1426, avait été la juste récompense.

Jean de Brosse, dit M. Chénon, « était de toutes les batailles ». Il se trouva, le 12 février 1429 (*n. s.*), à la journée des Harengs, où le défaut d'union causa un échec aux Français. Chargé, avec Louis de Culant, de conduire Jeanne d'Arc à Orléans, il entra avec elle dans la ville et contribua puissamment à chasser les Anglais qui l'entouraient. Il prit part au siège de Beaugency et à la bataille de Patay, dans les plaines de la Beauce, où il battit à plate couture l'armée qu'envoyait le duc de Bedford. Les Anglais perdirent deux

de Brosse était fille de Jean de Brosse (fils du Maréchal) et de Nicole de Blois; qu'elle fut mariée à Guy de Royc et qu'elle donna quittance au comte de Penthièvre, son frère, le 28 janvier 1476, de 7,000 écus qui lui avaient été promis en mariage. La Thaumassière n'est donc pas, sur ce point, de l'avis de Moreri et du P. Anselme, qui font de Blanche la fille et non la petite-fille du Maréchal.

cents tués et trois cents prisonniers. Il fut un des principaux seigneurs qui assistèrent au sacre de Charles VII.

En 1430, l'illustre Maréchal donna devant Compiègne, fortement pressé par les Anglais et les Bourguignons, et où la vaillante bergère de Domrémy fut faite prisonnière, des preuves de sa bravoure et de sa science de la guerre. En 1430, encore, auprès de Bouchoire, en Picardie, il remporta de nouvelles victoires et ne cessa, jusqu'à sa mort, de servir avec la plus grande distinction (1). Un volume pourrait être consacré à ce héros, sur lequel M. de Barante a donné de nombreux détails dans son *Histoire des ducs de Bourgogne*.

Jean de Brosse mourut pauvre, en 1433, à Boussac, dont il avait fait reconstruire en grande partie le château démantelé par une troupe d'Anglais au xiiie siècle. Au service de son roi et de la France, il avait, sans compter, consacré tous ses biens et sa vie tout entière. Réduit à vendre sa vaisselle d'argent (2), il n'en laissa pas moins un grand nombre de créanciers, et ce n'est pas sans un sentiment de profonde tristesse que l'on voit cet intrépide guerrier, ce conseiller généreux et désintéressé du souverain, frappé d'excommunication de son vivant, sur la demande de ceux dont il était le débiteur, et à peine assuré d'un abri pour dormir son dernier sommeil et reposer son corps usé au service de sa patrie..... Son fils dut emprunter 1,000 écus d'or pour acquitter ses dettes; il fit ainsi lever l'excommunication et le seigneur de Boussac put être conservé en terre sainte.

Il avait demandé à être enterré au monastère de Pré-Benoît.

---

(1) Charles VII, par lettres données à Jargeau, le 11 novembre et le 18 décembre 1430, « le fit son lieutenant sur le fait de la guerre aux pays de là les rivières de Seine, de Marne et de Somme, non compris le pays de Champagne, et lui donna pouvoir d'armer ses baillys, nobles, vassaux et sujets, de réduire les villes dans son obéissance, tant par force que par voyes de composition, de faire punir, remettre, pardonner et abolir les crimes de rébellion et désobéissance ». (La Thaumassière. *Histoire du Berry*, t. III, p. 26.)

(2) « Il (le maréchal de Boussac) avait consommé au service du Roy le meilleur de ses biens, ayant vendu jusqu'à sa vaisselle d'argent et ses joyaux, et emprunté des sommes considérables pour supporter les dépenses de la guerre. » (La Thaumassière.)

« Dans quelle partie de l'église repose le Maréchal? dit
M. le comte de Beaufranchet, dans sa remarquable étude
(*Notes complémentaires sur l'histoire de l'abbaye de Pré-
Benoît*); sa tombe a-t-elle échappé au vandalisme des Hugue-
nots? Nul ne le sait, mais ce n'est jamais sans émotion que
nous foulons le sol sacré où sa dépouille a été ensevelie et
qui gardera probablement toujours le secret de sa tombe!

« Quand donc notre pays songera-t-il, dans un élan de pur
et vrai patriotisme, à élever à ce héros un monument digne
de lui?..... »

Nous joignons ici nos vœux à ceux de M. de Beaufranchet ;
le pays, pour lequel le maréchal de Boussac a tant fait, s'hono-
rerait grandement par le culte de son souvenir. Nul plus que
Jean de Brosse n'a droit à son respect et à sa reconnaissance.

CHARTE D'AFFRANCHISSEMENT DE 1427.

En 1427, se produisit un événement de la plus grande importance pour la cité de Boussac.

Le mouvement en faveur de l'émancipation des populations
et l'établissement des communes s'était déjà manifesté depuis
de longues années. Dans la Marche, quatre villes, Aubusson,
Chénérailles, Ahun et Felletin avaient déjà obtenu au
XIIIe siècle des lettres d'affranchissement. Boussac dut attendre encore plus de cent ans avant de jouir des mêmes
avantages.

Jean de Brosse, criblé de dettes et ayant recours à tous les
moyens pour se procurer des ressources, consentit, en 1427,
moyennant 1,000 écus d'or, qui lui furent immédiatement
comptés, et une redevance annuelle d'un boisseau de blé par
chaque habitant, à concéder à la cité de Boussac une charte
de franchise et le droit de « bourgeoisie » pour ses habitants.
De ce jour-là date le commencement de sa vie communale.

A cette époque, le château seul était fortifié. Jean de Brosse
en avait fait une citadelle puissante, avec tous les moyens de
défense les plus nouveaux, mais la cité était encore une ville
ouverte. Le premier soin des habitants fut de fortifier la ville,
de l'entourer de murailles et de tours qui figurent sur la gra-

vure de 1656. Les fortifications furent élevées sans autorisation ni licence, et, pour éviter les pénalités encourues pour cet abus et conserver les ouvrages de défense établis, les habitants furent forcés de solliciter du roi de France une autorisation spéciale. Un impôt très lourd sur le sel, la gabelle, existait dans toute la province du Berry. La Marche n'était pas comprise dans les cinq grandes fermes et était rédimée de la gabelle. Le prix du sel et les droits de gabelle étaient donc inférieurs à ceux perçus en Berry, et la situation de Boussac, sur la limite de la Marche, rendait la fraude et la contrebande faciles. Bien des habitants de la ville avaient également encouru des pénalités de ce fait, dont la remise fut également demandée. Par lettres de novembre 1447, Charles VII, moyennant le versement de 700 écus d'or, confirma la charte d'affranchissement donnée par Jean de Brosse et fit remise des pénalités encourues par les habitants de Boussac pour avoir construit les fortifications de leur ville sans « licence » et « avoir vendu le sel sans gabeller (1) ».

Les chartes de 1427 et de 1447 ont été publiées en leur entier par M. Louis Duval, dans un bulletin spécial de la *Société des Sciences naturelles et archéologiques de la Creuse*, année 1877.

En raison de leur haute importance pour l'histoire de Boussac, nous allons en donner l'analyse et divers extraits.

Le 15 septembre 1427, Jean de Brosse, chevalier, seigneur de Sainte-Sévère, de Boussac, de la Peyrouse, d'Huriel, et maréchal de France, accorde l'affranchissement de la ville de Boussac et établit les coutumes de la franchise et bourgeoisie de Boussac et les privilèges accordés aux habitants du même lieu.

---

(1) Très différent était l'impôt dans la Marche et le Berry. La limite des deux provinces, près Boussac, était le château de Beaupèche (commune de Domeyrot). Un puits profond et très large existait dans la cour du château et se trouvait moitié en Marche, moitié en Berry. Il servait, *dit-on*, à faire la fraude sur le sel. De vrais combats, *dit-on toujours*, se livraient entre les gens du Roy et les faux-saulniers..... et, comme il n'y a pas de légende sans un peu de vérité, le fait est assez intéressant à signaler.

Jean de Brosse déclare que : « *Par la somme de mille écus d'or, que nos dits hommes et femmes nous ont payé et contenté réalement et de fait, et icelle avons reçue et les en avons quitté et quittons, par ces présentes nos dits hommes et femmes subjets et habitans demeurant en notre ville de Boussac..... ensemble leurs femmes, enfants et postérité descendans d'eux nais et à naître..... et tous ceux qui, par le temps advenir, de nouvel viendront demeurer, habiter et faire demeurance et habitation dans la dite ville,..... avons affranchy, à l'advenir affranchissons et manumettons, et voulons être gens franchs et de franche condition et orine sans aucun lien de joug, de servitude personnelle et réelle et par la manière qui s'ensuit,..... c'est à savoir,..... etc....., et s'appellent et soient nommés à cause et pour raison de ladite demeurance, liberté et franchise bourgeois de notre dite ville de Boussac..... »*

Suit l'indication des coutumes et administration de la ville, dont les habitants, « *pour déterminer entre eux, consulter et conclure des affaires concernant leur commun et leur dittes bourgeoisies et franchise* », choisiront et nommeront « *chacun an ou de deux ans en deux ans quatre preud'hommes des dits bourgeois de la dicte ville, lesquels auront puissance de conduire et déterminer le fait des dits bourgeois de leurs dittes communauté et affaires, etc..... »*.

En ce qui concerne la garde de la ville, Jean de Brosse ordonne que « *s'il advient que la dite ville de Boussac soit fortifiée et close par lesdits bourgeois ou autres habitans en icelle* (1), *au dit cas lesdits bourgeois seront tenus de garder la porte ou portail de la dite ville, y faire le rierreguet par nuict, et payer les gaiges des capitaines qui mis y seront par nous ou les notres ou ayans de nous cause; et en ce faisant et audit cas les dits bourgeois seront quittes de guet et garde de porte de notre chas-*

***

(1) Il résulte clairement de la charte qu'en 1427 le château seul était fortifié, et que les murs, portes et fortifications de la ville n'ont été élevés et construits que postérieurement à ladite année. Ils ont dû être élevés entre 1427 et 1447. (Voir ci-après la lettre de Charles VII, de novembre 1447.)

tel dudit Boussac. Et notre dit chastel servy de guet, nous ferons faire guet en la dite ville de ce qui restera de nos hommes et subgets de la ditte chastellenie de Boussac..... ».

La charte accorde le droit de chasse et de pêche : « ..... *tous les dits bourgeois et les descendants ou postérités d'eux en droite ligne étans et demeurans bourgeois comme dit est pourront et leur sera leu de chasser et pescher ez terres et eaux dedans ladite chastellenie de Boussac qui n'ont ascoutumé d'être prohibées et déffendues d'ancienneté ».*

L'impôt spécial des « *quatre cas* » est réservé : « *Les dits bourgeois, nous, les nôtres et ayans de nous cause pourront quester et sur eux faire queste en quatre cas, c'est assavoir : à la nouvelle chevalerie du seigneur de notre chastellenie et seigneurie de Boussac; par notre prinse s'il advienoit que nous, les notres ou ayans cause de nous, seigneurs de notre dits chastel et chatellenie de Boussac fussent prins des ennemis que à Dieu ne plaise ; ou par le voyage d'oultre-mer ; et pour le mariage des filles de nous, des nostres et ayans de nous cause, seigneurs de nostre dit chastel et chastellenie de Boussac..... »*

Enfin, Jean de Brosse établit la juridiction pour l'exécution des franchises et privilèges accordés :

« ..... *avons obligé et obligeons par ces présentes nos biens et de nos hoirs et de nous ayant cause voulons estre compellés et contraincts par prinze vendue et exploitation d'iceux en soubmettant nous et nos dits biens à la juridiction et cohertion du Roy, nostre sire, et de sa cour de Parlement du baillage d'Yssoudun et de Sainct-Pierre-le-Moustier ou autre..... »*

La charte fut signée et scellée du grand scel le 15 septembre 1427, en présence de « *nos hommes et vassaux serviteurs et conseillers* »; comme témoins indiqués à l'acte, on y relève les noms de JEHAN LE GROIN; PHELIPPES D'ESGURANDE; GUILLEMAIN DE GRECAING ; GAUCHER DE VIERSAC, *escuyers*; ROGER ROQUE, *bailly de la chastellenie*; PHELIPPON ROBINET, *procureur général*, etc., etc.....

La charte d'affranchissement fut confirmée par une lettre

de Charles VII qui fit en outre remise aux habitants de Boussac des « *Amendes, faultes et offenses encourues envers lui....* », pour avoir vendu « *du sel sans gabeller* » et fortifié la ville de Boussac sans son autorisation et toutes autres causes, « *et avec ce avons octroié et octroions par ces dictes et présentes que.....* » les habitants de Boussac « *soient et demourent quictes et paisibles envers nous de tout ce que leur pourrions demander tant à cause..... d'avoir fortifié sans notre congié et licence la dicte ville de Boussac, comme pour avoir vendu sel sans gabeller* ».

Ces remises d'amendes, offenses et pénalités ne furent du reste accordées qu'à prix d'argent, « *moyennant la somme de sept cens escuz d'or, à laquelle ils* (les habitants de Boussac) *ont pour ce composé de nostre gré et consentement avec nos amez et féaulx les trésoriers de France, et icelle baillie au changeur de nostre Trésor. Et sur ce imposons silence perpétuel à notre procureur* ».

La lettre est donnée à Bourges, « au mois de novembre, l'an de grâce *mil CCCC* quarante sept, et de Notre règne le xxve ». (La date du jour n'est pas indiquée) (1).

Jean II de Brosse, fils du Maréchal, était âgé de dix ans à la mort de son père.

Il convient ici d'ouvrir une large parenthèse.

Les remparts de Boussac n'avaient pas tardé à recevoir le baptême du feu. A sa mort, le Maréchal, outre ses trois

---

(1) A côté de la ville murée de Boussac-le-Châtel se trouvait la paroisse de Boussac-les-Eglises, appelée plus tard Boussac-Bourg. Boussac-les-Eglises formait déjà au xie siècle une petite agglomération d'habitants indiquée, vers 1150, dans le cartulaire de Bonlieu, sous le nom de Botzaclas-Eglisas. Cette proximité des deux bourgs qui, avant l'établissement des murailles, semblaient ne devoir former qu'une même réunion d'habitants, avait établi de tous temps communauté de vie, de relations et d'intérêts.

La commune de Boussac se prolongeait en dehors des murs de la cité. Du côté de la porte de ville attenante à la maison de M. Gilbert (que nous avons décrite plus haut), elle s'étend actuellement à 150 mètres environ, et, à son point extrême, se trouve une gorge assez profonde qui limite les deux communes.

enfants, laissait une fille adoptive, Nicole de Blois, dite de Bretagne, fille unique de feu Charles de Blois, dit de Bretagne, et nièce de Jean de Blois, dit de Bretagne, comte de Penthièvre. On était convenu de la fiancer à Jean II de Brosse.

C'est encore dans l'*Histoire de Sainte-Sévère* que nous trouvons les renseignements qui vont suivre : Le maréchal de Boussac étant veuf, ce fut, d'après la coutume du Berry, sa mère, Marguerite de Maleval, qui prit le bail et gouvernement des enfants de son fils, et elle fit de même pour Nicole de Blois. Elle avait ainsi droit d'administrer les biens de ses pupilles et même d'en faire les fruits siens et de prendre en toute propriété les meubles, à la charge de payer les dépenses d'entretien desdits pupilles, d'acquitter leurs dettes, de soutenir les frais des procès où ils pourraient être impliqués pendant la durée du bail. Elle hérita donc des meubles laissés par le Maréchal, estimés à la somme de 20,000 écus d'or, et elle s'occupa ensuite de percevoir pour elle les revenus de ses diverses seigneuries, revenus évalués à 6,000 livres. Quant aux dettes, dit M. Chénon,..... Marguerite de Maleval s'en occupa beaucoup moins.

Elle devait, sous peine de saisie féodale, porter les foi et hommage aux divers seigneurs dont dépendaient les fiefs qu'elle administrait au nom de ses pupilles. Pour s'affranchir de cette obligation, difficile à accomplir à son âge, elle s'adressa à Charles VII, qui, en reconnaissance des « grands et notables services rendus à lui et à la chose publique » par le Maréchal, l'autorisa, par lettres datées du 30 juillet 1433, à faire porter l'hommage et payer les droits féodaux par procureur, et manda à son bailli de Bourges et à ses sénéchaux de Poitou et de Limousin de veiller à ce que les fiefs des enfants mineurs du maréchal de Boussac ne fussent pas saisis faute d'homme.

Cela fait, Marguerite de Maleval « débouta les bons et loyaux » officiers institués dans leurs châtellenies par son mari et par son fils, et les remplaça par des hommes à sa dévotion. Au dire de son petit-fils, ces nouveaux officiers et les garnisons sous leurs ordres causèrent dans ses terres des dommages qu'il évalue à 20,000 écus d'or. En outre, les dépenses inconsidérées de Marguerite de Maleval et les dons excessifs qu'elle paraît avoir fait à son autre petit-fils, Louis de Brion, aboutirent, en moins de deux ans, à la dissipation complète des biens du Maréchal, dont les dettes restèrent impayées.

Voici les moyens qu'elle employa pour se procurer des ressources. Elle fit d'abord dire au comte de Penthièvre qu'elle ne voulait plus marier Nicole de Blois avec Jean II de Brosse, mais que toutefois elle ne la lui rendrait que contre 2,000 écus d'or, et le comte ayant refusé cette étrange proposition, elle offrit, sans plus de succès, moyennant finances, la main de la jeune fille à Messire P...., amiral de France(1). Sur ces entrefaites, Louis de Culant, amiral de France, et cousin germain du maréchal de Boussac, résolut de lui enlever de force sa tutelle. Ils s'accusèrent réciproquement de cupidité et la lutte commença entre eux. Il n'entre pas dans le cadre de cette étude d'en suivre toutes les péripéties, que M. Emile Chénon a longuement retracées; aussi, sans donner le récit de plusieurs faits, entre autres la prise du château de Maleval par les gens de l'amiral de Culant, prise qui lui livra Jean II de Brosse et Nicole de Bretagne (dont il fit célébrer le mariage, bien qu'ils n'eussent pas l'âge requis), ainsi que les sœurs de Jean II de Brosse, nous allons nous rendre de suite à Boussac, où la dame de Maleval s'était réfugiée, le 17 ou 18 mai 1435.

Ici, nous laissons complètement la parole à M. Chénon (pages 108 et suivantes) : « Louis de Culant songea ensuite à s'emparer de Boussac, dont Huguet de Chamborant (2) avait été nommé capitaine par Marguerite de Maleval, et il « délibéra que, par phas ou néphas (*sic*) et quoy qu'il lui « en deust couster, il le recouvreroit ». Il assembla dans ce

____

(1) Quelque temps après, Marguerite de Maleval s'était de nouveau adressée au comte de Penthièvre, le menaçant, s'il ne voulait pas lui donner 2,000 écus d'or, de mettre sa nièce Nicole « en telles mains qu'il en seroit courroucé et ne la recouvreroit pas quand il voudroit ». Le comte de Penthièvre avait été « moult esbay ». (*Histoire de Sainte-Sévère.*) On le serait à moins, ajoute l'auteur.

(2) Huguet de Chamborant. On lit à propos de lui, dans les *Esquisses marchoises* : « La défense (du château de Boussac) en avait été confiée à un homme qui avait vu de plus rudes assauts, à Huguet de Chambo-

but trois ou quatre cents hommes d'armes et de trait, et partit avec eux pour mettre le siège devant Boussac. Huguet de Chamborant, pour empêcher les gens de l'amiral de trouver des logements, fit brûler avant son arrivée tous les villages qui étaient autour du château. Ses soldats profitèrent de l'incendie pour piller tout ce que les « bonnes gens de la « ville et des environs » avaient apporté au château, croyant le mettre en sûreté.

« Sur ces entrefaites, Louis de Culant arriva et cerna Boussac, qui, comme Sainte-Sévère, avait deux enceintes : la première entourant le château, la seconde entourant la ville. Il manda ensuite à la dame de Maleval et à ses partisans de rendre la place, sinon, il la prendrait de force. La dame « contredit et répondit gracieusement » que, comme baillistre, elle avait le droit d'être là, que l'amiral, au contraire, ne faisait pas son devoir et qu'elle le priait de s'en aller. L'amiral répliqua en faisant sonner la trompette et crier : « A l'assaut ! » En un instant, la ville fut emportée et pillée, et le siège mis devant le château. La dame de Maleval eut le temps toutefois de faire incendier le faubourg du Pont « en présence » d'Huguet de Chamborant. Pendant le siège qui dura dix ou douze jours, Louis de Culant donna plusieurs assauts et fit exercer une surveillance si étroite que personne ne pouvait sortir ; ses hommes, dans leurs loisirs, détroussaient les marchands et autres gens passant par le pays et se conduisaient (c'était la coutume alors) comme en pays conquis.

« La situation ne pouvait durer plus longtemps. Huguet de Chamborant et Louis de Brion voyant qu'ils ne pouvaient plus résister, et Marguerite de Maleval voyant avec peine « les « durtez, oppressions et dommaiges que faisait ledit amiral aux « subgiez de la dicte ville » de Boussac, se résignèrent à capi-

rant, parent et compagnon du maréchal de Boussac, hardi capitaine, grand tueur d'Anglais, mais chargé de toutes sortes de méfaits, toujours couverts par des lettres d'abolition accordées « en considération des « services qu'il avait fait tout son temps à Sa Majesté ou fait de ses « guerres et qu'il pourroit faire encore au temps avenir ».

« Dans les lettres d'abolition qu'il sollicita et obtint en 1462, on trouve de curieux détails sur la prise de Boussac par l'amiral de Culant. »

tuler. Il fut convenu que la dame de Maleval remettrait la
place au seigneur de Linières, qui était alors Edouard de
Beaujeu. En revanche, d'après la dame de Maleval, Louis de
Culant se serait obligé à lui restituer le château de Maleval
avec tous les biens qui s'y trouvaient. En fait, Louis de Culant
ne restitua rien, mais, « procédant de mal en pis », il imposa
aux habitants de Sainte-Sévère, Boussac, Huriel et la Pérouse
une taille de 20 sols par feu, et à ceux de Bridiers et de Mon-
don une taille de 10 sols; ce qui lui procura environ
2,000 royaulx d'or. Ceci se passait dans les premiers jours
de juin 1435.

« La dame de Maleval ne se sentant pas de force à lutter
avec l'amiral de Culant sur le terrain militaire, prit le parti
d'en appeler au Parlement qui siégeait alors à Poitiers. Elle
se plaignit « des nouvelletés et des excès » commis par le sire
de Culant, et demanda à être maintenue en possession « du
« bail, garde, gouvernement et administration de ses petits-
« enfants mineurs et de leurs biens et seigneuries ». Elle obtint
le 22 juin des lettres de complainte, qui lui permirent de se
faire maintenir en possession, par Jean Arbaleste, huissier au
Parlement, et de faire commencer une information sur les faits
reprochés à Louis de Culant. A la suite de cette information,
Huguet de Reviers, sergent royal au Parlement, ajourna
l'amiral à comparaître en personne le 20 avril suivant, sous
peine de bannissement et de confiscation.

« Louis de Culant ne s'émut pas autrement de cette assi-
gnation. Il en prit texte pour faire rédiger au nom de Jean II
de Brosse une supplique au Roi, où Jean de Brosse se plaignait
de la « misérable et dampnable » administration de sa grand'-
mère, etc., etc....., et demandait au Roi « de l'habiliter de
« l'âge de quatorze ans », bien qu'il n'en eût encore que
douze environ. Le Roi, par lettres patentes en date du 25 novembre 1435, le déclara en effet « aagié, auctorisé et habilité
« de l'âge de XIIII ans », âge auquel, en Berry, cessait le bail
des mineurs. Jean de Brosse reçut donc le gouvernement de
ses sœurs et de ses terres, qui fut par là même enlevé à la
dame de Maleval. Il fut mis en possession de la châtellenie
de Sainte-Sévère le 13 janvier 1436 (*n. s.*), et le lendemain de

celles de Boussac et d'Huriel, par les soins du lieutenant d'Issoudun, Pierre du Boys, licencié ès lois.

« Mais comme, en définitive, Jean II de Brosse était incapable d'administrer seul des domaines aussi étendus et qu'il était encore mineur de vingt-cinq ans, âge en Berry de la pleine majorité, le Roi, par nouvelles lettres données à Chinon, le 3 février 1436 (*n. s.*), enjoignit au bailli de Berry de réunir en nombre suffisant des parents ou des amis de Jean de Brosse et de les inviter à lui choisir un curateur. Le bailli de Berry, qui était alors Messire Giraud de Goulard, chevalier, seigneur de Cumont, conseiller et chambellan du Roi, chargea de l'exécution des lettres royales Pierre du Boys, son lieutenant en la prévôté d'Issoudun, dans le ressort de laquelle se trouvaient Sainte-Sévère et la « greigneur partie » des seigneuries de l'intéressé. Pierre du Boys se rendit aussitôt à Sainte-Sévère et convoqua au château, le 22 février 1436 (*n. s.*), un grand nombre de seigneurs des environs, parents ou amis de Jean de Brosse (et quelque peu aussi du sire de Culant). Voici leurs noms : Louis de Culant, amiral de France ; Edouard de Beaujeu, seigneur de Linières ; Charles de Culant, seigneur de la Creste ; Drouin de Vaudenay, seigneur de la Motte-Feuilly ; Archambault de Crevant, seigneur de Villemort ; Plotard de Cluis, seigneur de Briante ; Guillaume de Viersac, chevaliers ; Hélyon de la Court, Jehan Deleron, Jehan de Cluis, Raymond Bertrand, toujours capitaine de Sainte-Sévère ; Antoine Gazeau, Louis d'Aigurande, Jehan le Groing, Guillemin des Ages, Pierre d'Aubusson, Pierre Galebrun, Guillaume Bertrand, André de La Châtre, seigneur de Tercillat ; Guillaume d'Autun, Evrard du Moustier, Louis Savary, Guillaume Esgrin, Alphonse Ferrande, Jehan Esgrin, écuyers ; Messire Louis de Chalus, commandeur de Bourges, et maître Marc Orson (?), bailli de Boussac. Cette nombreuse assemblée désigna comme curateur de Jean de Brosse Louis de Culant, amiral de France. Le lieutenant d'Issoudun lui fit immédiatement prêter serment sur les Saints Evangiles et le déclara investi de la curatelle. »

On aurait pu croire que la question était ainsi définitivement tranchée, mais restait la question des crimes, délits, etc..... reprochés à l'amiral. Il ne parut pas à l'audience du 20 avril qui s'ouvrit au Parlement. La dame de Maleval et le procureur du Roi demandèrent alors qu'on leur adjugeât le profit du défaut et déposèrent les conclusions suivantes : 1° En ce qui concerne la dame de Maleval, l'amiral devra lui restituer tout ce qui a été pris à Maleval, Boussac et ailleurs, « jusques à la somme de seze mil royaulx d'or » ; il sera, en outre, condamné à faire amende honorable aux lieux où il a commis ses excès, « sans chaperon, sans sainture, en chemise, à genoulz, tenant en son poing une torche de XII livres de cire », et à payer une amende « proufitable » de 20,000 royaulx d'or avec contrainte par corps ; 2° en ce qui concerne le procureur du Roi, l'amiral sera condamné à la confiscation de ses biens, à une punition corporelle à arbitrer par la Cour et au bannissement du royaume à perpétuité ou à temps, ou tout au moins il sera condamné à faire amende honorable et à payer une amende pécuniaire de 40,000 royaulx d'or, en tenant prison fermée jusqu'à pleine satisfaction ; 3° en ce qui concerne les différentes personnes dont les biens ont été pillés à Maleval ou à Boussac, l'amiral devra leur restituer leurs biens jusqu'à concurrence de 7,000 royaulx d'or pour le tout, et sera en outre condamné à faire amende honorable et à payer une amende profitable de 2,000 royaulx d'or.

Le Parlement se borna à rendre un arrêt ordonnant de réassigner Louis de Culant, en personne ou à son domicile d'abord, et en outre à Maleval, à Boussac et autres endroits notables où il se tenait d'habitude, si toutefois l'huissier pouvait y pénétrer « avec sécurité ». (Arrêt du 15 mai 1436.)

Les complices de l'amiral furent également réassignés dans les différentes localités et notamment à Boussac, le jeudi 27 août, où l'huissier ajourna de nouveau, et cette fois « parlant à sa personne », Antoine Gazeau, que Louis de Culant avait nommé capitaine de Boussac, depuis qu'il était curateur de Jean de Brosse.

Le procès se continua et Marguerite de Maleval obtint un arrêt lui donnant la jouissance provisionnelle des biens liti-

gieux. Mais les créanciers du Maréchal, que ne désintéressaient
pas les discussions de Louis de Culant et de la dame de Maleval, avaient obtenu contre lui une sentence d'excommunication, et Jean II de Brosse, pour faire lever cette sentence et
apaiser les créanciers, dut se faire autoriser, par lettres
royales en date du 18 janvier 1437 (*n. s.*), à demander aux
bourgeois de Boussac de s'imposer extraordinairement ; il fit
ensuite « assembler ses vassaux et sujets, par devant le lieutenant au baillage d'Issoudun, lesquels luy ayant consenty
l'octroy de la somme de mille écus d'or pour une fois payer,
élurent Hugonin Turpin, marchand de la ville de Bourges,
pour en faire la récepte (1) ». Les restes du Maréchal furent
ainsi laissés en terre sainte.

Quelques mois plus tard, le 18 juin 1437, on procéda à
une célébration, valide cette fois, de l'union de Jean II de
Brosse, âgé de quatorze ans, avec Nicole de Blois qui en comp-
tait treize. C'était l'âge requis (2). On choisit ensuite un nouveau curateur pour le jeune époux, et ce fut Jean de Bretagne, comte de Penthièvre et de Périgord, son oncle par
alliance, qui fut désigné pour lui et pour ses sœurs, le
31 juillet 1437.

Huguet de Chamborant, nommé vers cette époque, par
Marguerite de Maleval, capitaine de Sainte-Sévère, reprit le
cours de ses exploits, et Marguerite de Maleval essaya de
remettre la main sur son petit-fils et de reprendre le château
de Boussac. Elle s'entendit, à cet effet, avec Jean le Groing et
son fils Antoine ; ils pénétrèrent dans le château avec quelques
complices, s'emparèrent des tours et du portail, et mirent en
« leur obéissance et sujétion » Nicole de Blois, la damoiselle
d'Avaugour, sa mère, et l'infortuné Jean de Brosse, que
Louis de Brion, Huguet de Chamborant et Antoine le Groing
ramenèrent à Maleval. Quelques jours après, Marguerite de
Maleval s'emparait de Bridiers. La situation revenait ce qu'elle
était en 1435, mais les excès de Chamborant finirent par

_____

(1) *Esquisses marchoises.*

(2) La condition de ce mariage était que leur postérité porterait le
nom et les armes de Bretagne.

attirer l'attention du roi de France, qui ordonna de s'en emparer. Assiégé dans Sainte-Sévère, il parvint à s'enfuir, et la chronique constate qu'à cette occasion « tout le pays d'environ Boussac, Sainte-Sévère et la Pérouse fut détruit et désert ».

La mort de la dame de Maleval, vers le début de l'année 1443, vint mettre un terme à toutes les luttes qui avaient suivi la mort du Maréchal, et Jean II de Brosse, après avoir eu, toutefois, un procès avec Louis de Brion (1), put enfin rester tranquille possesseur de Sainte-Sévère, Boussac, la Pérouse, Huriel, Bridiers et Maleval.

Charles VII, en reconnaissance des services que lui rendit Jean II de Brosse, le fit son conseiller et son chambellan par lettres du 26 avril 1449, et lui donna deux jours après la conduite du ban et arrière-ban du Berry. Il assista à la journée de Formigny en 1450 et, de là, passa en Guyenne avec le comte de Dunois, qui le fit chevalier à l'entrée de la ville de Bayonne, le 21 août 1451. Il devint lieutenant général de l'armée du Roi, par lettres du 19 mars 1452. Dans la guerre du *Bien public*, il suivit le parti du roi Louis XI et pour ce fait se vit saisir, par le duc de Bretagne, le comté de Penthièvre et les autres terres de Bretagne qui lui appartenaient à cause de sa femme et dont il avait hérité après la mort du comte de Penthièvre, en novembre 1452. N'ayant jamais pu en reprendre possession, il céda au Roi, en 1479, tous les droits qu'il pouvait prétendre au duché de Bretagne du chef de sa femme.

Il eut pour enfants : 1° Jean III, qui suit; 2° Antoine, chevalier de Rhodes; 3° Paule, mariée, en 1471, à Jean de Bourgogne, comte de Nevers, duc de Brabant; 4° Claudine, seconde femme de Philippe II, duc de Savoie, mariée en 1485; 5° Bernarde, troisième femme de Guillaume IV Paléologue ; 6° Hélène, mariée à Boniface III, marquis de Montferrat.

Jean II de Brosse mourut vers 1483.

(1) Louis de Brion, dans les derniers temps de la vie de Marguerite de Maleval, cherchait à se faire donner tout ce qu'elle possédait. Jamais il ne se séparait d'elle, « pour l'honorer », disait-il, — « pour en avoir la plume », disait Jean de Brosse.

Jean III de Brosse, comte de Penthièvre, vicomte de Bridiers, seigneur de Boussac, etc., commença à prendre le nom et les armes de Bretagne, usage qui fut continué par ses descendants. Il avait pour armes : écartelé au 1er et au 4e de Bretagne (d'hermines plein), au 2e et 3e de Brosse. Jean III de Brosse, dit de Bretagne, poursuivit toute sa vie, aussi inutilement que son père, la restitution de ses terres de Bretagne.

Il épousa, le 25 mai 1468, Louise de Laval, dont il eut : 1° René, qui suit; 2° Magdeleine, mariée d'abord à Janus de Savoie, puis à François, bâtard de Bretagne, baron d'Avaugour; 3° Isabeau, troisième femme de Jean IV, sire de Rieux, maréchal de Bretagne; 4° Marguerite; 5° Catherine, qui épousa Jean, baron du Pont et de Rostrenan.

Jean III de Brosse mourut en 1502. Il fut enterré à Boussac, et les registres de la ville rapportent que, le 16 mai 1653, on trouva son corps, dans un cercueil de plomb, en un caveau existant sous le chœur de l'église.

René de Brosse, dit de Bretagne, comte de Penthièvre, vicomte de Bridiers, seigneur de l'Aigle, de Boussac, de Sainte-Sévère, des Essards, de Palluau et de Chanteauceaux, s'efforça aussi d'obtenir la restitution de ses terres de Bretagne. Il en fit même hommage au Roi, le 20 janvier 1504 (*n. s.*), mais il n'arriva jamais au but de ses désirs et n'obtint pas plus satisfaction du roi François Ier que de Louis XII. C'est ce qui le poussa à suivre en Italie le connétable de Bourbon. Il fut tué à la bataille de Pavie. Il avait été condamné à mort par contumace comme coupable de félonie et impliqué dans le procès du connétable. Tous ses biens avaient été confisqués. Il avait épousé en premières noces, le 13 août 1504, Jeanne de Commines (fille de l'historien); en deuxièmes noces, en 1516, Françoise de Maillé, et enfin en troisième mariage, en 1521, Jeanne de Compeys, dite de Gruffi. Du premier mariage, il eut : 1° François, mort jeune; 2° Jean IV, qui suit; 3° Charlotte, mariée à François de Luxembourg, vicomte de Martigues; 4° Jeanne, qui épousa René de Laval. De son union avec Jeanne de Compeys, il eut : Françoise, seconde femme de Claude de Gouffier, duc de Rouannez, mariée en 1546.

Jean IV de Brosse, dit de Bretagne, duc d'Etampes, duc de Chevreuse, comte de Penthièvre, chevalier de l'ordre du Roi en 1550, gouverneur du Bourbonnais, puis de Bretagne, jugea que le moyen le plus simple de rentrer en possession de ses terres était d'épouser la maîtresse de François Ier, Anne de Pisseleu, à laquelle le Roi voulait donner une dignité à la Cour. Il assista au sacre d'Henri II et mourut, sans enfants, à Lamballe, le 27 février 1564. Il fut enterré dans l'église des Cordeliers, à Guingamp, au tombeau de ses prédécesseurs.

Jean IV de Brosse n'avait aucune estime pour sa femme, à laquelle il reprochait, non seulement la perte de son honneur, mais encore de l'avoir ruiné pour enrichir sa sœur, la comtesse de Vertus. Il fit prendre des informations pour prouver ce fait dans un procès qu'il eut contre Odet de Bretagne, comte de Vertus, son cousin, héritier de François, son frère aîné, beau-frère d'Anne de Pisseleu.

Ce qu'il y a de particulier, dit Moreri, c'est que le roi Henri II voulut bien, là-dessus, subir l'interrogatoire, le 21 juin 1556, et déposer ce qu'il savait en faveur de Jean de Brosse.

Ce prince fut interrogé à Paris, en l'hôtel appelé la Maison-Maigret, rue Sainte-Avoye, en présence du connétable de Montmorency, auquel il donna depuis cette maison, possédée dans la suite par MM. de Mesmes.

Jean de Brosse n'ayant point d'enfant, ses biens passèrent à Charlotte de Brosse, dite de Bretagne, sa sœur, mariée à François de Luxembourg. Ils eurent pour fils Charles et Sébastien. Charles épousa Claudine de Foix. Pour ce mariage, de grandes fêtes et un superbe carrousel furent donnés à Boussac; mais ces fêtes se terminèrent lugubrement: les galeries du château s'effondrèrent sous le poids des nombreux spectateurs, et le nombre des victimes fut considérable.

Charles de Luxembourg, vicomte de Martigues (1), périt au

---

(1) Les Luxembourg de la branche des vicomtes de Martigues portaient : d'argent, au lion de gueules, la queue nouée, fourchée et passée en sautoir, armé et couronné d'or, lampassé d'azur, surmonté d'un lambel d'azur de trois pendants.

siège d'Hesdin, en 1553, sans enfant. Marie de Luxembourg, sa nièce (fille de Sébastien (1) et de Marie de Beaucaire), duchesse d'Etampes, recueillit tous les biens de la branche aînée.

- Marie de Luxembourg épousa, le 12 juillet 1579, Philippe-Emmanuel de Lorraine, duc de Mercœur.

La terre de Boussac passa ainsi dans la maison de Lorraine. Elle fut achetée, quelques années plus tard, par la reine Louise de Lorraine, sœur de Philippe-Emmanuel. A la mort de la Reine, en 1601, ces domaines revinrent au duc de Mercœur, qui mourut en 1602, les laissant à sa fille Françoise, mariée à César de Vendôme.

César de Vendôme, en janvier 1640, céda la terre de Boussac à Henri-Auguste de Loménie (2), secrétaire d'Etat, qui la vendit à Jean de Rilhac en 1649.

(1) Tué le 19 novembre 1569, au siège de Saint-Jean-d'Angely.

(2) Nadaud, t. III, p. 119 et 120 : « Henri-Auguste de Loménie, comte de Brienne et de Montberon, en Angoumois, secrétaire d'Etat et des finances, mort en 1666, baron de Pougy et de Boussac, chevalier, conseiller du Roi en ses conseils; lui et sa femme donnèrent une rente de 200 livres à l'hôpital des Incurables, en 1643. Il avait épousé, en 1623, Louise de Béon de Masses, fille de Bernard, seigneur et baron de Boutheville, et de Louise de Luxembourg. Elle mourut le 2 septembre 1665, âgée de soixante-trois ans. » — Loménie porte : d'or, à l'orme de sinople, aux racines de même chargées d'un tourteau de sable, au chef d'azur aussi chargé de trois losanges d'argent.

Tardieu donne ces armes : d'or, à l'arbre de sinople, au tourteau de sable en pointe, au chef d'azur chargé de trois losanges d'argent, et indique comme représentants actuels (*d'après l'édition de* 1894) : Première branche : Alexis-Louis-Charles de Loménie, né en 1856, marié à Mlle Ducatel. Deuxième branche : A la postérité d'Aymery, dit Mérigaud, peut être rattaché Charles-Marie-Joseph de Loménie, né en 1838, marié à Mlle Caillon. (*Dictionnaire de la Haute-Marche.*)

« La maison de Loménie a donné un secrétaire d'Etat en 1606; un ministre des Affaires étrangères de 1643 à 1645; un maréchal de camp, ministre de la Guerre, en 1787; un évêque de Coutances, mort en 1720; un évêque de Condom en 1760, archevêque de Toulouse en 1763, archevêque de Sens, cardinal et premier ministre de Louis XVI en 1787, mort en 1794. »

Henri-Auguste de Loménie, seigneur de Boussac, obtint, après divers emplois, la survivance de la charge de son père (Antoine de Loménie, secrétaire d'Etat) en 1615. Louis XIII le fit capitaine du château des Tuileries en 1622 et l'envoya en Angleterre deux ans après, pour régler les articles du mariage d'Henriette de France avec le prince de Galles.

Jean de Rilhac (1) prenait le titre de marquis de Boussac.
De son mariage avec Marie-Madeleine des Grillets (2), il eut
François de Rilhac, comte de Saint-Paul, marquis de Boussac,
garde de la manche de Sa Majesté. Sa veuve se remaria à
Godefroi de la Roche-Aymon (3), marquis de Vic, et nous
lisons, dans les œuvres de M. Duval, que François de Rilhac
les fit condamner, par sentence rendue en la sénéchaussée
de Guéret, le 14 mars 1672, à rapporter « les titres, papiers,
terriers et lièves de recepte des revenus de ladite terre de
Boussac, pour être procédé au partage d'icelle ».

L'année précédente, nous dit encore M. Duval, le Parlement de Paris avait décidé contre Jean de Rilhac une question intéressante. Il s'agissait de savoir si un bourgeois de
Boussac, Jean Jamot, issu d'autres Jamot, affranchis, en
1427, par le Maréchal, avec les autres habitants de Boussac,
« n'avait pas perdu sa liberté et n'était pas tombé en servi-

Il suivit ensuite le Roi au siège de la Rochelle. Dans le commencement
du règne de Louis XIV, il eut le département des Affaires étrangères. Il
se conduisit avec beaucoup de prudence durant les troubles de la mi-
norité et mourut en 1666, à soixante-onze ans. Il laissa des Mémoires
manuscrits depuis le commencement du règne de Louis XIII jusqu'à la
mort du cardinal Mazarin. (Nadaud, t. III, p. 595 et 596.)

(1) Rilhac, maison d'Auvergne, de haute chevalerie, ayant sa filiation
depuis Géraud de Rilhac, en 1364. Armes : palé d'argent et de gueules
de sept pièces. Le château de Rilhac est situé dans le Cantal, près de
Pleaux. (Tardieu, *Dictionnaire de la Haute-Marche*, p. 348.)

(2) Des Grillets, qu'on trouve aussi écrit de Grillet, famille originaire
de Quiers en Piémont, plus tard établie à Avignon, puis transplantée en
Normandie, a possédé la ville de Saint-Trivier en Bresse et les baronnies de Brissac et du Bremien, près de Dreux. Armes : de gueules, à la
fasce ondée d'or, accompagnée en chef d'un lion léopardé d'argent et en
pointe de trois besants de même.

(3) La Roche-Aymon porte : de sable, à un lion d'or armé et lampassé
de gueules, l'écu semé d'étoiles d'or. Une branche porte : semé de
trèfles (Nadaud, t. IV, p. 32), et d'après Tardieu (*Dictionnaire de la
Haute-Marche*, p. 349): de sable semé d'étoiles ou molettes d'éperons
d'or, au lion de même, brochant lampassé armé de gueules. Cette illustre
maison, qui a encore plusieurs représentants, compte deux chevaliers
croisés, un sénéchal d'Auvergne, quatre lieutenants généraux d'armée,
un chevalier du Saint-Esprit, un cardinal, pair, grand aumônier de
France, qui baptisa, maria et sacra le roi Louis XVI. La marquise de
la Roche-Aymon réside au château de Mainsat (Creuse).

tude » pour être mort hors des limites de la franchise. Jean
de Rilhac s'était emparé de ses biens par droit de mortaille,
malgré l'opposition de Robert et de Philippe de Sainthorent (1), héritiers légitimes. Le Parlement trancha la question dans le sens de la liberté, en décidant, par son arrêt du
27 janvier 1671, que Jean Jamot n'avait pas perdu sa qualité
d'homme libre en quittant Boussac « et partant que son deceds n'avait pas donné lieu à l'ouverture de la mortaille ».

Nous lisons à ce sujet, dans La Thaumassière (*Coutumes du
Berry*, extraits des registres du Parlement, chapitre LXXIII) :

Arrêt rendu contre le seigneur de Boussac.

« Entre Robert de Sainthorent, Philippes de Sainthorent,
Gilbert Bonnet, mary et maître des actions d'Antoinette de
Sainthorent, tous héritiers de Jean Jamot, Demandeurs aux
fins de la commission du 29 octobre 1665, d'une part, et Gaudefroy de la Rochemond, marquis de Vic, et Dame Magde-
laine-Henriette des Grillets sa femme, Defendeurs, d'autre;
Et entre Maistre Jean de Sainthorent, avocat en la cour, De-
mandeur en Requête afin d'intervention du dix-neuf août
1670, d'une part, et M. Gaudefroy de la Rochemond et dame
Magdeleine-Henriette Des Grillets sa femme, Robert, Philippe de Sainthorent et Gilbert Bonnet, Deffendeurs, d'autre.
VEU par la cour laditte commission du 29 octobre 1665,
obtenue en chancellerie par lesdits Robert, Philippe de Sainthorent et Gilbert Bonnet, mary d'Antoinette de Sainthorent,

---

(1) Saincthorent. Le nom de cette famille se trouve écrit tantôt de
Saincthorent, tantôt Desaincthorent, de Sainthorent et encore Saincthorent et de Saint-Horent.

Tardieu (*Dictionnaire de la Haute-Marche,* p. 276) nous dit que Jean
de Saincthorent, avocat au Parlement d'Issoudun (Indre) en 1696, portait ces armes : d'azur, au chevron d'argent accompagné en chef de
deux croissants, et en pointe d'un aigle de même; au chef cousu de
gueules chargé de trois étoiles d'or. — Le 1er mars 1567, l'aveu et dé-
membrement de la seigneurie de Chiez est signé : De Saincthorent, notaire. — Le 26 avril 1668, Jean de Saincthorent, sieur de Merverange,
avocat, est témoin du mariage de sa sœur, Marie, avec Pierre de Bize,
sieur de la Prugne. — En 1679 et en 1680, on trouve Robert de Saincthorent, notaire en la justice de Boussac. — En 1735, Robert-François-
Xavier de Saincthorent est prieur de Toulx-Sainte-Croix. — En 1750,
Antoine de Saincthorent est notaire royal, etc., etc...

à ce qu'il leur fut permis de faire assigner en la cour des Grands Jours ledit messire Gaudefroy de la Rochemond et la Dame des Grillets et François de Rilliac, Chevalier, comte de Saint-Paul, Héritier de Jean de Rilliac, comte de Saint-Paul, son père, pour être condamnés se désister et départir de la jouissance qu'ils ont fait de tous les biens délaissés par défunt Jean Jamot, leur en rendre et restituer les fruits depuis l'an 1651, jusqu'à présent, au dire d'experts et Gens à ce connoissans, dont les parties conviendront par devant le plus prochain juge Royal des lieux, autrement qu'il en seroit nommé d'office; iceux Immeubles consistans en la métairie appelée la Villette, située en la paroisse de St-Silvain de Ballerot, et l'autre située en la Paroisse de Boussac, appelée Luffreix, Etang, Tannerie, Maison, Prés et terres, le tout situé en la Terre de Boussac; comme aussi qu'ils seront condamnés à rendre et à restituer les bestiaux et Grains, meubles et autres choses qui étoient esdits Domaines et Métairies, lors et au tems du déceds dudit Jamot, aussi à dire d'Experts et gens ce connoissans; que lesdit de Sainthorent seront mis en la protection et sauvegarde du Roy, attendu les menaces qui leur sont faites, tant par ledit sieur de la Rochemond, sa femme et autres; d'enjoindre à Léonard Dumont et Pierre Vincent, sergens, de faire donner les assignations à la huitaine en la cour des grands jours, et les condamner aux dépens, dommages et intérêts des Demandeurs, en outre leur permettre de faire assigner Jean de Sainthorent, pour être condamné contribuer aux frais pour la poursuitte (*sic*) du Procez, eut égard au profit qu'il en pourra tirer et aux dépens : Deffenses desdits sieurs et Dame de la Rochemond ; arrêt du 7 janvier 1666, par lequel ledit sieur de la Rochemond et sa femme auroient été reçus opposans à l'exécution de l'Arrêt de Debouté de deffenses, du 5 Décembre 1665, faisant droit sur leur opposition, en conséquence des déffenses par eux fournies; appointer les Parties en droit, écrire et produire : Production desdits Demandeurs; Sommation de produire et contredire par lesdits Defendeurs; Ladite Requête de Jean de Sainthorent dudit jour 19 aoust 1670, à ce qu'il soit reçu Partie intervenante en l'Instance d'entre lesdits

Sieur de la Rochemond et ladite Dame son Epouse, d'une part,
et lesdits de Sainthorent et autres, d'autre; faisant droit sur
son Intervention et ordonner que le Contract de vente du
19 Décembre 1665, fait au profit desdits Sieur et Dame de la
Rochemond, sera exécuté sans avoir égard à l'Acte dudit
jour, et en ce faisant, condamner lesdits Sieur et Dame de la
Rochemond payer audit Jean de Sainthorent la somme de
deux mille cinq cens livres, avec les intérêts du jour dudit
Contract et outre aux dépens de l'Instance, et luy donner
acte de ce que pour moyen d'Intervention il employe le con-
tenu en laditte Requête : ledit Contract et l'Acte du 19 Décembre 1670. Arrêt du 17 Décembre 1670 par lequel ledit
Jean de Sainthorent auroit été reçu Partie Intervenante et
sur l'Intervention appointer les Parties en droit et joint, et
l'Acte de l'employ; Sommation de fournir de Réponses aux
moyens d'Intervention, écrire et produire par ledit de la Rochemond et sa Femme. Le tout joint et considéré, LA COUR
faisant droit sur laditte Demande, condamne les Deffendeurs
se désister et départir au profit desdits Demandeurs de la
Possession et Jouissance des biens délaissés par ledit Defunt
Jean Jamot, pour la part et portion à eux appartenante en
laditte Succession ; rendre et restituée aux Demandeurs les
fruits dez l'année 1651, jusques au jour du Delaissement qui
sera fait par lesdits Defendeurs desdits Héritages; ensemble
rendre et restituer les Bestiaux, Grains, Meubles et autres
choses qui estoient es Domaines et Métairies dépendantes de
laditte Succession lors et au tems du deceds dudit Jamot,
qui seroient estimées par Experts et Gens à ce connoissans,
qui ont vu lesdits Bestiaux, Grains et autres Meubles en 1651,
dont les Parties conviendront pardevant le Lieutenant Général d'Yssoudun, autrement en sera par luy pris d'office.
Ordonnons que les Demandeurs demeureront en la Protection
et Sauve-garde du Roy et de la Cour : En ayant égard à l'Intervention dudit Jean de Sainthorent, Ordonne que le Contract de vente du 19 Décembre 1665, fait au profit desdits
sieur de la Rochemond et sa Femme, sera exécuté, et en
conséquence condamne lesdits de la Rochemond et sa Femme
payer audit Jean de Sainthorent la somme de deux mille

cinq cens livres et intérêts du jour dudit Contract ; condamne en outre lesdits de la Rochemond et sa Femme aux dommages et intérêts desdits Demandeurs et aux dépens de ladite Demande et Intervention. Fait en Parlement le vingt-setieme Janvier mil six cens soixante onze, collationné et scelé. »

« Il a été jugé par cet Arrêt, que Jean Jamot, issu de Jean Jamot, l'un des Affranchis par M. le Maréchal de Brosse, l'an 1427, avec les autres Habitants de la ville de Boussac, n'avoit pas perdu sa liberté et n'étoit pas retombé en Servitude pour avoir quitté la ville de Boussac et être mort hors d'icelle ; et partant que son déceds n'avoit pas donné lieu à l'ouverture de la Mortaille, au profit du Seigneur de Boussac, qui fut condamné à se désister des biens délaissés par Jamot, dont il s'étoit emparé et qui furent ajugés à ses Héritiers légitimes. »

François de Rilhac, comte de Saint-Paul, marquis de Boussac, fils de Jean de Rilhac et de Marie-Madeleine des Grillets, avait épousé Jeanne-Armande de la Roche-Aymon, qui renonça à la communauté du mariage par acte du 15 septembre 1674.

On prétend que c'est lui qui fit construire la terrasse qui conduit de nos jours au château de Boussac. Ils eurent un fils, Albert de Rilhac.

Albert de Rilhac, comte de Saint-Paul et seigneur de Boussac (1), lieutenant-colonel du régiment Royal-Roussillon-cavalerie, décédé au château de Boussac, en 1729, âgé d'environ soixante-huit ans, se maria deux fois. Il épousa :

1° Françoise de Coustin du Masnadeau (2) ;

---

(1) Nadaud (t. IV, p. 23) donne à Albert de Rilhac le titre de baron de Boussac.

(2) Très ancienne famille qui compte encore de nombreux représentants. On lit, à son sujet, dans le *Dictionnaire de la Haute-Marche* : « Marquis du Masnadeau, seigneurs du Chassaing, du Bouzolas, etc..... Famille noble connue en Limousin dès le xiiie siècle. Elle compte deux chevaliers de l'ordre du Roi (Saint-Michel), un lieutenant de cent gentilshommes de l'hôtel de François Ier, etc., etc... » Armes : d'argent, au lion de sable couronné de même.

2° Magdeleine du Ligondeix (1).

Il eut une fille, Françoise-Armande de Rilhac, issue de son premier mariage, suivant les uns, de son second, suivant les autres (2). Elle épousa, par contrat du 14 novembre 1730, Jean de Carbonnières, chevalier, marquis de Saint-Brice,

(1) Magdeleine du Ligondeix, comtesse de Saint-Paul et baronne de Boussac, appartenait à l'antique famille des marquis de Ligondès, dont le nom est aussi écrit du Ligondeix et du Ligondès, maison de haute chevalerie qui a rendu des services militaires de premier ordre. « Cette maison, dit Nadaud (t. III, p. 557 et suiv.), est l'une des plus anciennes et des plus considérables de la Marche. Une tradition rapporte que les Ligondès sont originaires d'Italie, et que Guy de Ligondès s'établit en France au moment de la croisade entreprise par saint Louis. Ce qu'il y a de certain, c'est que ce chevalier alla positivement en Terre Sainte, en 1248, avec saint Louis, ainsi que l'atteste une charte mentionnée dans le livre d'or de la noblesse européenne. » Armes : d'azur, au lion grimpant d'or, lampassé, armé de gueules, l'écu semé de molettes d'éperons d'or, couronne de marquis; supports : deux lions. Le marquis de Ligondès habite actuellement le château de Sainte-Feyre (Creuse). Veuf de Mlle de Belinay, fille de M. de Bonnafos de Belinay et de Mme, née Foulques de Villaret, il a épousé, en 1881, Mlle de Lignac, fille de M. Martin de Lignac et de Mme, née Dissandes de Moulevade.

(2) M. Duval (*Esquisses marchoises*, p. 296) nous dit : « Albert de Rilhac épousa Magdeleine du Ligondeix, fille et héritière de Henri du Ligondeix, chevalier, seigneur de Genouillat, laquelle, en 1722, fit faire des réparations au château de Genouillat. Leur fille unique, Françoise-Armande de Rilhac, fit passer la baronnie de Boussac dans la famille de Carbonnières par son mariage avec Jean de Carbonnières, chevalier, marquis de Saint-Brice, la Vigne, Chabery, le Repaire, Rochebrune et autres terres en Limousin. » — D'autre part, M. le vicomte de Maynadier (marié à Mlle de Carbonnières) nous écrivait le 20 décembre 1906 : « .... Vous trouverez ci-joint quelques lignes sur Armande de Rilhac, fille d'une Coustin du Masnadeau; vous pouvez être sûr de ce document qui est extrait d'un manuscrit de la famille. » Le document, daté de 1755, porte : « Damoiselle Françoise-Armande de Rilhac, baronne de Boussac, fille de feu haut et puissant seigneur messire Albert de Rilhac, chevalier, seigneur comte de Saint-Paul, baron de Boussac, etc., etc... et de feue dame Thérèse de Coustin du Masnadeau. »

Ce qu'il y a de positif, c'est que le baron de Boussac épousa l'une et l'autre, ainsi qu'il résulte des registres de la ville de Boussac :

« 1711. Baptême de Françoise Soumittet; parrain, haut et puissant seigneur Albert de Rilhac, comte de Saint-Paul, lieutenant-colonel du régiment de Roussillon; marraine, dame Françoise de Coustin, dame de Boussac. »

« 1721. Baptême de François, fils de Charles Dutellier, écuyer, seigneur du Rochier, et de dame Françoise Noblet; parrain, François de Mornay, écuyer, seigneur de Bonnat; marraine, haute et puissante dame Madelaine du Ligondais, comtesse de Saint-Paul. »

la Vigne, Chabery, le Repaire, Rochebrune, etc..... C'est
ainsi que la baronnie de Boussac entra dans la famille de
Carbonnières (Limousin) (1). Mme de Carbonnières mourut
en 1785.

Le 21 avril 1731, M. de Carbonnières dépose une plainte
devant le bailli de Boussac. Dans cette plainte, il expose que,
quoiqu'il ait seul le droit de chasse et de pêche dans toute
l'étendue de la baronnie, plusieurs particuliers se permettaient
non seulement de chasser et de pêcher sur ses terres, mais
même d'y tendre des « lacs, tirasses, jayolles, colliers, fils
d'archal et autres instruments pour prendre des lièvres et
perdrix. Plusieurs particuliers ont ruiné des halots et rabouil-
lières par ce moyen, ils détruisent les lapins, défont les nids
de perdrix et emportent les œufs ou petits perdriaux. Oultre
ce, plusieurs personnes peschent, soit au feu et avec autres
instruments prohibés, même jettent dans les rivières et
ruisseaux de l'étendue de cette baronnie de la chaux, noix

(1) On lit dans Nadaud (t. I, p. 236) : « Les armes de cette famille
sont : bandé d'argent et d'azur de 8 pièces, à 8 charbons de sable allumés de gueules, posés 1, 3, 3 et 1 sur les bandes d'argent, d'après M. Borel d'Hautcrive, et se voient à Versailles, dans la quatrième salle carrée,
parce que, en 1248, Hugues de Carbonnières, seigneur limousin, se
trouvant à la première croisade de saint Louis, fit un emprunt à des
marchands italiens. D'Hozier blasonne : d'argent, à 3 bandes d'azur,
accompagnées de 8 charbons de sable allumés de gueules posés entre les
bandes 1, 3, 3, 1. M. Lainé (*Archives généalogiques de la noblesse de
France*) et M. Bouillet (*Nobiliaire d'Auvergne*) décrivent : d'azur, à
3 bandes d'argent chargées de 6 charbons ardents de gueules. M. Bouillet met 7 charbons. »
Nadaud, d'après La Chesnaye des Bois, et aussi grâce à des documents
complémentaires, donne la filiation de cette famille depuis Rigald de
Carbonnières, marié à Unie de Comborn, qu'il fait suivre immédiatement de Gilbert de Carbonnières, vivant en 1092. Tardieu (*Dictionnaire
généalogique de la Haute-Marche*) nous dit, page 256 : « La branche qui
a possédé la baronnie de Boussac (Creuse) s'est éteinte par le marquis
de Carbonnières, marié à Mlle de Bosredon de Vieuvoisin ; mort au
XIXe siècle, au château de Neuville (Allier), sans enfant. La branche du
Périgord existe en Dordogne, représentée par le baron de Carbonnières. Armes : d'azur, à 3 bandes d'argent, celle du milieu chargée de
3 charbons de sable allumés de gueules et les deux autres de 2 charbons de même. » Et comme nous le disons précédemment, elle compte
aussi parmi ses représentants Mlle de Carbonnières, mariée à M. le vicomte de Maynadier. (Voir, à la fin du chapitre, les renseignements
généalogiques complémentaires sur la famille de Carbonnières.)

vomique, coque du Levant, mauvis et autres drogues ou appas qui empoisonnent le poisson ».

L'année suivante encore, M. de Carbonnières fit traduire devant le juge criminel de Boussac plusieurs individus coupables de délits de ce genre.

Les redevances et impôts que le seigneur avait coutume de prélever sur ses vassaux amenèrent aussi de fréquentes contestations.

Au mois d'août 1748, le marquis et la marquise de Carbonnières demandèrent au juge de leur baronnie de Boussac que les habitants fussent contraints de s'assembler et de nommer des consuls pour, en exécution de l'affranchissement de 1427, procéder, conjointement avec leur procureur fiscal, à la confection d'un rôle de bourgeoisie qui devait, annuellement, être fait sur les habitants pour y être imposés suivant la valeur de leur fortune.

Le juge de Boussac rendit une ordonnance conforme à la requête, et les consuls nommés procédèrent à l'imposition de chaque citoyen. Estimant que le rôle établi était incomplet et inférieur aux redevances qui leur étaient dues suivant la charte d'affranchissement, le seigneur de Boussac et son épouse interjetèrent appel de l'ordonnance de leur juge, au bailliage royal d'Issoudun.

En 1750, M. de Carbonnières retira les minutes de l'affranchissement, mentionné plus haut, aux notaires, chez lesquels, malgré les perquisitions qu'ils firent, les habitants ne purent par conséquent en prendre connaissance. Ils ne trouvèrent qu'une reconnaissance de Mme de Carbonnières, donnée à Me de Bize, notaire (1), attestant avoir retiré de ses mains

---

(1) De Bize, aussi écrit Debize, famille depuis longtemps représentée à Boussac. Un Guillaume de *Pierre-Bize*, sans doute de cette famille, est garde du scel établi aux contrats du bailliage et châtellenie de Boussac le 1er mars 1567 (aveu du fief du Chiez). Tardieu leur donne pour armes : d'azur, à une colombe essorante en pointe et une croix pattée d'or en chef, et cite : Philippe de Bize, bailli de Boussac; Gabriel de Bize, écuyer, seigneur du Puymaigre, la Chaume, homme d'armes du prince de Condé; François de Bize, bailli de Boussac en 1709. (*Dictionnaire de la Haute-Marche*, p. 247.)

la minute dont il s'agit. Une sentence intervint alors, ordonnant au seigneur de Boussac de remettre les pièces. Mais, avant que cette sentence eût été rendue, les consuls avaient pris sur eux de faire à M. de Carbonnières de nouvelles offres qu'il n'accepta pas; une sentence rendue au bailliage, le 30 mai 1750, déclara ces offres suffisantes et renvoya les appelants de leur demande, les condamnant à tous les dépens et leur ordonnant de déposer les minutes de l'affranchissement entre les mains de M⁰ de Saincthorent, notaire à Boussac.

Le marquis de Carbonnières interjeta appel de cette sentence à la Cour et poursuivit sur cet appel jusqu'à ce que le procès fut distribué en la troisième chambre des enquêtes, où il fut conclu par arrêt du 29 avril 1760.

Vingt ans s'écoulèrent sans que la famille de Carbonnières fît aucune poursuite; après ce laps de temps, elle demanda à la Cour l'exécution provisoire de cette même sentence, aux chefs dont elle s'était elle-même rendue appelante.

Ce système était d'autant plus spécieux que les habitants avaient été condamnés, suivant leurs offres, à la prestation du droit réclamé.

Mais les habitants interjetèrent appel, se divisant en trois classes différentes :

La première comprenant les descendants d'un nommé Gounon Bergier, qui avait été affranchi en 1425 (1);

La deuxième comprenant les descendants des affranchis par la charte de 1427;

La troisième comprenant les descendants de ceux venus postérieurement à cette charte.

(1) On lit dans les *Notes complémentaires sur l'histoire de l'abbaye de Pré-Benoît*, par M. le comte de Beaufranchet, dont nous avons déjà cité un passage : « En 1425, le maréchal de Brosse avait affranchi de toutes tailles et de toutes espèces de servitudes à perpétuité, moyennant le paiement annuel de la somme de 30 sols, 3 éminées de seigle et 18 ralts d'avoine, les nommés Gounon Bergier, Jean, Pierre et Philippe, ses fils, et Denise, sa fille, femme de Jean Duchaigne, ainsi que leurs hoirs descendant de leur propre corps en mariage, et d'eux descendant d'hoirs en hoirs jusqu'à l'infini. Cette exemption fut respectée jusqu'en 1780, époque à laquelle l'administration financière en contesta la valeur. Le procès qui

Tous contestaient les droits du marquis de Carbonnières, héritier des droits des de Brosse, se basant sur ce fait, que le Maréchal, lors des affranchissements de 1425 et de 1427, n'avait point justifié du titre fondamental de la servitude qu'il réclamait, ni d'aucun autre titre, qu'il n'en était donc point propriétaire et que les habitants de Boussac, aux termes du droit commun de la France, étaient libres, puisqu'il n'y avait point de titre qui les asservît. La vente faite par Jean de Brosse était donc nulle, disaient-ils, puisqu'il avait vendu ce qui ne lui appartenait pas, et l'affranchissement de 1427 était un titre vicieux, entraînant la nullité de tout ce qui a suivi. Du reste, ajoutaient-ils, la charte d'affranchissement n'étant pas un acte synallagmatique, Jean de Brosse étant le seul qui eût paru comme partie et souverain, était par conséquent un acte nul, et, de plus, les quarante-deux habitants de Boussac qui, en 1427, avaient payé leur affranchissement n'avaient aucune qualité pour engager la communauté de la ville à des redevances, puisque la communauté n'avait pris aucune part à cet acte. Le seigneur actuel de Boussac ne peut donc se prévaloir de ce titre, bien qu'il ait joui de ces redevances depuis cet affranchissement, la prescription ne pouvant être acquise par un titre vicieux.

Après ces considérations générales, chacune des trois classes établissait ainsi ses moyens de défense :

1re classe. — Les descendants de Gounon Bergier alléguaient que les habitants, avant 1425, étant libres, l'affranchissement de Gounon Bergier par le Maréchal était inutile et que lesdits descendants pourraient demander la nullité de cet

résulta de cette contestation fut soutenu par les ayants droit du sieur Gounon Bergier, qui étaient à cette époque : Antoine Sartin, maître en chirurgie; Martial Peyrot, notaire et procureur fiscal de la justice de Saint-Sauvier; Elie-Bernard Picot; Antoine Picot; Charles-Sylvain Gallerand; Elie-Bernard Duchier; Jean Mauvoison et Marie Duchier, sa femme; Gilbert Picot; Jean Debise; Sylvain Picot; Anne de Saint-Horent, son épouse, et Pierre de Saint-Horent, sieur de Buxerette. Nous ignorons quelle fut l'issue du procès; mais, si les intéressés le perdirent, ils durent regretter le bon maréchal quand ils reçurent leurs feuilles d'impositions. »

affranchissement, le remboursement de ce qui a été payé et faire cesser les redevances, puisque Jean de Brosse a affranchi des gens libres. C'est pour éviter tout procès qu'ils ont demandé l'exécution de la charte d'affranchissement.

2ᵉ classe. — Les membres de la deuxième classe avançaient que, si le vice de forme de 1427 ne suffisait pas à prouver le non-fondé des réclamations du seigneur, il était certain, en tous cas, qu'ils ne pourraient être contraints à payer que lorsque le seigneur actuel leur aurait donné les droits de pêche et de chasse, formant une des principales clauses de cet affranchissement, droits que Jean de Brosse s'était engagé à leur garantir et engagé aussi à obtenir les amortissements, ratification et consentement du Roy, s'obligeant en cas de refus de ce dernier à payer une indemnité.

3ᵉ classe. — Enfin, la troisième classe disait que la redevance ne pouvait lui être réclamée comme prix d'une servitude à laquelle les nouveaux venus n'avaient jamais été assujettis et qu'ils n'avaient pas à payer en vertu d'un titre où ils n'avaient point été partie.

Nous n'avons pas trouvé le résultat de toutes ces procédures. Elles sont assez curieuses, car elles retracent les moyens de défense employés par les habitants de Boussac, se basant sur la contestation des affranchissements accordés par le Maréchal.

Charles-Henri de Carbonnières, capitaine de cavalerie, fils du précédent, épousa, en mai 1768, Marie-Anne du Carteron de la Peyrouse (1). Deux de leurs fils, officiers au régiment

---

(1) Du Carteron, *alias* Ducarteron, de la Peyrouze. — Jean Ducarteron, seigneur de Beaulieu et de la Peyrouze, portait : de sable, à un sautoir de vair accompagné de quatre rois d'échiquier d'or. (D'Hozier, Bourges. Tome V, f° 292.)

La famille Ducarteron possédait avant la Révolution une très grosse fortune. Il y avait, vers 1770 ou 1780, trois filles (et peut-être même quatre). L'une épousa M. de Carbonnières, l'autre le marquis de la Celle d'Ajain, et l'autre le marquis de la Rochethulon. (*Renseignements donnés par M. le comte de Beaufranchet.*)

Mᵐᵉ de Carbonnières, née de ou du Carteron de la Peyrouse, eut quatre garçons et deux filles :

de Royal-Navarre-cavalerie, prirent part à l'émigration. Quant au baron et à la baronne de Boussac, ils furent mis en réclusion comme père et mère d'émigrés. (Voir chapitre III, passage concernant la période révolutionnaire.)

Ici s'arrête la liste des seigneurs féodaux.

Claire-Pauline de Carbonnières, leur fille, héritière de la terre de Boussac, épousa Henri-Armand, comte de Ribeyreix (*sic*) (1), demeurant à Pontlevoy (Loir-et-Cher).

Par acte du 3 octobre 1837, Mme de Ribeyreix vendit à la ville de Boussac son château avec ses dépendances. Nous donnons plus loin quelques détails relatifs à cette vente.

1° Le marquis Paul, qui eut pour seul fils Stéphane, lequel mourut en 1855, au château de Neuville (Allier);

2° Louis-Eugène, qui eut deux fils, morts sans postérité mâle ;

3° Armand (postérité mâle, éteinte aujourd'hui);

4° Claire-Pauline, qui épousa le comte de Ribeyreys (*sic*);

5° Luce-Adélaïde, qui épousa M. du Faure de Saint-Martial ;

6° René-Henri-Charles, marié à sa cousine, fille du baron de Carbonnières de Jayac.

La branche des Carbonnières de Jayac est représentée aujourd'hui par :

Charles,
Arthur,
Paul, } enfants d'Emmanuel de Carbonnières et d'Aunette de Bra-
Geneviève, quemont.
Caroline,
Marie,

Louise,
Henri, } enfants de Christophe de Carbonnières et de Clotilde Lan-
Anna, nolier.

Stéphane, } enfants de Hugues de Carbonnières et d'Antoinette de
Marie. Menou.

(*Renseignements donnés, en janvier 1907, par M. le vicomte du Rieu de Maynadier, marié à Mlle Anna de Carbonnières.*)

(1) Ribeyreix : Seigneurs de Clugnat, Nouzerolles, Jalèches, les Monneyroux. Henri-Armand de Ribeyreix, seigneur de Clugnat, Jalèches, les Monneyroux, fit partie, en 1789, de l'Assemblée de la Noblesse de la Marche. Armes : d'azur, à 3 lions grimpants d'or 2 et 1. (*Dictionnaire de la Haute-Marche*, p. 347.)

CHAPITRE III

Boussac après 1789. — Période révolutionnaire. — Démolition
du Château. — Son acquisition par la Ville. — Le Conseil
municipal.

L'Assemblée constituante, dans la nuit du 4 août 1789,
proclama l'abolition de la féodalité et spécialement des justices seigneuriales, des privilèges nobiliaires, des dîmes, etc.
Ainsi finit la seigneurie de Boussac.

Depuis cette époque, l'histoire de son château se confond
entièrement avec celle de la ville, dont il fait partie et dont
bientôt même il deviendra la propriété. C'est cette dernière
période de la vie de Boussac qui fera l'objet de ce chapitre.

Les Etats généraux s'ouvrirent à Versailles le 5 mai 1789.
Dans la Haute-Marche, le clergé avait élu le curé de Saint-
Fiel, M. Banassat, et celui de Saint-Silvain-Bellegarde, M. Goubert (1); la noblesse avait désigné le marquis de Biencourt et
le marquis de Saint-Maixant, maréchaux de camp des armées
du Roi (2); et enfin le tiers état avait choisi M. Grellet de

(1) M. Goubert prêta serment à la Constitution civile du clergé et ne
fut pas inquiété pendant la Révolution, tandis que M. Banassat, qui
avait refusé ce serment, fut déporté dans la rade de Rochefort, où il
mourut. (*Ajain*, par l'abbé Dardy.)

(2) La noblesse choisit le marquis de la Celle comme l'un des rédac-
teurs de ses cahiers. Le 21 mars, elle nomma ses députés. Le marquis
de Biencourt fut élu le premier. Le marquis de la Celle et le marquis de
Saint-Maixant obtinrent ensuite le plus de voix. Mais M. de la Celle se
désista généreusement en faveur de son concurrent, qui réunit alors
l'unanimité des suffrages. (*Ajain*, par l'abbé Dardy.) Ce fut un parent
de M. de la Celle, Philippe-François du Breuil de Souvolle, chevalier,
seigneur de Souvolle, qui fut élu procureur-syndic de l'ordre de la
Noblesse. (Abbé A. Lecler.)

Beauregard, avocat du Roi au présidial de Guéret; M. Laboreyx de Châteaufavier, inspecteur des manufactures d'Aubusson ; M. Tournyol du Clos (1), ancien président de l'élection de Guéret, et M. Bandy de la Chaux, lieutenant du maire de Felletin.

Le 22 décembre 1789, cette assemblée décréta une nouvelle division territoriale, et le Berry forma alors les départements du Cher et de l'Indre et une partie de ceux de la Nièvre, de l'Allier et de la Creuse. C'est dans ce dernier que fut compris Boussac.

La Creuse, formée de la Haute-Marche, de quelques parties du Limousin, du Poitou, du Berry, du Bourbonnais, de l'Auvergne et du pays de Combraille, tire son nom de la rivière qui y prend sa source au Mas-d'Artige et la traverse presque en entier du sud-est au nord-est. On y voit des vallées sillonnées de cours d'eau et formant un paysage des plus pittoresques. Ces vallées, contrairement aux parties montagneuses, assez incultes, sont excessivement fertiles. Les vieilles tours et les antiques manoirs féodaux qu'on rencontre à chaque pas, et dont bon nombre ont leur passé historique, contribuent encore à donner au pays un charme particulier, souvent mélancolique, qui n'est pas exempt de grandeur.

La loi du 4 mars 1790 distribua le département de la Creuse en sept districts, administrés par une assemblée appelée « Directoire ». Les chefs-lieux furent : Guéret, Aubusson, Felletin, Boussac, la Souterraine, Bourganeuf et Evaux; dans chacun d'eux fut placé un tribunal, par décret du 16 août 1790.

Nous n'avons pu trouver aucun document sur la suppression de celui de Boussac; il est fort probable qu'il fut supprimé en même temps que les autres tribunaux de district par la Constitution de l'an III, et ce doit être lors de leur réta-

______

(1) Philippe-Sylvain Tournyol du Clos, devenu premier président au présidial de Guéret après la mort de son père. Il se démit de sa charge et fut envoyé comme député aux Etats généraux. Il fut ensuite membre de l'Assemblée constituante et siégea constamment du côté droit. (Extrait du *Nobiliaire* de Nadaud.)

blissement, sous le nom de tribunaux de première instance, par la loi du 27 ventôse an VIII, que le siège en fut transféré à Chambon (1).

Les 7 et 8 juin 1790, eurent lieu les élections pour la nomination des membres devant composer le Conseil du district, et les élus, sur réquisition de Gabriel de Saincthorent, procureur du district, en conformité des ordres donnés par le procureur général du département, se réunirent le mercredi 7 juillet suivant.

Etaient présents, Messieurs :

1° Louis-Charles Monvoison de Prétamont ;
2° Martin Micheau ;
3° Jacques-Adrien Trébuchet ;
4° Benoist-Nicolas Pineau de Montpeiroux ;
5° Jean-Baptiste Seguy de Lavaud ;
6° Jean-Baptiste Aupit ;
7° Jean-Silvain Chabridon du Saillant ;
8° François Pardoux Gérouilhe du Boueix ;
9° Annet Deboudachier de Fromenteau ;
10° Pierre-Gilbert-Silvain Pardoux Vesleau ;
11° François Paret ;
12° Gabriel de Saincthorent.

La réunion eut lieu dans *l'auditoire* qui appartenait au seigneur de Boussac, à défaut d'hôtel de ville.

La présidence d'âge fut attribuée à M. Chabridon du Saillant et on procéda à la nomination des membres du Bureau du district.

Furent nommés :

1° Président du district :

Chabridon du Saillant (par 7 voix sur 12 votants) ;

____

(1) En 1848, les trois cantons de Boussac, Jarnages et Châtelus présentèrent « aux citoyens représentants à l'Assemblée nationale une pétition pour obtenir le transfert du tribunal de Chambon à Boussac, comme point central et chef-lieu administratif de l'arrondissement ».

2° Administrateurs du district :

    I. Pineau de Montpeiroux (10 voix) ;

    II. Monvoison de Prétamont (9 voix) ;

    III. Deboudachier de Fromenteau (8 voix) ;

    IV. Paret (7 voix).

On examina séance tenante les affaires les plus urgentes du district et on prit les résolutions suivantes :

I. Qu'il y avait lieu de faire opposition à l'arrêt du Conseil du 10 avril 1725, qui avait distribué à l'hôpital d'Issoudun le revenu de l'aumônerie de Boussac-Bourg (1) ;

II. Qu'il y avait lieu de faire des démarches pour obtenir que partie des immeubles de l'abbaye de Pré-Benoît, « qui sont déterminés appartenir à la nation », et principalement deux prés et un pâtural (sic) situés dans « l'enclave » du district, soient donnés à l'Hôtel-Dieu de Boussac ;

III. D'obtenir un service de poste entre Boussac et Jarnages ;

IV. Qu'une route soit établie de Boussac à Jarnages ;

V, VI, VII. Projets de diverses autres voies de communication ;

VIII. Projet de création d'un établissement d'instruction ;

IX. Vœu que les impositions sur les habitants du district soit diminuées, sauf à augmenter de la différence les impositions des départements du Bourbonnais, du Berry et du Nivernais, pour les motifs suivants : 1° Les paroisses du district qui faisaient autrefois partie de la Marche et de la Combraille avaient « la faveur du sel » avant l'abolition de la gabelle, et qu'on les a depuis surchargées d'impositions ; 2° Que le sol du district est pauvre et produit bien moins que celui du département voisin.

La Creuse avait sept députés à la Convention : Huguet, Coutisson, Jorrand, Baraillon, Tixier, Guyès et de Bourges.

---

(1) Les détails sur ladite aumônerie seront donnés au chapitre : *Etablissements charitables.*

Jean de Bourges fut le seul qui refusa de voter sur la peine à prononcer contre Louis XVI.

Voici ses réponses :

Demande : « Capet est-il coupable de conspiration contre la liberté et d'attentat contre la sûreté générale de l'Etat? »

Réponse de Jean de Bourges : « Qu'on définisse en quelle qualité on demande mon *vœu*, sinon je ne puis voter. »

Demande : « Quelle peine Louis, ci-devant roi des Français, a-t-il encourue? »

Réponse de Jean de Bourges : « Mes commettants ne m'ont délégué, je n'ai entendu accepter et n'ai accepté que le mandat de législateur..... Je déclare donc qu'à défaut de pouvoir de la part de mes commettants pour juger....., moi, Législateur, je ne délibère pas sur la peine à infliger..... (1). »

Voici les votes des autres députés :

I. Huguet. — La peine capitale « avec l'amendement de Mailhe (2) ».

(1) On trouve écrit tantôt de Bourges, tantôt Debourges. « Debourges (Jean) développa son opinion dans un discours prononcé le 17 janvier 1793, imprimé par ordre de la Convention. On y trouve cette pensée remarquable : « Tout acte du pouvoir judiciaire est essentiellement in- « compatible avec mes fonctions de législateur, je sçais que *là est le des-* « *potisme où se trouve la cumulation des pouvoirs.* » — « Destitué en 1815 ` des fonctions de président du tribunal de Chambon, qu'il remplissait depuis quinze ans, Debourges raconte dans une lettre, en date du 17 février 1816, adressée au préfet de la Creuse, qu'il fut, quelques jours après l'émission de son vote, « deux fois cerné et faillit être « assassiné par des scélérats qui le traitaient de lâche dans le procès du « Roi. » (Duval. *Archives révolutionnaires.*)
Il s'était installé à Boussac depuis 1770. Nous avons sous les yeux une note ainsi conçue : « Etat de la fortune connue et présumée de M. Jean Debourges de Moitiéfroid, avocat et député à la Convention depuis les élections faites en 1792..... depuis 1770 jusqu'à la Révolution que M. de bourges (*sic*) s'est fixé à Boussac et y a exercé la profession d'avocat. » M. de Bourges fit plus tard partie du Conseil des Anciens.

(2) Huguet fut fusillé le 10 octobre 1796. On lit, dans les *Archives révolutionnaires* déjà citées, que Huguet, l'évêque constitutionnel de la Creuse, s'étant présenté chez les religieuses Augustines qui desservaient l'Hôtel-Dieu pour exercer son droit de visite en sa qualité d'évê- que, se vit nettement refuser les clés de la sacristie et du sanctuaire

II. Coutisson. — La réclusion, « sauf au souverain, lorsqu'il sanctionnera la Constitution, à statuer en définitif sur le sort du tyran, ainsi qu'il avisera ».

III. Jorrand. — La détention « pour une mesure de sûreté générale ».

IV. Baraillon. — La détention, « sauf à prendre par la suite telle autre mesure que la sûreté générale exigera à son égard (1) ».

V. Tixier. — La détention « et le bannissement à la paix ».

VI. Guyès. — La mort « sans restriction ».

L'orage révolutionnaire ne pouvait guère gronder sur le pays sans atteindre en passant la famille de Carbonnières, une des plus importantes de la contrée.

A Paris, deux de ses membres, détenus dans la prison du Luxembourg, J.-A. de Carbonnières, âgé de cinquante-sept ans, maréchal de camp, et J.-C. de Carbonnières, chanoine de Paris, né à Boussac en 1736, avaient été condamnés à mort comme complices de la conspiration des prisons (2).

A Boussac, des perquisitions avaient été faites, antérieurement au 29 mars 1793, comme le témoigne une lettre de M. de Carbonnières, qui écrivait de Beaulieu, à cette date, à l'un des administrateurs du district, pour se plaindre que « MM. du directoire et de la municipalité de Boussac se proposassent d'aller de rechef faire une visite au château de Boussac..... (3) ».

par la prieure des dames hospitalières, sœur Marie de Monvoison, qui lui déclara qu'elle ne reconnaissait comme évêque du diocèse que Mgr d'Argentré. — Marie de Monvoison était entrée comme novice chez les dames Augustines de Guéret en 1761, et, par acte du 26 octobre de cette même année, Mre Antoine de Monvoison (*sic*), son père, procureur d'office en la justice et baronnie de Boussac, lui avait constitué une dot de 220 livres.

(1) Baraillon (Jean-François) développa son opinion dans un mémoire intitulé : *Considérations sur la nécessité d'ajourner le jugement de Louis Capet et de sa femme;* imprimé par l'ordre de la Convention. (Duval. *Archives révolutionnaires.*)

(2) Louis Duval. *Archives révolutionnaires.*

(3) *Communication de M. Raillard.*

Par arrêté du 8 frimaire an II (28 décembre 1793), le Comité central du département de la Creuse fit mettre en prison M. de Carbonnières, « père de deux émigrés de la caste ci-devant nobiliaire, qui a conservé, sur les citoyens de sa commune, l'ascendant qu'il avait pris en qualité de ci-devant seigneur...... », et Mme de Carbonnières, « pour les mêmes raisons que son mari (1) ».

En pluviôse an II (février 1794), la Convention envoya dans la Creuse le représentant du peuple Vernerey pour organiser le mouvement révolutionnaire.

Vernerey se rendit à Boussac le 27 ventôse an II (17 mars 1794) et il y fut reçu avec enthousiasme. Les administrateurs vinrent à sa rencontre à cheval, à une lieue de Boussac, avec un détachement de la garde nationale.

Vernerey fit son entrée à Boussac au milieu des applaudissements et traversa les places de la Fédération (2) et de la Fraternité (3), aux cris de : Vive la Montagne !

Les principaux agents du district de Boussac étaient à cette époque :

Saincthorent, agent national et administrateur ;

Vesleau, notaire et agent national ;

Seguy,
Beaufils,
Mérigot,
Autourde,
juges de paix et membres du Conseil du district ;

Monvoison, juge du tribunal et administrateur ;

Lasnier, commissaire près le tribunal et administrateur.

Vernerey se fit remettre les dossiers des suspects en prison. Parmi eux se trouvaient :

Charles-Henri de Carbonnières et Anne du Carteron, sa femme ; Armand de Carbonnières, leur fils ; Pauline de Carbonnières, leur fille (4) ; Paule-Anastasie de Carbonnières ; Saint-Brice de Carbonnières.

(1) Louis Duval. *Archives révolutionnaires.*

(2) Le champ de foire.

(3) Place Gambetta.

(4) Pauline de Carbonnières, mariée au comte Henri-Armand de Ri-

Un banquet fut offert à Vernerey sur la place publique. Prirent part au banquet : les autorités, la Société populaire et les maires des quarante et une communes du district, qui firent étaler sur une table, dressée au pied de l'arbre de la Liberté, l'argenterie de leurs communes qu'ils offrirent à Vernerey, à titre de don patriotique, pour être remis à la Convention.

On porta les toasts suivants : A la République indivisible, impérissable ; à la liberté, à l'égalité, à la fraternité ; à la Montagne de la Convention, à Vernerey, aux républicains de Boussac-la-Montagne !

Après le banquet, Vernerey, « accompagné de la citoyenne qui dans les fêtes publiques avait été désignée pour être l'emblème vivant de la Raison », se rendit à la salle « désignée aux danses et aux fêtes publiques..... ». La journée se termina par un feu de joie.

Le 29 ventôse, Vernerey, « après avoir consulté le vœu du peuple et celui de la Société populaire », arrêta la liste des autorités constituées pour Boussac.

Le 30 ventôse (20 mars 1794), Vernerey fit mettre en liberté Armand et Pauline de Carbonnières, et partit pour Moulins (1).

L'arrêté du 30 ventôse ne devait pas mettre un terme définitif aux tribulations de la famille de Carbonnières, ainsi que le constate le registre des délibérations du Comité de salut public de Guéret, séance du 11 germinal, 2me année républicaine (31 mars 1794). Nous y lisons que :

« Les commissaires, chargés de vérifier au bureau de la poste, remettent un paquet adressé au comité ; l'ouverture en est faite par le président et la lecture par le secrétaire.

« Le comité a frémi d'horreur et d'indignation à la lecture des pièces contenues dans le paquet, qui consistait : 1° en une expédition d'un projet de fédéralisme trouvé sous les scellés

beyreix, vendit à la ville de Boussac, le 3 octobre 1837, le château de Boussac. (*Voir plus loin différents actes relatifs à cette vente.*)

(1) Louis Duval. *Archives révolutionnaires.*

dans la maison de Carbonnières, père de deux enfants émigrés, actuellement dans la maison de réclusion de cette ville.

« Le comité, considérant qu'il n'est pas permis de douter que Carbonnières, père de deux enfants émigrés, n'ait trempé dans le complot de fédéralisme contre l'unité et l'indivisibilité de la République française et contre la représentation nationale, d'après le projet du pacte fédéraliste trouvé sous les scellés dans sa maison de Beaulieu;

« Considérant que Carbonnières père, par ses facultés, ses moyens, pouvait servir les projets fédéralistes et liberticides des ennemis de la chose publique, et que le salut public exige de prendre toutes les mesures de sûreté pour qu'il n'échappe pas au glaive de la loi, s'il est coupable;

« Considérant qu'il est du devoir de tout citoyen de ne laisser échapper aucune occasion de déjouer les fédéralistes, les traîtres et les conspirateurs qui ne cessent de s'agiter pour arrêter le triomphe de la liberté; qu'il n'est pas à douter que tous les individus qui composent la famille Carbonnières n'aient partagé les complots et les opinions du chef; que, quoique la loi du 14 frimaire borne la surveillance des comités dans le territoire et la circonscription de leur commune, il importe à la sûreté publique que le comité de surveillance de Boussac-la-Montagne, domicile de Carbonnières, soit instruit qu'il a été trouvé chez lui l'infâme manifeste du fédéralisme et qu'il soit invité, au nom de la loi, de prendre les mesures de sûreté publique contre la famille Carbonnières;

« Considérant enfin que, pour mettre le comité de surveillance de Boussac-la-Montagne dans le cas d'agir et exercer une prompte surveillance, il importe de lui dépêcher un exprès;

« Arrête ce qui suit, provisoirement et par mesure de sûreté révolutionnaire, et ce, jusqu'à ce que le Comité de sûreté générale de la Convention nationale ait statué :

« Art. Iᵉʳ. — Carbonnières père, actuellement détenu dans la maison de réclusion, en exécution des lois du 12 août et 17 septembre dernier (*v. s.*), sera sur-le-champ, et pour la plus grande sûreté, transféré de la maison de réclusion en la maison d'arrêt de cette ville, où il demeurera détenu jus-

qu'à ce que le Comité de sûreté générale de la Convention
nationale ait statué.

« Art. II. — Il sera écrit au comité de surveillance de la
commune de Boussac-la-Montagne, auquel il sera fait part de
l'infâme manifeste de fédéralisme trouvé sous les scellés
dans les papiers de Carbonnières.

« Art. III. — Il sera envoyé au Comité de sûreté générale
de la Convention nationale et au citoyen Vernerey, représentant du peuple dans les départements de l'Allier et de la
Creuse, une expédition certifiée du projet de fédéralisme
trouvé dans les papiers de Carbonnières et du présent
arrêté..... »

Quelle fut la conséquence de cet arrêté?..... Les registres
du Comité de salut public sont muets à cet égard et, à partir
de cette date, ils ne s'occupent plus des seigneurs de Boussac.
Nous allons donc maintenant dire ce que devint leur antique
demeure.

Au moment de la Révolution, le château de Boussac formait
un ensemble de bâtiments en bon état, avec ses hautes tours,
ses toits élancés et tout son système de fortifications. La loi
du 13 pluviôse et divers décrets ou arrêtés du Gouvernement
avaient ordonné la démolition des « châteaux forts ». Celui
de Boussac allait être à son tour démantelé en partie.

Dès le 4 frimaire an II (24 novembre 1793), la Société populaire de Lépaud signale « le danger qu'il y aurait à laisser
subsister plus longtemps le château fort de Boussac ».

Le dossier des pièces relatives à la démolition se trouve aux
Archives départementales de la Creuse, sous le n° 78-262,
publié en partie par M. Duval; nous croyons utile d'en indiquer quelques-unes par extraits, et de reproduire en entier les
trois principales, savoir : la délibération de la Société populaire de Lépaud, le procès-verbal d'adjudication et l'acte de
cautionnement de l'adjudicataire.

Les autres pièces aux Archives sont : 1° au 28 germinal
an II (17 avril 1794), ordonnance de faire procéder, aux frais
du propriétaire, à la démolition et destruction des fortifications du château, dans un délai de deux mois;

2° et 3° 6 floréal an II (25 avril 1794), premier devis estimatif des travaux des destructions (deux pièces);

4° 7 messidor (25 juin), procès-verbal de visite du château
par Brunet, conducteur de travaux, et deux officiers municipaux, constatant la nécessité de détruire et démolir les créneaux, la chapelle, les murs de clôture, la grande tour carrée,
« forteresse très considérable », de raser les tours à hauteur
de la toiture du bâtiment principal, etc.;

5° A la même date, devis des travaux de démolition à exécuter;

6° 11 messidor (29 juin 1794), délibération et ordonnance
du District approuvant les rapports et devis du citoyen Brunet
et fixant les démolitions à faire et le mode d'adjudication des
travaux :

La tour carrée ou donjon sera entièrement démolie;

La tour des archives sera rasée à hauteur des créneaux;

Les autres tours seront rasées à hauteur de la toiture qui
sera établie en « appentie »;

La porte descendant hors la seconde cour sera murée;

Le dessous du pont-levis, qui existait en avant de la porte
d'entrée, et le fossé, seront comblés.

Archives de la Creuse. — DÉMOLITIONS DES FORTERESSES DU CI-
DEVANT CHATEAU DE BOUSSAC. (Extraits des délibérations de
la Société populaire républicaine de Lépaud.)

« Séance du 4 frimaire, l'an deuxième de la République
française une et indivisible (24 novembre 1793).

« Un membre ayant pris la parole, dit : « Depuis longtemps,
« un décret ordonne la démolition des châteaux forts. Je dé-
« nonce celui de Boussac dans le district du même nom et celui
« du Fressinaux dans ce canton. »

« Le sociétaire a ensuite exposé que le château de Boussac
est situé sur le bord de la rivière de la petite Creuse, à la
cime de roches inabordables, ce qui le rend inexpugnable de
tous côtés, excepté du côté de la ville, mais que de ce côté il
est défendu par plusieurs gros murs, une tour formidable et
plusieurs autres ouvrages qui en rendent les abords difficiles
et dangereux; qu'il est flanqué de tours crénelées, garnies de

herses, de meurtrières et autres inventions destructives; que
les unes sont d'une telle épaisseur que l'on y a pratiqué des
cabinets qui ne les ont pas ébranlées. Celui du Fressinaux est
flanqué de tours et tourelles crénelées, entouré de fossés pleins
d'eau et n'a de communication que par un pont.

« Cette démolition ayant été appuyée, plusieurs membres
ayant parlé pour attester la connaissance personnelle qu'ils
ont sur ces deux châteaux;

« La Société, considérant que tous ses membres ont une
connaissance individuelle du danger qu'il y aurait à laisser
subsister ces deux châteaux forts;

« Que celui de Boussac, par sa position, pourrait facilement
donner un asile aux malveillants et devenir un nouveau repaire de *Beaupreau*; que tous les bons citoyens ne voient qu'avec
effroi un poste si dangereux subsister entre les mains d'un
propriétaire dont l'incivisme est notoire, qui était ci-devant
noble et qui est père d'émigrés; que surtout, dans ce moment
où les malveillants s'unissent aux fanatiques et s'agitent en
tous sens pour déchirer la République, il est important de
ne pas laisser subsister une place forte où pourrait se former
le noyau d'une nouvelle Vendée;

« Considérant que le château du Fressinaux appartenait
ci-devant aux deux frères *Robin-Belair* (*sic*), émigrés; qu'il
n'a de communication que par un pont qui pourrait facilement
être rompu et mettre les malveillants hors de la surveillance
des patriotes;

« Arrête ce qui suit :

« Art. Ier. — Il sera fait une dénonciation à la Convention
nationale et au Comité de sûreté générale de la Convention
des châteaux de Boussac et du Fressinaux pour en demander
la démolition, attendu que l'existence de ces deux châteaux
peut compromettre la sûreté publique.

« Art. II. — Copie de cette dénonciation sera adressée aux
sociétés populaires de ce district, à l'administration du département et du district.

« Certiffié (*sic*) conforme : (*Suivent les signatures*). »

ADJUDICATION DE LA DÉMOLITION DES FORTIFICATIONS DU CHATEAU DE BOUSSAC. — 22 MESSIDOR AN II (10 juillet 1794).

« Aujourd'hui 22 messidor, an second de la République française une et indivisible, en vertu du décret de la Convention nationale du 13 pluviôse dernier et de l'arrêté du district de Boussac du 11 du courant, à 4 heures du soir, d'après les affiches qui ont été apposées dans les lieux accoutumés, par devant nous, administrateurs du district de Boussac, il a été procédé à l'adjudication au rabais des démolitions à faire des fortifications du cy-devant château de Boussac, aux charges clauses et conditions cy-après :

« Article premier. — La porte d'entrée de la façade de cour du cy-devant château de Boussac, à mascocoulis (*sic*) (1) et garnie de crénaux, meurtrières et canardières, sera incessamment démolie, ainsi que la chapelle adossée au mur de clôture, et ce mur de clôture, depuis la porte jusqu'au donjon, sera réduit à la hauteur des murs qui renferment la dite cour du côté du moulin.

« Article deux. — Le donjon ou grande tour quarrée (*sic*), forteresse servant autrefois de basses fosses et cachots, sera également démolie.

« Article troys. — La tour, dite des archives, étant à l'extrémité orientale du corps de bâtiments et garnie de crénaux, sera également démolie jusqu'à extraction des dits crénaux, sa couverture sera rétablie en appentis et la cheminée dont elle est percée conservée.

« Article quatre. — Les autres deux tours qui flanquent le corps de bâtiments et renferment les escaliers pour la communication des appartements seront conservées, mais leurs couvertures seront détruites et recouvertes en appentis.

« Article cinq. — La porte donnant sur l'escalier descendant hors la seconde cour du côté du pont sera murée et le dit escalier supprimé.

---

(1) Il va sans dire que l'orthographe est reproduite, dans ce travail, telle qu'elle est dans les documents qui ont été consultés.

« Article six. — Le dessous du pont-levis qui existait en avant de la porte d'entrée de cette même cour et le fossé qui est au-dessus seront comblés des terres de déblais et du moellon provenant des démolitions.

« Article sept. — Les pierres de tailles seront empilées dans la première cour et dans l'endroit le moins gênant.

« Article huit. — La tuile et les bois provenant des dites démolitions appartiendront à l'entrepreneur, qui sera tenu de se procurer à ses frais les bois et autres matériaux nécessaires à la reconstruction en appentis des couvertures des trois tours, si ceux qui lui sont abandonnés sont insuffisants ou impropres à cette reconstruction.

« Article neuf. — L'adjudicataire commencera les démolitions aussitôt après l'adjudication et les continuera avec un nombre suffisant d'ouvriers, en telle sorte qu'elles soient terminées au premier frimaire prochain.

« Article dix. — L'adjudicataire se conformera exactement pour les dites démolitions à l'arrêté du district du onze du courant et au dire qu'il en a été fait par le citoyen Brunet, conducteur des travaux publics, le 7 du courant.

« Article onze. — Les démolitions, après qu'elles auront été terminées, seront sujettes à visite qui sera faite par experts choisis par l'adjudicataire et l'administration.

« Article douze. — L'adjudication sera faite en gros ou en détail.

« Article treize. — L'adjudicataire recevra le prix de l'adjudication en trois payements égaux. Le premier dès que les travaux seront commencés; le second lorsqu'ils seront à moitié faits, et le dernier lorsqu'ils seront parachevés et reçus conformément à l'article douze.

« Article quatorze. — L'adjudicataire sera tenu de payer les frais de devis, affiches et publications, timbre et enregistrement des présentes sans augmentation du prix de l'adjudication.

« Article quinze. — Il sera tenu de fournir une expédition des présentes au receveur du droit d'enregistrement du bureau de Boussac et à ses frais.

« Article seize. — L'adjudication sera faite à l'extinction des feux et au plus bas mettant et dernier sous-enchérisseur.

« Article dix-sept. — L'adjudicataire ne pourra employer aux démolitions que des ouvriers du district de Boussac.

« Article dix-huit. — L'adjudicataire fournira bonne et solvable caution qui sera reçue par l'Administration en présence du receveur des droits d'enregistrement du district de Boussac.

« Article dix-neuf. — Il sera remis copie du devis à l'adjudicataire pour le faciliter dans les démolitions.

« Nous avons en conséquence fait allumer vingt et un feux, pendant la durée desquels nous avons reçu les mises qui ont été faites par les citoyens Antoine Micheau, maréchal, demeurant au chef-lieu de la commune de Mallereix; Jean Jamet, entrepreneur, demeurant à Claverolles, commune de Blandeix; Michel Auroy, entrepreneur, demeurant aux Folas, commune de Tercillat; François Lamy, tailleur de pierres, demeurant à Doulon, commune de Clugnat; Jean-Baptiste Morin, demeurant au chef-lieu de la commune de Boussac, et Jean Landaret, charpentier, demeurant à la Vernade, commune de Soustoulx.

« Après plusieurs mises et enchères de la part des susnommés, la dernière desquelles a été faite par le citoyen Landaret et portée à la somme de huit mille quatre cents quatre-vingt livres.

« Ayant fait allumer un vingt-deuxième feu, il s'est éteint sans qu'il n'ait été fait aucune mise au rabais. En conséquence, nous avons adjugé les dites démolitions au dit citoyen Jean Landaret, demeurant à la Vernade, commune de Soustoulx, moyennant la somme de huit mille quatre cent quatre-vingt livres, le tout aux charges, clauses et conditions exprimées dans les notifications de la présente adjudication.

« Fait les jour et an susdits; le dit Landaret a déclaré ne savoir signer, de ce enquis. Et avons signé avec le receveur des droits de l'enregistrement à Boussac, l'agent national et notre secrétaire. »

(Suivent les signatures.)

« Aujourd'hui, vingt-trois messidor, l'an deuxième de la République française une et indivisible, au bureau du directoire du district de Boussac est comparu Antoine Mazedier, cultivateur, demeurant au lieu de la Vernade, commune de Sous-Toulx, lequel, après avoir entendu la lecture qui luy a été faite par le secrétaire du district, de l'adjudication faite à Jean Landaret, du même lieu, des démolitions à faire au cy-devant château de Boussac, moyennant la somme de huit mille quatre cent quatre-vingt livres, aux charges, clauses et conditions exprimées au procès-verbal, a dit et déclaré qu'il se rend caution pour ledit Landaret pour sûreté du prix et de toutes les charges, clauses et conditions exprimées aud. procès-verbal de ladite adjudication et en fait sa propre affaire en cas de non exécution d'aucun des engagements dudit Landaret, à l'effet de quoy il a déclaré obliger et affecter tous ses biens meubles et immeubles présents et avenir.

« L'administration du district de Boussac, délibérant avec le citoyen receveur du droit d'enregistrement du bureau de Boussac, reconnaissant la solvabilité dudit Mazedier, déclare qu'elle l'accepte pour caution.

« Fait en directoire à Boussac, le jour et an que dessus. A ledit Mazedier déclaré ne pas savoir signé et avons signé,.... etc. (1)..... »

(Suivent les signatures.)

La Révolution avait démantelé le château, abattu son donjon et rasé ses tours à la hauteur des toitures, mais elle n'avait pu ni vendre, ni faire disparaître ses importantes dépendances, dont les unes se trouvaient au centre de la petite cité et d'autres joignaient ses anciens murs de défense.

Les habitants de Boussac, craignant que la pioche des démolisseurs ne vînt abattre ce qui restait du vieux monument, qui portait et conserve encore à la pointe d'un de ses pignons le buste ou le masque du maréchal de Brosse, formant ainsi

---

(1) *Archives de la Creuse, série 9. District de la Creuse.*

un gigantesque socle à sa grande figure, songèrent bientôt à
en devenir propriétaires, ne fût-ce que pour en assurer la
conservation. Quelques-unes de ses dépendances semblaient
également indispensables pour permettre l'extension et l'essor
de la ville, et, dès l'an XII (1803), de nombreux projets d'acquisition furent ébauchés. Boussac avait déjà pris à ferme
un vaste terrain, longeant les murs de fortification, pour établir un champ de foire. Le 26 pluviôse an XIII, elle acquit,
moyennant 2,000 livres, ce terrain, qui n'a pas changé de destination et au sujet duquel M. de Ribeyreix écrivait :

« Je soussigné Henri-Armand de Ribeyreix, propriétaire,
demeurant à Versailles, rue des Bourdonnais, n° deux, sur
l'invitation de M. Trébuchet, maire de la commune de Boussac,
et de MM. de Saincthorent de Buxerette, Narbonne, Duchier,
Chassagne, Picot, autre Picot et Bourdeaux, membres du conseil municipal de la d^te commune, dattée (*sic*) de Boussac le
17 Pluviôse an XIII, la dite invitation tendante à avoir mon
consentement pour la vente d'un terrain qui m'appartient, au
dit lieu de Boussac, que j'ai afferiné à la ville pour y faire un
champ de foire, donne, par les présentes, plein et entier consentement à la vente du dit terrein (*sic*) aux clauses et conditions suivantes :

« La commune prendra le terrein (*sic*) dans l'état où il se
trouvera et sans garantie de ma part; pour les limites, elle se
chargera de toutes contestations qui pourraient avoir lieu à
ce sujet. Elle paiera tous les impôts qui pourraient être établis ou s'établiraient sur le dit terrein (*sic*), ainsi que toutes
redevances, rentes ou droits, si aucun y a, ce que j'ignore. Il
sera fait un acte de la dite vente et il m'en sera fourni une
expédition, le tout aux frais de la d^te commune. La vente sera
faite pour le prix et somme de Deux mille francs, payable
mille francs un an après la vente, les mille francs restant
deux ans après cette même vente.

« Le tout, à la charge de l'intérêt en raison de cinq pour
cent, sans retenue jusqu'au final païement. Me réservant
d'établir les clauses et conditions plus au long dans la vente
qui sera faite incessamment à la première requête et volonté

de M. le Maire et des membres du conseil municipal de la commune de Boussac.

« A Versailles, le 26 pluviôse, an treise (*sic*).

« DE RIBEYREIX. »

Le 8 fructidor an XII, la ville obtint, des cohéritiers de Carbonnières, promesse de vente, moyennant 2,400 livres, des « halles et prisons ». L'un des vendeurs étant encore mineur (1), la vente ne put être réalisée pendant bien des années et, en 1819, la ville jouissait encore, à titre de locataire ou de fermière, des prisons et des halles qui, d'après un document des registres municipaux, du 7 novembre 1819, renfermaient, appartenant à la famille de Carbonnières, « huit bancs servant à l'étalage des marchandises, au mesurage et pesage publics (2) ». Le montant de la ferme était de 120 francs par an, représentant l'intérêt à 5 p. 100 d'une promesse de vente du 8 fructidor an XII. Enfin, le 3 octobre 1837, après bien des péripéties, elle devint propriétaire du château et de toutes les dépendances qui existaient encore, moyennant 22,500 francs.

Il semble intéressant de relever, sur les registres municipaux, quelques documents relatifs aux nombreux projets qui eurent lieu pour arriver à l'acquisition de 1837, et qui montreront combien les habitants de Boussac avaient, pendant de longues années, poursuivi le désir d'acquérir, dans l'intérêt

---

(1) Hugues-Stéphane de Carbonnières, dont le tuteur était M. de Bosredont.

(2) Sur l'état des sections des rôles de la ville de Boussac, publiés en 1792, on lit : « La hasle (*sic*), composée de onze bancs, dont huit appartenant à MM. de Carbonnières, un aux mineurs Autourde, un au sieur Lalande et l'autre à la veuve Picot. »
Sur le même état, il est dit appartenant à la communauté de Boussac : « la porte de ville, composée de deux tours de deux étages, et au-dessus de la porte une chambre et grenier servant de prison ».
Quant aux halles, il est de tradition qu'elles occupaient le rez-de-chaussée de la maison de M. Antoine Peyrot, en face l'église; il y en a eu aussi sous le premier étage de la maison appartenant à la famille Beaufils, aujourd'hui pharmacie de M. Brunet, et enfin sur le côté gauche de la rue qui va de la place Gambetta au jardin de la Sous-Préfecture.

de la ville, ce qui avait été l'antique résidence de leurs seigneurs.

ACQUISITION DU CHATEAU DE BOUSSAC.

« Aujourd'hui 22 mars 1833, le Conseil municipal de la
ville de Boussac convoqué sous la présidence de M. le Maire ;
M. Peyrot, l'un des membres, choisi pour secrétaire par le
Conseil.

« Vu la lettre de M. le Président du tribunal de Chambon,
en date du 13 de ce mois, ayant pour objet de s'informer
près de l'autorité locale si la ville de Boussac serait dans l'intention de faire l'acquisition du château sis en ladite ville, appartenant à Mad⁰ la Comtesse Vᵛᵉ de Ribeyrey (*sic*), adressée
à M. le Sous-Préfet de l'arrondissement, avec invitation de
consulter le Conseil municipal sur la proposition de cette
Dame ;

« Vu la lettre de M. le Sous-Préfet en date du 17 de ce mois,
qui donne communication de celle précitée qui autorise la
convocation du Conseil à l'effet de le consulter sur la question
de savoir s'il désire, dans l'intérêt de la localité, d'acheter le
château et à lui transmettre sa délibération aussitôt qu'elle
sera rendue ;

« Après en avoir mûrement délibéré :

« Considérant que le château de Boussac est d'une utilité
indispensable à la ville et commune, soit pour le logement du
Sous-Préfet, soit pour le casernement de la gendarmerie ;

« Considérant que des établissements déjà entrepris ont
mis la commune de Boussac dans la nécessité de contracter
des emprunts ;

« Qu'en supposant que le prix que la commune peut offrir
convînt à la dame de Ribeyrey, elle ne pourrait se libérer
qu'avec de longs termes de païements ;

« A été d'avis à une forte majorité :

« Qu'il y avait intérêt local impérieux à faire l'acquisition
dudit château, mais, qu'attendu la gêne actuelle de la ville,
elle offre 18,000 francs à Madame de Ribeyrey du château et
de ses dépendances,

« Et elle demande quinze années pour les payements, à la charge de l'intérêt légal payable annuellement partie en principal et les dits intérêts.

« Et si ces conditions conviennent à Mad⁰ de Ribeyrey, la ville, d'après son adhésion, se mettra en mesure d'obtenir l'autorisation d'acheter.

« Le Conseil arrête que copie de la présente sera transmise à M. le Sous-Préfet afin qu'il en soit donné connaissance à Mad⁰ de Ribeyrey.

« Fait à la mairie, le jour, mois et an susdits, et ont les membres présents signé : PEYROT ; A. PEYROT ; Tde PICOT ; MORIN ; MICHEAU ; CHÉNON ; GALLERAND jeune ; PETIT ; CHABENAT fils. Le maire : NARBONNE. »

« L'an mil huit cent trente-trois et le vingt-quatre avril, les membres du Conseil municipal réunis en conséquence de l'autorisation de M. le Sous-Préfet de cet arrondissement en l'hôtel de la mairie, M. Peyrot Armand, l'un des membres, choisi pour secrétaire.

« Vu la lettre de Mᵐᵉ de Ribeyrey, née de Carbonnière, par laquelle elle offre de vendre à la ville de Boussac le château et ses dépendances moyennant le prix de 22,000 francs et 500 francs d'épingles, désirant une acceptation immédiate et authentique de ces conditions ;

« Après en avoir délibéré et s'être reporté aux motifs de la délibération du 22 mars dernier, le Conseil est d'avis à l'unanimité d'accepter les propositions de Mᵐᵉ Vᵛᵉ de Ribeyrey et d'acquérir ledit château moyennant 22,500 francs et quinze années de terme, payables par annuité ;

« ARRÊTE :

« Art. Iᵉʳ. — Conformément au vœu émis par Mᵐᵉ Vᵛᵉ de Ribeyrey, acte sous signature privée sera fait entre cette dame et le Conseil municipal pour constater les conventions synallagmatiques des parties.

« Art. II. — Aussitôt l'autorisation d'acheter obtenue, l'acte sous signature privée sera converti en vente authentique.

« Art. III. — M. le Maire est chargé de donner connaissance à Mme Vve de Ribeyrey de la présente délibération.

« Fait à Boussac, les jour, mois et an que dessus. Présents à la séance : MM. Picot; Maugenest; Micheau; Chénon; Morin; Peyrot-Deville; Peyrot Armand; Narbonne; Chabenat, et Petit-Lacombe qui ont signé. »

Enfin, par acte du 3 octobre 1837, Mme Claire-Pauline de Carbonnières, épouse de Henri-Armand, comte de Ribeyreis (1), vendit définitivement à la ville de Boussac son château avec ses dépendances. L'acte de vente renferme cette clause :

« Madame de Ribeyreis se réserve le délai de deux années et plus, s'il était indispensable, pour faire l'examen et enlèvement des papiers déposés dans la plus petite tour, dite le *Chartrier du Château.* »

L'acquisition du château étant un fait accompli, le Conseil municipal, comme on le verra dans les délibérations qui suivent, voulut le faire classer monument historique. Malheureusement, les démarches n'aboutirent pas au but désiré, ce qui est d'autant plus regrettable que, dans la suite, la ville, ne pouvant supporter les frais qu'auraient occasionnés les réparations conservant son style au vieux monument, a souvent été obligée d'y apporter des modifications, utiles sans doute, mais qui n'en constituent pas moins, au point de vue archéologique, des anachronismes qui détruisent l'harmonie de l'édifice.

Nous devons mentionner ici que des dictionnaires creusois, et des plus autorisés, donnent le château comme monument historique. C'est une erreur absolue. Au moment où nous écrivons ces lignes, le château de Boussac n'est pas classé. Espérons, pour la conservation d'une des curiosités de notre pays, qu'une décision, qui serait la bienvenue, interviendra enfin et rendra à la demeure féodale du maréchal de Brosse la justice qui lui est due.

---

(1) Comme on peut le voir, ce nom est écrit de plusieurs manières; nous avons conservé ces orthographes telles que nous les trouvions.

Délibérations relatives au désir du classement du château de Boussac au nombre des monuments historiques.

6 mai 1840.

« Etaient présents : MM. Pidoux ; Micheau ; Desfosses-Lagravière, désigné pour secrétaire ; Parrot ; Peyrot-Deville ; Chabenat ; Morin ; Gilbert, et Narbonne, maire, président.

« M. le Maire a exposé que par la lettre en date du 28 novembre dernier de M. le Sous-Préfet de l'arrondissement de Boussac au maire de Boussac, ce magistrat rappelle que le Conseil général, dans la dernière session, a exprimé le vœu que des secours fussent accordés pour l'entretien et la conservation du château de Boussac ; que M. le Sous-Préfet avait transmis ce vœu à M. le Ministre de l'Intérieur qui paraissait disposé à faire participer cet édifice à la répartition du crédit affecté aux monuments historiques ; toutefois, qu'il imposait diverses conditions auxquelles il voulait subordonner toute allocation de secours ; que ces conditions étaient les suivantes :

« 1° Les documents les plus complets qu'il sera possible sur l'histoire de ce château ; 2° le plan de cet édifice ; 3° le devis avec détail estimatif des travaux de construction, de réparations et d'embellissement. Les plans ou calques doivent rester aux Archives du ministère et seront dressés sur une échelle de 3 millimètres par mètre et les détails (corniches, moulures, ornements intérieurs) sur une échelle de 3 centimètres ; M. le Sous-Préfet invite le maire à mettre autant de soin que d'activité à recueillir et à lui transmettre ces documents, sans lesquels la ville de Boussac ne pourrait profiter des dispositions favorables manifestées par M. le Ministre de l'Intérieur. Aussitôt la réception de cette lettre, M. le Maire s'est occupé des recherches historiques qui pouvaient établir l'antiquité du château et le style de son architecture ; il a invité M. Gilbert, architecte, à rédiger le devis estimatif des travaux et à dresser le plan de l'édifice. Par la lettre du 18 janvier dernier, M. le Sous-Préfet a réclamé la prompte remise des documents relatifs au château, les plans, élévations, détails, devis, etc. M. le Maire a remis à M. le Sous-Préfet un rapport sur le monument ; les plans et devis, qui ont été dressés et rédigés par M. Gilbert et adressés immédiatement à M. le Ministre. M. Gilbert a présenté un mémoire de 160 francs, pour travaux par lui exécutés, et en réclame le païement.

« Le Conseil délibérant,

« Vu les lettres précitées de M. le Sous-Préfet ;

« Vu le mémoire de M. Gilbert ;

« Vu la lettre du 4 mai, présent mois, du Sr Gilbert, par laquelle il réclame le solde du mémoire ci-dessus rapporté ;

« Considérant que les travaux faits par M. Gilbert l'ont été dans un but d'utilité pour la Commune ;

« Vote à l'unanimité, moins M. Gilbert qui s'est abstenu, la somme de 160 francs qui sera payée à M. Gilbert par le receveur municipal, sur un mandat de M. le Maire.....

« CHABENAT fils ; PEYROT ; PIDOUX ; MICHEAU ; A. DESFOSSES-LAGRAVIÈRE ; PARROT ; NARBONNE. »

Séance extraordinaire.

« L'an 1842 et le 9 mars, à une heure après midi, les membres du Conseil municipal de la ville et commune de Boussac, convoqués extraordinairement en vertu de l'autorisation spéciale de M. le Sous-Préfet, réunis à l'hôtel de ville.

« Présents : Messieurs Peyrot Armand, adjoint ; Pidoux ; Picot Théodore ; Parrot ; Desfosses-Lagravière ; Peyrot-Deville ; Gilbert ; Morin ; Micheau ; Chabenat ; Peynard de Sallus, secrétaire élu pour la séance, et Narbonne, maire.

« Monsieur le Maire a exposé :

« Que, suivant une lettre de M. le Ministre de l'Intérieur à M. le Préfet de la Creuse en date du 18 février dernier, dont il a donné lecture au Conseil, M. le Ministre rappelle à M. le Préfet qu'une demande de secours lui avait été adressée sur le crédit des monuments historiques pour restauration de l'ancien château de Boussac ; que la nature des réparations proposées à cet édifice et son caractère architectural ne lui avaient pas permis de donner suite à cette demande ; mais que cet édifice contient des tapisseries anciennes qui s'y dégradent tous les jours et ne présentent pas, en cet endroit, un intérêt suffisant pour que la commune fasse les sacrifices nécessaires pour leur conservation... etc... etc... ; qu'il était disposé à accorder une somme de 3,000 francs sur le crédit des monuments historiques, exercice courant, qui serait affectée aux réparations projetées au château de Boussac, à la condition que les tapisseries lui seraient envoyées afin de recevoir la destination qui leur serait donnée par lui, ministre ;

« Qu'il est vrai que dans les temps la commune de Boussac avait sollicité le classement de son antique château comme monument historique ; qu'il avait été admis provisoirement au nombre des monuments de la Creuse dignes d'être conservés, mais que depuis M. le Ministre avait justement classé, au rang de ces monuments, les tapisseries et non le vieil édifice qu'elles décorent ;

« Qu'il appelait, dans l'intérêt de la localité, les membres du Conseil à délibérer sur l'offre de 3,000 francs faite par M. le Ministre, sous la condition qu'il mettait à son allocation, et sur la question de savoir s'il serait d'avis d'accepter l'offre en souscrivant à la condition ;

« Sur quoi, le Conseil délibérant :

« Considérant qu'il est à regretter que l'antique château de Boussac, auquel se rattachent des souvenirs historiques bien précieux, n'ait pas paru à M. le Ministre digne de fixer son attention et de recevoir, comme monumental (*sic*), des secours pour sa conservation, et qu'il ne l'ait pas classé au rang des autres édifices de la Creuse qui, sous beaucoup de rapports, lui sont bien inférieurs et méritaient moins que lui la préférence qui leur a été accordée ;

« Considérant que le Conseil accepterait avec empressement les 3,000 francs offerts par M. le Ministre pour, avec les fonds que le département accordera à la commune de Boussac et les sacrifices qu'elle est disposée à s'imposer, être employés à réparer et à entretenir son vieux château et les tapisseries qui l'ornent ; mais qu'il serait peu disposé à consentir à la remise de ces dernières qui sont la décoration la plus remarquable du vieil édifice, qui fixent avec raison et à un haut degré l'attention de tous les hommes instruits, de tous les savants qui viennent de bien loin visiter ce travail d'art véritablement curieux et monumental, et auxquelles la ville et toute la contrée mettent un grand prix, un prix certainement bien supérieur à l'offre de M. le Ministre, qui est loin, cette offre, d'être en rapport avec celles qui ont été faites souvent par des amateurs éclairés et désireux de posséder cette œuvre si remarquable qui, du reste, ne pourrait que perdre à être détachée et transportée ;

« Est d'avis à l'unanimité :

« Que c'est le cas d'inviter M. le Ministre à accorder à la ville de Boussac un secours de 3,000 francs qui, avec les fonds du département et ceux que la commune est disposée à s'imposer, sera employé principalement à la réparation, entretien et conservation des tapisseries et des salles qu'elles décorent, et d'accorder ce secours sans la condition qu'il mettait à cette allocation et qu'il est impossible au Conseil d'accepter, dans l'intérêt bien entendu de la ville de Boussac ; en faisant cette concession sans condition, M. le Ministre aura fait un acte utile et de la plus haute équité.

« Fait et délibéré les jour, mois et an susdits, et ont les membres présents signé au registre :

« A. Desfosses-Lagravière ; T^ore Picot ; Pidoux ; Micheau ; Morin ; Parrot ; Peyrot ; Chabenat fils ; A. Peyrot ; Ed. Peynard de Sallus ; Narbonne. »

Même séance. — Mêmes membres.

A l'unanimité, le Conseil est d'avis que l'administration des postes doit ordonner l'établissement d'un courrier entre la Châtre et Boussac.

5 mai 1842.

« Etaient présents : MM. Pidoux; Micheau; Chabenat; Peyrot-Deville; Gilbert; Morin; Peynard de Sallus, secrétaire nommé pour la séance, et Narbonne, maire.

« M. le Sous-Préfet a été introduit et a fait au Conseil les considérations suivantes :

« Que les tapisseries qui décorent deux salles du château antique de Boussac ont été déclarées monument historique par la commission; que des fonds départementaux ont été alloués par le Conseil général dans la dernière session, pour la conservation des monuments historiques; que la commission préposée à Paris pour l'attribution de fonds ayant pour objet cette conservation a, de son côté, alloué une somme pour atteindre le même but; que, suivant sa délibération du 9 mars dernier, le Conseil municipal de Boussac a annoncé que la commune s'imposerait aussi des sacrifices pour la réparation, entretien et conservation des tapisseries et des salles qu'elles ornent; que c'était le cas, par le Conseil, de réaliser cette promesse et de voter des fonds pour l'objet énoncé; qu'il l'y engageait vivement dans l'intérêt de l'art autant que dans celui bien compris de la ville et commune de Boussac. » M. le Sous-Préfet s'est alors retiré.

« M. le Maire a appelé le Conseil à délibérer et a dit que :

« Attendu que la commission préposée à la conservation des monuments historiques a classé les tapisseries du vieux château de Boussac au rang des monuments historiques;

« Attendu que cette commission alloue des fonds pour cet objet;

« Attendu que dans la dernière session le Conseil général a également voté des fonds dans le même but;

« Attendu que c'est le cas, de la part du Conseil, d'être conséquent avec les propositions qu'il a émises en la délibération du 9 mars dernier ci-dessus visée et de voter une somme avec l'état actuel de ses ressources, tout en regrettant qu'elles ne lui permettent pas de faire tout ce qui serait nécessaire pour une conservation qui intéresse aussi essentiellement la localité;

« Vote à l'unanimité une somme de deux cents francs qui sera, avec les fonds accordés par la commission et par le Conseil général, employée à la réparation, entretien et conservation des tapisseries et des salles qu'elles décorent.

« *Signé :* GILBERT ; MORIN ; PEYROT ; PIDOUX ; MICHEAU ; Ed. PEYNARD DE SALLUS ; CHABENAT fils ; NARBONNE. »

Le Conseil municipal de Boussac a donc fait, on a pu le voir, son devoir et tout son devoir. Il aurait tenu à cœur d'entretenir et de garder tel qu'il devrait être encore le vieux manoir dont la ville est devenue propriétaire, et qu'on doit féliciter, dans la personne de ses mandataires, du soin qu'elle a pris à sa conservation.

Nous avons voulu ne pas séparer ces délibérations de l'histoire du château ; revenons maintenant quelque peu en arrière.

Avec la Révolution, la grande autorité des seigneurs féodaux était tombée, la ville devait dorénavant se diriger elle-même. Elle le fit avec sagesse et choisit pour édiles des hommes aux sentiments généreux, à l'esprit ouvert, qui ont su administrer habilement la cité et ont laissé d'honorables souvenirs dont leurs descendants peuvent à juste titre se montrer fiers. Quelques arrêtés du Conseil municipal nous initierons un peu à la vie de Boussac pendant la première moitié du xixe siècle.

DIFFÉRENTES DÉLIBÉRATIONS DU CONSEIL MUNICIPAL.

« Le vingt thermidor an dix de la République française une et indivisible, les membres composant le Conseil municipal de la commune de Boussac se sont réunis par l'invitation qui leur a été faite par le maire de la dite commune, en exécution de l'arrêté du préfet du *27 thermidor dernier (sic)*.

« Le maire a fait déposer sur le bureau l'arrêté précité et la loi du 11 floréal dernier sur l'instruction publique.

« Le Conseil, après en avoir entendu la lecture et mûrement délibéré : Considérant que la commune de Boussac, dans tous les temps chef-lieu d'établissement public et encore aujourd'hui celui de la sous-préfecture du 2ᵉ arrondissement, ne peut, faute de ressources pécuniaires, prétendre à une école secondaire, la nécessité exige au moins impérieusement qu'il soit formé un établissement dans lequel les élèves, sans avoir les avantages d'une école secondaire, trouveront pourtant plus qu'un premier degré d'instruction, puisqu'on leur donnera les principes de lecture, écriture et calcul et ceux de langues latine et française;

« Considérant que les moyens que présente la dite commune, réunis à ceux des communes de Boussac-Bourg et Saint-Silvain Basleval (*sic*), suffisent pour soutenir cette école;

« Considérant qu'il existe dans la commune de Boussac une maison improprement dite de l'hospice, puisqu'avant la Révolution elle n'a jamais servi que pour le logement de deux sœurs chargées de l'éducation de la jeunesse;

« Considérant que cet établissement jouit encore d'un revenu annuel de la somme de quatre cent trente francs;

« Que le meilleur emploi qui pouvait être fait, tant de la dite maison que du revenu qui lui est affecté, est de rendre l'une et l'autre à son institution primitive en y logeant un instituteur qui sera salarié sur partie des dits revenus;

« Considérant enfin que les revenus accumulés depuis quelques années, ou dans la caisse du trésorier de l'administration de cette maison, ou dans les mains des redevables, peuvent aussi être tous utilement employés pour rendre la dite maison propre à recevoir cet établissement, arrête ce qui suit:

« Art. 1ᵉʳ. — Il sera fait à Boussac une école primaire pour les communes de Boussac, Boussac-Bourg et Sᵗ-Silvain Basleval.

« Art. 2. — L'école sera tenue par deux instituteurs dont l'un enseignera les langues latine et française, l'autre à lire, écrire et compter.

« Art. 3. — Le citoyen André Dubranle, auquel l'instruction des langues latine et française est confiée, sera obligé de s'adjoindre un sujet propre à apprendre à lire, écrire et compter. Il en fera la présentation au Conseil municipal qui

l'agréra s'il y a lieu, après avoir pris les renseignements nécessaires sur sa capacité et sa moralité.

« Art. 4. — L'instituteur nommé habitera la maison dite
de l'hospice et ses dépendances à compter du 11 novembre
prochain en deux ans et jusqu'à la dite époque que le fermier
du dit hospice sera tenu de l'évacuer. Il touchera du fermier
le prix de son bail pour tenir lieu du dit logement, il aura en
outre un traitement de cinq cents livres.

« En sus de ce traitement, chaque enfant qui apprendra à
lire : un franc dix sols.

« Celui qui apprendra en outre à écrire et chiffrer : deux
francs dix sols ; ceux qui étudierons la grammaire française
et latine : cinq francs.

« Art. 5. — L'instituteur enseignera gratuitement ceux des
enfants dont les parents seront jugés par les conseils municipaux hors d'état de payer, sans que ce nombre puisse ex-
céder le cinquième des enfants reçus dans la dite école.

« Art. 6. — Au moyen du traitement et de la rétribution
accordés à l'instituteur cy-dessus nommé, il salarira à ses dépens le maître de lecture, écriture et calcul.

« Art. 7. — La commune de Boussac fournira le logement
et trois cents francs, celle de Boussac-Bourg cent cinquante
francs et celle de Silvain bas-leval cinquante francs qui seront pris sur les centimes additionnels des dettes communes.

« Art. 8. — La commune de Boussac fera faire à la maison
toutes les réparations dont elle peut avoir besoin et y fera
placer des bancs et tables nécessaires à l'établissement.

« Art. 9 et dernier. — Copie de la présente délibération
sera adressée par le maire au sous-préfet, pour être par lui
transmise au préfet avec son avis.

« *Signé :* GALLERAND ; PICOT ; TRÉBUCHET ; PICOT ; PICOT ; DE-
SAINCTHORENT, maire ; NARBONNE ; BOURDEAUX ; CHASSAGNE ;
SAINCTHORENT DE BUXERETTE ; DUCHIER. »

17 nivôse an XII. — Installation du citoyen Trébuchet,
notaire public, comme maire, en remplacement du citoyen
Gabriel Desaincthorent, démissionnaire.

« ..... (1) Considérant que la loi autorise les secondes noces, que c'est y contrevenir que d'apporter du trouble à son exécution, que rien n'est plus contraire à la tranquilité et à la liberté du citoyen que ces sortes de bruits qui ameutent le peuple et qui, pour l'ordinaire, sont accompagnés de paroles indécentes ;

« Considérant que ces troubles et licences peuvent amener à des voies de fait, que la loi du 22 juin 1791 défend expressément ces sortes de rassemblements ;

« Arrête ce qui suit :

« Art. 1er. — Défense est faite, sous les peines portées par les lois et règlements de police, à toutes personnes de l'un et l'autre sexe de se rassembler dans les rues, places publiques et faubourgs de Boussac avec des poëles, bassins, chaudrons et instruments, d'y chanter et proférer injures contre qui que ce soit.

« Art. 2. — De porter des cornes, ordures, charognes et immondices à la porte de qui que ce soit, de faire des signes démonstratifs qui puissent faire injures et d'exciter le soir et la nuit aucune émotion populaire.

« Art. 3. — Est enjoint aux pères, mères et maîtres d'empêcher leurs enfants, ouvriers et domestiques de coopérer à ces assemblements et injures, à peine de devenir civilement responsables de leurs fautes.

« Art. 4. — Conformément à la loi précitée et aux autres lois et règlements de police, les personnes qui contreviendront aux dispositions du présent arrêté seront, à la requête et diligence du Cen Peyrot, adjoint, poursuivies par voie de prison et citées devant le juge de paix du tribunal de police correctionnelle, suivant la gravité des faits, pour faire prononcer contre elles les peines et amendes qu'elles auront encourues.

« Le présent arrêté sera publié et affiché aux lieux accoutumés. Copie en sera envoyée aud. Cen Peyrot, adjoint, une

____

(1) Cette pièce est incomplète ; la première partie n'existe plus au registre, seule la partie que nous transcrivons y figure, sans date, précédant immédiatement un arrêté du 29 germinal an XII.

autre copie au commandant de la gendarmerie de cette ville, pour le faire chacun exécuter et y faire tenir la main. »

Budget de Boussac en 1808.

« Budget arrêté par le Conseil municipal de la ville et commune de Boussac, chef-lieu d'arrondissement du département de la Creuse.

Revenus de la Commune :

Centimes additionnels aux contributions foncières, mobilières et somptuaires.	113,50
Vingtième du produit des patentes.	29
Maisons (prix de ferme).	66,36
Location des halles et des places aux foires et marchés.	500
Total des revenus.	708,86
Dépenses de la commune pour 1808.	679,86

Nature des dépenses proposées par le Conseil de cette commune :

Contributions foncières des biens communaux de toutes espèces	4,40
Abonnement au Bulletin des lois, frais des registres des actes	6
De l'autre part	10,40
Frais des registres des actes civils et timbres	31,85
Réparation, location de la maison commune, bois, lumière, encre et autres dépenses de la Mairie.	48
Dixièmes des revenus communaux	6,64
Loyer de la halle.	120
Entretien annuel de l'Eglise.	150
Entretien des pavés de la Ville.	100
Ferme annuelle du champ de foire.	100
Gages des tambours.	15
Gages pour monter l'horloge.	24
Compagnie départementale	29,45
Dépenses imprévues.	70
Total	715,74

OBSERVATIONS :

La municipalité a payé par année à la maison de Carbonnières. ci-devant seigneurs de la terre de Boussac, la somme de cent vingt francs pour le loyer des Halles de Boussac.

« Fait et arrêté par nous, membres du Conseil et maire de Boussac, pour être présenté par l'intermédiaire de M. le Préfet de la Creuse au Gouvernement, — à l'appui du droit à demander de location des places aux foires et marchés de cette ville.

« A la mairie de Boussac, le 6 février 1808.

« *Signé :* NARBONNE — DUCHIER — PICOT — PICOT — CHASSAGNE — PICOT — BOURDEAUX — GALLERAND — TRÉBUCHET, maire. »

23 juillet 1811. — M. Trébuchet est remplacé, comme maire, par M. Picot-Laroche.

Signé : PICOT, maire — AUBERT — DESAINCTHORENT DE BUXERETTE — DUCHIER — AUTOURDE — NARBONNE — PICOT — TRÉBUCHET, ex-maire — (une autre signature illisible, peut-être PENOT?).

21 juillet 1812. — Le Conseil municipal délibère sur le moyen de procurer à la ville de Boussac un nouveau cimetière, car celui de la ville de Boussac, « au moyen de la réunion de deux autres communes trois fois plus considérables en population que celle de Boussac, se trouve trop petit ». Il est dit que le terrain propre « au cimetière à acquérir est le tiers (?) d'un pâtural ou terre appelé l'Hôpital, situé au territoire du lieu de la Maison-Dieu, commune de Boussac-les-Eglises, appartenant au sieur Bonnet ».

Il a été estimé juste que les trois communes de Boussac-Ville, Boussac-les-Eglises et Saint-Silvain-Basleroc, réunies pour le spirituel, contribuassent aux frais de cette acquisition.

Le Conseil demande à être autorisé à faire la vente des trois cimetières des trois communes et à employer le prix à cette acquisition.

25 juin 1815. — Installation de M. de Bourges, comme maire, de M. Autourde, comme adjoint (1).

-----

(1) En 1815, la population de Boussac était de 588 habitants. (Joullieton. *Histoire de la Marche*, p. 156.) — Actuellement, en 1907, le dernier recensement a donné 1,384 habitants.

18 septembre 1815. — Nomination et installation de M. Petit-Lacombe (Roch) aux fonctions d'adjoint.

Lecture faite de l'arrêté du Préfet, M. Petit-Lacombe a prêté serment d'obéissance aux lois du royaume et de fidélité au Roi.

21 septembre 1815. — Installation de M. Picot, comme maire, et de M. Aujai (Antoine), comme membre du Conseil municipal, en remplacement de M. Petit-Lacombe, nommé adjoint.

1816. — *État nominatif de MM. les Membres du Conseil municipal :*

M. Picot (Antoine), maire ; M. Petit-Lacombe (Roch), adjoint. Conseillers : MM. Picot (Antoine), de Sugère ; Narbonne (Gilbert) ; Chassagne (Étienne) ; Duchier (Silvain) ; Peyrot (Victor), des Sagnes ; Bourdon (Jean-Baptiste), médecin ; Trébuchet (Adrien) ; Gallerand (Charles) ; Peynard de Sallus, aîné ; Aujai (Silvain-Pardoux).

Attroupement séditieux contre la libre circulation des grains.

« Aujourd'hui vingt-septième jour du mois de mars 1816, quatre heures du soir, nous Antoine Picot, maire de la ville et com⁰ de Boussac, chef-lieu de canton et de sous-préfecture du dép⁴ de la Creuse, instruit par la rumeur publique qu'il s'était fait ce jourd'hui, à trois heures du soir, au lieu des Loges, faubourg de l'Ecluse, commune de Boussac, un attroupement séditieux de plusieurs femmes mal intentionnées, pour arrêter différents individus du canton de Jarnages qui amenaient du grain sur des chevaux ;..... qu'effectivement les conducteurs parvenus au dit lieu se sont trouvés assaillis par ce même attroupement qui les a maltraités et conduits jusqu'au lieu du Pont de Gouby, à coups de pierres, lieu où elles ont arrêté un des chevaux chargés de grains, fait tomber la charge de cet animal et se sont permis de faire une ouverture avec un couteau au milieu de l'un des sacs renversés par terre, après avoir porté un coup de long bois, gros comme un

pieu, sur la tête d'un des dits conducteurs, lequel a été grièvement atteint. Par suite, les dits conducteurs parvenus au
village de Gouby, c^ue^ de St-Silvain, se sont arrêtés en un cabaret pour faire laver leurs blessures; alors leurs chevaux,
n'étant conduits que par une partie des leurs, ont été arrêtés
près la sortie du dit village par les nommés Robert et Marie
Chatrou, frère et sœur, habitants du dit lieu, qui se sont aussi
permis de couper avec un couteau l'un des sacs de ces mêmes
individus, ce qui leur a occasionné une perte d'environ un
double décalitre de grains seigle. Ces faits ont été attestés par
différentes personnes; nous nous sommes transportés au lieu
de Gouby, au domicile de M. l'Adjoint du maire de la C^ue^ de
St-Silvain, où étant, il nous a invité de vouloir l'accompagner
dans son village, afin de prendre tous les renseignements nécessaires et relatifs à cet événement. Plusieurs femmes présentes à l'arrestation des chevaux nous ont déclaré que
Robert et Marie Chatrou, frère et sœur, étaient les auteurs de
la dernière arrestation. D'après tous ces faits que nous avons
rapportés à M. le Sous-Préfet, il s'est déterminé de faire conduire, par la gendarmerie, Françoise Rochon, femme Martin-
Coubret, du lieu des Loges, C^ue^ de Boussac, Robert et Marie
Chatrou, frère et sœur, du lieu de Gouby, C^ue^ de St-Silvain,
dans la maison de sûreté de cette ville, tous auteurs et complices de cet attroupement, pour être transférés de la d^te^
maison, par la gendarmerie, par devant M. le Procureur du
Roi près le tribunal séant à Chambon, pour être par lui ord^e^
tout ce que de droit..... etc.

    « *Signé* : AUCOUTURIER, adjoint — PICOT, maire. »

21 juillet 1816. — Procès-verbal d'installation dans les
fonctions de maire de M. Desaincthorent de Buxerette (Vincent-Pierre-Armand), et de M. Petit-Lacombe (Roch), dans
celles d'adjoint.

30 octobre 1816. — Délibération pour l'établissement
d'une promenade à la Creuzette. Ont signé : CHASSAGNE, DU
CHIER, NARBONNE, BOURDEAUX, TRÉBUCHET, PETIT, adjoint; DE
SAINCTHORENT DE BUXERETTE, AUJAY, GALLERAND.

6 avril 1821. — Jean-Baptiste Micheau, maire, officier de la Légion d'honneur, convoque le Conseil municipal à l'effet de désigner le lieu le plus convenable pour ériger l'ancienne croix en pierre qui est un monument des plus remarquables.

Il a été décidé à l'unanimité qu'elle serait placée au même lieu où était la croix de la mission détruite par l'ouragan du 4 du présent mois.

Cette croix était située près le cimetière.

28 avril 1825. — Claude Brunet, couvreur, demeurant à Nouzerines, est adjudicataire des réparations à faire aux toitures de la flèche du clocher de l'église, chapelles et sacristie de Boussac, moyennant 1,990 francs. Ayant commencé, il a reconnu que plusieurs poutres du clocher étaient pourries, ce qui l'avait fait sortir de son aplomb de 1^m,1/3. Si on négligeait de pourvoir à cette dépense, estimée environ 400 francs, la chute serait inévitable.

Le Conseil approuve cette dépense et demande au préfet de hâter son approbation.

28 avril 1825. — Le tonnerre tombe au sommet de l'aiguille du clocher, le globe couvert en feuilles de plomb est fondu par l'embrasement de l'aiguille, la croix est tombée. Craignant que le feu ne suive les chevrons du clocher qui est découvert par suite de réparations, le nommé Joseph Beaufils, cultivateur au bourg de Saint-Silvain-Basleroc, a grimpé sur les chevrons et est parvenu, sans échelle ni corde, à l'endroit où le feu était déclaré ; étant muni d'une petite scie, il ne put réussir à couper l'aiguille enflammée. Il descendit et a attaché autour de luy (*sic*) un seau d'eau, est remonté rapidement vers l'aiguille, a versé, avec un vase qu'il s'est procuré, l'eau de son seau sur les parties enflammées et ne descendit que lorsqu'il fut parvenu à éteindre le feu. Les habitants, en silence, suivaient ses mouvements de courage. Aussitôt qu'il fut redescendu, chacun lui a témoigné sa reconnaissance et l'a récompensé de son mieux.

31 mars 1826. — Le maire donne connaissance d'une pétition qu'il a reçue, adressée par MM. les membres composant le corps et conseil de l'église de Boussac. Cette pétition, signée « Maufat-Chereix?? (1) », président de la fabrique; Bechel, Barbat, Autourde et Dequeiraux (*sic*), curé de Boussac, avait pour but de faire placer une croix sur le champ de foire.

A la suite de cette demande et après échange de lettres entre le préfet, baron Finot; le maire, M. Pidoux, et le sous-préfet, M. Joullieton, il avait été décidé que le maire était seul juge en la circonstance.

En conséquence, M. Pidoux, maire, maintient, le 31 mars 1826, comme désignation, l'emplacement de la chapelle Sainte-Barbe, ancien calvaire.

8 mai 1826. — M. le Maire propose, relativement au pont de Gouby, la construction d'un mur d'exhaussement et d'un parapet à l'entrée du pont, du côté de la tannerie de M. Duchier, pour éviter les dangers que ce pont offre aux voyageurs. Il propose aussi, étant donné le péril que peut présenter l'excavation qui se trouve dans la rue de la Porte-Agovat, entre la maison du sieur Bourdeaux jeune et celle du sieur Michelon aîné, d'établir sur ce point un mur de soutènement avec parapet comblant le vide, ce qui évitera le danger et donnera plus de largeur à la rue.

Le Conseil adopte à l'unanimité les propositions du maire.

Signé : Gallerand, Duchier, Narbonne, Chassagne,
A. Peyrot, Bourdeaux, Larigauderie, Trébuchet,
Aujai, Pidoux.

27 avril 1830. — Vote de sondages pour l'établissement d'un puits artésien.

La séance débute ainsi : « Ouï le rapport duquel il résulte que la masse du roc sur lequel la ville est bâtie paraît être un bloc accidentel; que ce qui semble l'annoncer, c'est que le roc, quoique de nature très dure, est garni de fissures qui font présumer à sa base une nappe ascendante. Cette opinion doit paraître mieux fondée encore si l'on considère qu'à une

____

(1) Nom absolument illisible.

faible distance de la ville la nature du roc n'est plus la même et que tout doit faire présumer que ce dernier, véritable granit, est la couche primitive du sol sur laquelle serait assis le premier bloc; que, si l'inspection des lieux permet de penser que ces présomptions sont justes, l'on ne saurait douter qu'entre la masse primitive de granit et le bloc qui lui est superposé, il existe une nappe considérable et sans doute suffisante pour obtenir des eaux jaillissantes; que, dans tous les cas, si, contre les probabilités, les eaux n'étaient point jaillissantes, l'on peut croire qu'elles seraient, même avant d'atteindre la superposition, suffisantes pour établir une pompe dont le jet serait assez considérable, etc. »

Pour ces motifs, le Conseil vote une tentative de sondage.

Le *5 mars 1832*, sept membres du Conseil municipal prêtent généreusement à la ville, pour faciliter la construction de la halle, les sommes ci-dessous, sans intérêt pendant une année, date de ce jour (*sic*), et stipulent que l'intérêt 5 p. 100 ne courra en leur faveur qu'autant que le remboursement de leurs capitaux n'aurait lieu qu'à l'expiration de l'année de terme.

Voici les noms de ces conseillers :

MM. Roch Petit-Lacombe prête une somme de. . 1.500 fr.
    Antoine Picot d'Agard 1.000
    Jean-Baptiste Peyrot-Deville. 1.000
    Vincent Narbonne 1.000
    Victor Chabenat. 500
    Jean-Baptiste-Justin Gallerand 300
    Jean-Baptiste Chéron. 300

                    Total. . . . . 5.600 fr.

Aux signatures, en plus des noms ci-dessus : MAUGENEST, A. PEYROT, MORIN, MICHEAU.

2 mars 1832. — Installation de M. Narbonne (Vincent), comme maire, et de M. Maugenest (Alexandre), comme adjoint.

6 mai 1832. — Comptes du Receveur municipal de 1831.

« 1° Une somme de 9,634 fr. 57 c. formant l'excédent des recettes au 31 décembre 1830, résultant des comptes de ladite année, à . . . .   9.634 fr. 57

« 2° La somme de 3,953 fr. 50 c., montant des recettes effectuées pendant l'exercice 1831, qui se composent,

« Savoir :

« 1° De la somme de 84 fr. 93 c., produit des patentes pour l'exercice 1830.   84   93

« 2° De celle de 3,868 fr. 57 c., produits des droits d'étalage et autres revenus de la ville pendant l'exercice 1831. . . . .   3.868   57

« TOTAL DES RECETTES. . . . . 13.588 fr. 07

« Vu aussi les pièces de dépenses présentées à l'appui des comptes et montant ensemble, pour l'année 1831, à la somme de 1,710 fr. 27 c.   1.710   27

« EXCÉDENT DES RECETTES SUR LES DÉPENSES.

« D'où il suit que le receveur municipal est reliquataire envers l'administration de cette commune de la somme de 11,877 fr. 80 c. .   11.877 fr. 80

« Après avoir comparé toutes les pièces desdits comptes et reconnu leur régularité, le Conseil adopte provisoirement, comme exacts, les comptes du receveur municipal pour l'exercice 1831 et en arrête le reliquat à la somme de 11,877 fr. 80 c.

« *Signé :* GALLERAND, MAUGENEST, adjoint; CHÉRON, PICOT, PETIT, T^{ore} PICOT, CHABENAT, MICHEAU, MORIN, A. PEYROT, PEYROT, NARBONNE. »

13 mars 1835. — Installation de nouveaux conseillers par ordonnance du Roi du 19 dernier, nommant M. Narbonne (Vincent) maire, et M. Morin (Pierre) adjoint.

Ont signé : MICHEAU, T^{orc} PICOT, PICOT, PICOT, A. PEYROT, CHABENAT, PIDOUX, PEYROT, MORIN, PETIT, PARROT, A. DESFOSSES-LAGRAVIÈRE, NARBONNE.

17 novembre 1837. — Aux signatures : MORIN, PIDOUX, PARROT, A. DESFOSSES-LAGRAVIÈRE, T^{orc} PICOT, MICHEAU, GIL-BERT, A. PEYROT, NARBONNE.

13 janvier 1841. — Aux signatures : PIDOUX, PEYNARD DE SALLUS, PARROT, PEYROT-DEVILLE, MORIN, PEYROT, Armand, NARBONNE.

Février 1842. — Aux signatures : A. DESFOSSES-LAGRA-VIÈRE, PARROT, PIDOUX, GILBERT, CHABENAT, A. PEYROT, MORIN, T^{orc} PICOT, PEYNARD DE SALLUS, MICHEAU, NARBONNE.

Les événements politiques qui ont suivi la Révolution, dont nous avons donné un aperçu à Boussac, et même les changements complets de gouvernement, ne semblent pas avoir eu une grande influence sur les paisibles habitants, qui les ont acclamés avec le même entrain, nous n'osons dire avec les mêmes convictions.

Peut-être n'étaient-ils pas tous cependant des « opportunistes avant la lettre », comme ils nous apparaissent, car il faut tenir compte, surtout pour une petite ville, de l'enthousiasme commandé et officiel des nombreux fonctionnaires s'agitant dans les rayons éphémères de chaque nouveau sous-préfet qui venait s'installer et quelque peu pontifier dans le vieux château des sires de Brosse qui, eux, n'avaient jamais connu de défaillances à leur dévouement à Dieu et à leur Roi, personnification en leur pensée de la France et de la Patrie.

Les Boussacains sont donc très excusables, n'ayant en somme fait que suivre l'exemple de plus grandes cités..... Hélas! ils sont nombreux, en ce bas monde, les adorateurs du Soleil levant, et le cri « Salut à la Majesté tombée! » n'a dans le cœur humain qu'un bien faible écho.

Néanmoins, il est intéressant de passer en revue les diverses fêtes politiques, souvent précédées de vibrants appels à tous les habitants, qui se succédaient à chaque nouvelle orientation gouvernementale ou chaque anniversaire.

Arrêté du maire de Boussac du 26 prairial an XII.

« Le maire, prévenu par la lettre de M. Bourdon, sous-préfet de l'arrondissement de Boussac, en date de ce jour-d'huy, qu'il sera, dimanche prochain 28 de ce mois, chanté un *Te Deum* à l'issue de la messe paroissiale, en action de grâce de l'élection de Napoléon Bonaparte à la dignité impériale ;

« Afin de mettre la pompe due à cette cérémonie religieuse, à laquelle les habitants de la ville doivent prendre la part la plus active par reconnaissance des services que l'Empereur a rendus au peuple français,

« Arrête ce qui suit :

« Art. 1er. — Toutes les autorités sont invitées à assister au *Te Deum* qui sera chanté dimanche prochain 28 du présent mois, à l'issue de la messe paroissiale, en action de grâce de l'avènement de Napoléon Bonaparte à l'Empire.

« Art. 2. — Le commandant de la Garde bourgeoise de Boussac est invité de se rendre à la tête de sa troupe à la sous-préfecture le 28 du présent mois, à neuf heures du matin, drapeau déployé, pour y prendre les autorités et les conduire à l'église paroissiale de Boussac. Il fera en sorte que cette troupe soit dans la plus grande tenue.

« Art. 3. — Si, contre toute apparence, l'obéissance militaire n'avait pas lieu, il est autorisé à infliger vingt-quatre heures de prison à chaque délinquant.

« Art. 4. — Il est encore invité de se rendre avec sa troupe, à huit heures du soir, à la sous-préfecture, pour, avec les autorités, assister au feu de joie qui sera fait sur la place publique.

« Art. 5. — Depuis neuf heures jusqu'à onze heures du soir, cette ville sera illuminée ; chaque particulier sera tenu de mettre deux lampions ou deux lumières à chaque croisée de leurs chambres hautes ; celuy (*sic*) qui y contreviendroit (*sic*), d'après le rapport de l'adjoint, sera condamné à dix francs d'amende.

« Art. 6. — Les personnes qui savent jouer des instruments sont invitées de donner, pendant le tems (*sic*) du feu de joie et de l'illumination, quelques momens (*sic*) pour l'amusement de la jeunesse.

« Art. 7. — L'adjoint est prié de se réunir au maire pour faire exécuter strictement le présent arrêté, dont trois copies seront affichées aux lieux ordinaires, une autre envoyée à l'adjoint et une autre au commandant de la Garde nationale. »

22 avril 1810. — A l'occasion du mariage de Silvain Morin, militaire retraité, et d^{lle} Elisabeth Guillot, lingère, M. le Juge de paix prononce un discours qui exprime la reconnaissance que tous les bons Français doivent à S. M. l'Empereur pour son auguste union et pour les bienfaits qu'il accorde à six mille militaires qui ont combattu sous ses drapeaux.

M. le Maire exprime les mêmes sentiments et dit l'amour que les habitants de sa commune portent à Leurs Majestés Impériales et Royales.

Silvain Morin dit : « Je n'ai plus qu'un bras, il sera dans tous les temps de ma vie au service de mon souverain et de ma patrie. »

A la suite de la cérémonie religieuse, où les époux étaient accompagnés des autorités et de la garde nationale, la jeunesse de Boussac a donné aux époux un banquet, les autorités se sont réunies au festin ; là, des toasts ont été portés à Leurs Majestés Impériales et aux braves de nos armées.

Des jeux, des courses, des danses, des illuminations ont suivi. « De cette journée mémorable, nous, maire de Boussac, en avons dressé procès-verbal le même jour..... »

20 octobre 1813. — S. M. l'Impératrice ayant exprimé qu'il fallait que la nation française se prêtât à de nouveaux sacrifices « pour conquérir la paix et comprimer l'audace de

nos implacables ennemis », le Conseil municipal consigne
dans une adresse à « S. M. l'Impératrice-Reine et Régente
les sentiments patriotiques dont ils sont pénétrés ; ils vont
offrir au plus grand des monarques tous les sacrifices que le
cœur et l'honneur leur permettent de faire ».

Par un mouvement spontané et sans aucune délibération,
l'adresse est votée ; le Conseil a voulu qu'elle fût rédigée et
signée séance tenante.

20 janvier 1816. — *Célébration d'un service expiatoire*
pour l'anniversaire du 21 Janvier (1).

« Aujourd'hui 20 janvier 1816, à l'exécution de la circulaire de M. le Préfet du 9 janvier courant, insérée au *Mémo-
rial administratif*, n° 6, a été célébré en l'église paroissiale
de cette ville un service expiatoire à l'occasion de l'anniversaire du 21 Janvier.

« La veille, cette pieuse et touchante cérémonie a été
annoncée au son des cloches.

« Le 20, nous, maire et adjoint de cette ville, nous nous
sommes rendus avec MM. les membres du Conseil municipal, administrateurs du Bureau de bienfaisance, en la salle
de la sous-préfecture où nous avons trouvé, réunis à M. le
Sous-Préfet, MM. les chefs et employés de diverses administrations, MM. Janny et de Salus, lieutenant de gendarmerie
et commandant de la garde nationale, MM. les notaires et
un grand nombre de bourgeois de cette ville. A 11 heures
précises, le cortège, suivi de la brigade de gendarmerie, s'est
rendu en l'église paroissiale pour assister au service expiatoire qui a été célébré par MM. Blanchard et Camul, curés
des ville et paroisses de Boussac et Toulx-Sainte-Croix.

« La lecture du testament du plus parfait modèle des souverains faite, sans prononcer aucune oraison funèbre, a été
entendue dans le plus profond recueillement ; la tristesse

(1) Il résulte de ces dates, copiées exactement sur les registres des
délibérations, que ce fut la veille, et non le jour même de l'anniversaire, qu'on célébra le sacrifice.

était peinte sur toutes les figures. M. le Sous-Préfet et M{llc} Picot ont fait une quête où chacun des assistants s'est empressé de faire son offrande pour venir au secours des indigents.

« Cette pieuse et touchante cérémonie étant terminée, le cortège est sorti de l'église dans le même ordre qu'il y était entré et s'est ensuite dissout.

« De tout quoi nous avons dressé le présent procès-verbal, dont copie sera, par les soins de M. le Sous-Préfet, transmise à M. le Préfet du département de la Creuse.

« Fait en mairie à Boussac, les jour, mois et an susdits, et avons signé avec notre secrétaire. »

3 mai 1816. — Anniversaire de l'entrée du Roi à Paris.

« Aujourd'hui troisième jour du mois de mai 1816, en exécution de la circulaire de M. le Sous-Préfet portant qu'il serait célébré en l'église paroissiale de cette ville une messe en mémoire de l'anniversaire de l'entrée à Paris de notre bon Roi, nous, maire de la ville de Boussac, avons de suite fait annoncer au public cette auguste cérémonie.

« Le 2, à 10 heures précises du matin, les maire, adjoints, membres du Conseil et administrateurs du Bureau de bienfaisance de cette ville, se sont rendus en la salle de la sous-préfecture, à cet effet de se réunir à M. le Sous-Préfet, où ils ont trouvé MM. les employés des diverses administrations, les notaires et un grand nombre de bourgeois et habitants, la garde nationale et la gendarmerie.

« A 11 heures, le cortège s'est rendu en l'église paroissiale pour assister à cette auguste cérémonie qui a été célébrée par M. Camus, curé de Toulx-S{te}-Croix, et chantée par M. Blanchard, curé de Boussac. Le respect et la dévotion ont été observés pendant la durée d'icelle.

« Cette cérémonie étant terminée, le cortège est sorti de l'église dans le même ordre qu'il y était entré et s'est ensuite dissout aux acclamations multipliées de : Vive le Roi! Vive les Bourbons! Vive la famille royale!

« De tout quoi nous avons dressé le présent procès-verbal, dont copie sera adressée à M. le Préfet. »

Devant les fleurs de lys d'or, les aigles impériales avaient, comme on le voit, bien vite disparu, et le soleil d'Austerlitz n'apparaissait plus qu'à travers les brouillards de Sainte-Hélène.....

25 août 1820. — Célébré à Boussac « la fête mémorable de notre monarque avec toute la solennité que peut comporter la localité ; l'amour et l'obéissance de tous les citoyens de cette contrée nous ont paru être animés du meilleur esprit. Le dévouement nous a été signalé par les cris de : Vive Louis XVIII le Déziré (*sic*), le bon père des Français ! Ces cris ont été vivement répétés par une affluence immense de peuple, en faisant retentir de toutes parts : Vive le Roi ! Vive la famille royale !

« A 10 heures du matin, M. Alphonse Rémy, sous-préfet, accompagné des autorités constituées, chefs et employés de diverses administrations, des notaires et des plus notables de la ville et campagne voisine, s'est rendu à l'église, escorté par la gendarmerie royale, où la S^{te} messe a été célébrée par M. le Curé de Soumans. M. Blanchard, curé de Boussac, a prononcé un petit discours..... etc..... etc. »

26 avril 1821. — La naissance de S. A. R. Monseigneur le Duc de Bordeaux célébrée à Boussac.

« Aujourd'hui vingt-sixième jour du mois d'avril 1821, en l'hôtel de la mairie de la ville et commune de Boussac, où s'est réuni le Conseil municipal de la dite commune sous la convocation de M. le Maire d'icelle, autorisé par la missive de M. le Sous-Préfet en date du 17 du dit mois, à l'effet de rédiger un programme sur la cérémonie du baptème de S. A. R. le Duc de Bordeaux.

« Cette auguste et solennelle cérémonie ne saurait être célébrée avec trop de pompe, puisque nous partageons tous la joie de la naissance de ce royal enfant, l'espoir de la patrie et le gage de son bonheur et de sa prospérité. Je ne vous indiquerai pas, Messieurs, ce que vous devez faire dans une circonstance d'un si haut intérêt ; notre localité ne comporte que peu de ressources, mais le premier besoin de nos administrés les porte à se rendre avec nous en notre église, le 1er mai, 10 heures du matin, pour bénir le jour à jamais fortuné où la Providence, touchée de nos regrets sur la funeste époque du 13 février et sensible à nos vœux, nous accorde un héritier de la gloire et des hautes destinées de la famille de nos rois.

« A 5 heures du soir, la veille de cette cérémonie, les tambours, fifres, musettes passeront dans toutes les rues pour annoncer cet appareil de fête.

« Le lendemain, 1er mai, au point du jour, les cloches annonceront l'ouverture de la fête; à 9 heures et demie du matin, les autorités locales et principaux habitants se rendront en l'hôtel de la sous-préfecture pour se joindre à M. le Sous-Préfet et, à 10 heures, le cortège, suivi de la gendarmerie, se rendra à l'église pour assister à la messe, où il sera chanté un *Te Deum* en action de grâce pour annoncer l'amour excité dans tous les cœurs français, la reconnaissance de l'espoir de la patrie, et il sera procédé à la distribution de 1,000 livres de pain et de 300 livres de viande.

« A 7 heures du soir, des danses publiques auront lieu et illumination générale sera faite à toutes les croisées des habitants.

« A 10 heures, la fête sera terminée par une ronde dont le refrain sera :

> « Que c'est bon ! Que c'est bon !
> « De vivre sous les Bourbons !

« Vive le Roi ! Vive la famille royale ! Vive Monsieur le Préfet de la Creuse, et Monsieur Alphonse Rémy, notre sous-préfet ! »

« Les maire et adjoint de la ville et commune de Boussac, soussignés, s'empressent de rendre compte à M. le Préfet de ce qui s'est passé en cette ville pour partager la joie qui a régné entre tous les citoyens présents à la célébration de l'auguste et solennelle cérémonie sur la naissance et baptême de S. A. R. le Duc de Bordeaux.

« La veille du jour fixé a été annoncée par plusieurs carillons et cloches mises à la volée ; à 6 heures du soir, les tambours, fifres et musettes ont passé dans toutes les rues pour annoncer l'amour et la reconnaissance qu'excite dans tous les cœurs la naissance de ce royal enfant, qui est l'espoir de la patrie et le gage heureux de notre prospérité.

« Le lendemain, 1er mai, dès l'aurore, les cloches ont de nouveau été mises à la volée, une foule immense d'habitants des campagnes se sont rendus à la ville pour exprimer la joie due à cette apparition.

« A 9 heures du matin, les autorités locales, les membres de la Légion d'honneur, les chefs et employés des diverses administrations, les membres du Conseil municipal et administrateurs du Bureau de bienfaisance se sont rendus à l'hôtel de la sous-préfecture pour se joindre à M. le Sous-Préfet, et, à 10 heures, le cortège, suivi de la gendarmerie, s'est rendu en l'église paroissiale pour assister à la messe qui a été célébrée par M. Leyraud, vicaire régent, à la suite de laquelle il a été chanté un *Te Deum* en action de grâce.

« Après être sorti de l'église, des secours en pain et viande ont été distribués par nos soins, non seulement aux indigents de la ville, mais encore à ceux des communes voisines, ainsi qu'il est détaillé au tableau ci-après. (Suit le tableau des indigents qui ont participé à la distribution.)

« Le résultat de cette distribution offre une dépense communale de la somme de 175 francs ; jointe à celle de 25 francs, avancée pour solder les instruments de fifres, musettes et tambours, fait au total une dépense de la somme de 200 francs.

« A 8 heures, illumination générale a été faite à toutes les croisées des habitants, et les façades de l'hôtel de la sous-préfecture ont été garnies de lampions.

« Un bal, donné par M. le Sous-Préfet, à l'occasion de cet auguste et solennel appareil, s'est ouvert à 9 heures du soir et s'est prolongé jusqu'au lendemain, où il y avait plus de cinquante danseuses qui en faisaient l'ornement ; dans les salles basses du château, une foule immense de jeunes personnes a partagé le plaisir de la danse au son des musettes, fifres et tambours.

« Après le bal, des danseurs se sont rendus à un banquet où ont été portés par des acclamations mille fois réitérées des cris : Au Roi! A la famille Bourbon! A S. A. R. le Duc de Bordeaux! »

27 août 1821 (1). — *Célébration de la fête Saint-Louis*. La journée se termine par des cris de : Vive le Roi!

27 août 1822. — *Fête Saint-Louis*. Réunion du Conseil à la mairie, à 7 heures du matin. Réjouissances et musiques aux acclamations répétées de : Vive le Roi! Vive Louis XVIII le Désiré!

13 septembre 1826. — Le Conseil se réunit à la mairie pour aller en corps présenter ses hommages à S. G. Mgr l'Evêque de Limoges. On vote un banquet à l'unanimité.

25 septembre 1830. — Le Conseil municipal de Boussac décide à l'unanimité qu'une députation ira porter à S. M. Louis-Philippe, au nom de la Ville, le tribut de ses respectueux hommages, de sa fidélité et de son entier dévouement.

Enfin, en 1840, « les membres du Conseil municipal de la ville de Boussac, chef-lieu de sous-préfecture (Creuse) », votent l'adresse suivante :

« *A Sa Majesté le Roi des Français.*

« Sire!

« Encore un nouvel attentat contre les jours de Votre Majesté! Heureusement la Providence, dont l'incessante protection ne lui manquera jamais, a rendu vaine l'intention de cet autre assassin! Dans cette circonstance, comme dans les précédentes, les sympathies des habitants de la petite ville de Boussac se sont spontanément manifestées. Quoi, Sire !

____

(1) Ces dates, ainsi que toutes celles qui figurent ici, sont reproduites exactement d'après les registres de la ville.

Vous le meilleur des pères, le meilleur des époux, le souverain le plus dévoué qui puisse occuper le trône du pays, vous êtes continuellement en butte aux attaques des ennemis de la royauté, de l'ordre, de la paix, du gouvernement le plus libre qui fût jamais! Mais ce sera en vain, pour le bonheur de la patrie. La Providence continuera à veiller sur les jours du Roi, dont le règne rempli de si grandes choses sera gravé dans l'histoire en traits immortels. Celui qui tient dans sa main les destinées des empires et des princes couvrira constamment de son bouclier protecteur Votre Majesté; Elle triomphera de ses ennemis. Tels sont les vœux bien sincères du Conseil municipal et des habitants de Boussac.

« Vive le Roi! »

PROCLAMATION DE LA RÉPUBLIQUE.

Huit ans après, la République fut proclamée et les habitants de Boussac élurent pour maire Pierre Leroux, à cent douze voix.

Le lendemain, il fit voter cette adresse au Gouvernement provisoire :

« *Vive la République française!*

« Nous l'avons accueillie avec transport, nous l'avons proclamée avec enthousiasme. Le peuple de Paris est grand et admirable à jamais. Il vient d'ouvrir en trois jours une ère nouvelle à l'Humanité.

« Les mesures adoptées par le Gouvernement provisoire sont toutes de décision, d'à-propos, d'énergie, de toute justice, de sagèsse et de modération.

« Tant de héros n'auront pas versé en vain leur sang généreux.

« Pour se mettre en rapport avec les circonstances présentes et en communion avec l'esprit nouveau, les citoyens de la ville de Boussac se sont assemblés le dimanche 27 février et, à l'exception de ceux qui n'ont pas atteint l'âge de la majorité, ils ont tous appliqué le principe du vote universel à l'élection d'une municipalité nouvelle. Cette municipalité s'empresse d'envoyer au Gouvernement provisoire son adhésion et l'adhésion de la ville de Boussac à la République française.

« Vive la République française ! Liberté ! Egalité ! Fraternité ! »

C'est à cette date que nous limiterons nos recherches. Les événements postérieurs sont trop récents pour entrer dans le cadre d'une simple étude de l'histoire et de la vie du vieux Boussac.

Nous avons cité, en terminant, un contemporain bien connu, Pierre Leroux, dont la notoriété a rejailli sur sa ville d'adoption qui, en 1903, a placé sa statue au milieu des grands arbres et de la verdure du square de l'avenue de la Gare, auquel elle a donné son nom.

Philosophe, idéaliste convaincu, philanthrope au cœur largement ouvert, Pierre Leroux était un grand ami de George Sand et le familier de Nohant. Il avait établi, à Boussac, une imprimerie d'où sont sorties de nombreuses publications dont M. Célestin Raillard a donné une intéressante étude dans le livre : *Pierre Leroux et ses œuvres* (Langlois, imprimeur à Châteauroux, 1899).

Pierre Leroux n'était pas le grand apôtre de la libre pensée comme semblent le prétendre ou le croire bien de ses admirateurs actuels.

La philosophie était pour lui une religion qui unit l'homme à Dieu, et à la base de l'édifice il plaçait le dogme de l'existence divine (1).

« Je crois de plus en plus à Dieu à mesure que mes contemporains y croient moins », écrivait-il (2). Dans son traité « d'une religion nationale », il dit : « Ce qui peut nous sauver, c'est la foi, c'est la religion (3) » ; et dans ses « Discours aux politiques » (t. VI, p. 222), il écrit aussi : « Le génie d'un homme,

(1) Célestin Raillard. *Pierre Leroux et ses œuvres*, p. 44.

(2) *Ibid.*, p. 44.

(3) *Ibid.*, p. 86.

même le plus grand, trouve des impossibilités; l'Humanité conduite par Dieu n'en trouve pas. »

Le 5 mars 1848, dans un discours, comme maire de Boussac, à la plantation de l'arbre de la Liberté, il ne craint pas de prononcer ces paroles : « Remercions Dieu de ce qu'il nous permet de proclamer l'immortelle devise : Liberté, égalité, fraternité. C'est en nous aidant que nous arriverons au but assigné par Dieu à l'Humanité (1). »

En 1849, au banquet des typographes, il prononce un chaleureux discours et s'écrie : « C'est pour que le mal disparaisse que Socrate a bu la ciguë, que Jésus est mort sur la croix..... La loi de l'homme est d'adorer Dieu (2). »

Pierre Leroux fils, qui professe pour son père un vrai culte filial, a dit que Pierre Leroux était un croyant (3). C'était un croyant peut-être à sa manière, mais c'était un croyant, et ses idées étaient partagées par beaucoup de ceux qui vivaient dans sa grande intimité.

Lorsqu'en 1836, pour des raisons politiques, il dut se réfugier à Genève, une de ses amies de la première heure, qui fut aussi sa grande confidente et partagea ses joies et ses tristesses, lui écrivait la lettre suivante dont nous possédons l'original :

« Adieu, mon ami, adieu, je me sens forte et courageuse; je vous le dois en grande partie; adieu, et que ce Dieu auquel je vous remets vous rende la vie douce et légère, lui seul le peut.

« *C'est plus beau comme cela!* Je n'oublierai jamais l'expression tendre, et sublime dont vous m'avez dit ces paroles. Merci, ami, merci; si le malheur m'atteint, elles me soutiendront, elles me seront une règle de conduite.

« Hâtez-vous, ami, partez pour Genève; si je suis heureuse, je tâcherai de l'y mener, si..... (*sic*). Je vous y retrouverai, j'aurai grand besoin de vous; puis je vous dirai adieu pour

____

(1) Célestin Raillard. *Pierre Leroux et ses œuvres,* p. 23.

(2) *Ibid.,* p. 25.

(3) *Ibid.,* p. 45.

longtemps, me réfugiant dans la solitude où je chercherai Dieu. Adieu, adieu, elle est éternelle notre amitié, n'est-ce pas..... »

Nous avons indiqué par quelques grandes lignes la vie du Boussac des temps passés ; la cité, nous l'avons dit, n'a plus son aspect moyenâgeux ; sous une habile administration, elle a su se transformer en moderne et coquette petite ville ; son commerce, ses foires surtout sont à juste titre renommés dans notre pays, son essor est pris. Il ne nous reste qu'à lui souhaiter de continuer dans la voie de prospérité et de progrès où elle s'est si heureusement engagée.

CHAPITRE IV

Le chateau de Boussac (Etat actuel).

Comme on peut s'en rendre compte par la topographie de
Mérian, reproduite au début de ce travail, le château de Boussac était jadis une puissante forteresse dont il serait à peu
près impossible de dire les premières origines.

Malgré tous les changements qu'a subis le château depuis le
Maréchal, malgré les signes évidents de fondations et de constructions bien antérieures au XVe siècle, il présente encore aujourd'hui, dans son ensemble, le caractère des habitations
fortifiées de cette époque.

La partie orientale du côté de la ville, consistant principalement en une énorme tour à mâchicoulis toujours apparents,
mais couverte aujourd'hui d'un toit incliné qui l'écrase, et
en un corps de logis, peut remonter au XIe siècle. Le pavillon
central, plus élevé, et dont la façade a dû être bien souvent
remaniée, doit être aussi ancien; c'est évidemment celui qui,
dans la suite, a subi le plus de transformations. Enfin, la
troisième partie du château n'est qu'une augmentation de logement. Mais à quelle date furent jetés les premiers fondements sur lesquels repose aujourd'hui le manoir de Boussac?..... C'est à la nuit des temps qu'il faut en demander le
secret.....

Quoi qu'il en soit, au moment où la tourmente révolutionnaire vint s'abattre sur notre pays, le vieux château avait
encore ses remparts, son formidable donjon, et ses tours cré-

nelées étaient prêtes à supporter un siège comme au temps
de l'illustre Maréchal. C'est alors que furent ordonnées les
premières démolitions (1).

Après la vente que fit à la ville Mme la comtesse de Ribeyreix, en 1837, on fit « la Cour du château », telle qu'elle
est de nos jours. Les quelques restes de fortifications qu'on
voyait encore furent démolis; on combla, avec leurs débris,
les fossés ou retranchements qui s'étendaient le long du mur
du jardin actuel du sous-préfet et de la ruelle qui en est le
prolongement en deçà de « l'avenue du château » conduisant
à la terrasse.....; ainsi disparurent les dernières traces de
l'entrée particulière de l'antique forteresse.

En face cette terrasse, se trouve un assez vaste espace comprenant la cour du château plantée d'arbres, le bosquet qui
en fait la suite et, à côté de cette cour et de ce bosquet, le
jardin des gendarmes terminé par une tour de défense dont
nous reparlerons.

Nous étudierons bientôt les façades, mais commençons par
visiter l'intérieur et, avant de pénétrer dans la grande salle
des Gardes, examinons attentivement la porte qui y donne
accès. Cette porte ouvre sur la cour et est surmontée d'un
fronton ou tympan en forme d'ogive. Elle est bien du XVe siècle, époque où les ouvertures prirent plus de largeur et moins
de hauteur, et où le triangle, formé par l'arcade en tiers-point
depuis les impostes jusqu'au sommet, a souvent plus de la
moitié de l'élévation totale. Ce fronton n'a du reste aucun
autre ornement que son écusson.

La salle des Gardes, dont une façade donne sur la cour,
l'autre sur le précipice, est sans contredit la plus curieuse.

Longue de 18 mètres, sur 9 de largeur et 5 d'élévation, elle
est éclairée par deux fenêtres cintrées, à doubles meneaux,
atteignant presque le haut du plafond. Leurs embrasures ont
2^m,40 et leurs murs environ 6 pieds. L'une est encore garnie
de deux bancs de pierre, l'autre (celle de gauche, en entrant
par la cour d'où nous nous orienterons pour la description)

(1) Voir le chapitre : *Période révolutionnaire.*

est murée; mais, grâce à une brique manquante, on peut
constater que sa paroi de droite contient une porte faisant
communiquer avec l'extérieur sur le ravin, par un escalier,
ou un couloir à pente rapide, qui se trouve dans la muraille.
C'est d'autant plus évident qu'en regardant le château du
bas de ce ravin, on aperçoit fort bien plusieurs ouvertures
dont l'une, faite en forme de porte en pierres de taille à rainures, est placée au-dessous et à gauche de cette fenêtre, à hauteur de la base du château.

Deux cheminées monumentales à hottes forment le plus bel orne-

La grande cheminée de la salle des Gardes.
Cliché de M. le docteur Desfosses.

ment de cette pièce. La plus grande, beau spécimen d'architecture du XVe siècle, est construite en granit très finement
taillé et en pierres de très grand appareil. Elle a 1^m,20 de
profondeur sur 3^m,22 de largeur; son ouverture est de 2^m,15
de haut, et sa hauteur totale, avec sa hotte, est de près de
5 mètres.

Des cordons en saillie forment la décoration en granit.

Postérieurement à sa construction, sa décoration a été aug-
mentée en ajoutant sur la hotte une frise en pierre calcaire,
posée perpendiculairement au sol, qui l'entoure complètement
et semble la balustrade d'une galerie ou d'une tribune dont
le vide est formé par le fuyant de la hotte. Sur la frise

courent des arabesques se composant de rinceaux agencés d'une façon gracieuse et formant treize médaillons dans lesquels sont sculptées des armoiries mi-partie de Brosse, mi-partie d'hermines de Bretagne (1).

Voilà comment ces écussons furent découverts. Vers 1866, un habitant de Boussac, M. Eugène Trébuchet, eut l'idée d'enlever une couche de plâtre qui se trouvait sur la galerie. Il découvrit alors les armoiries, qu'on peut supposer y avoir été cachées jadis pour échapper aux mutilations dont elles auraient pu être victimes au moment de la Révolution (2). C'est ce qui explique que M. Aucapitaine n'en parle pas dans ses notes écrites sur Boussac en 1853 (3).

La petite cheminée, si on peut désigner ainsi celle qui n'a que 1 mètre de profondeur sur 3 mètres de largeur, est également absolument intacte; mais M. Aucapitaine fait une erreur lorsqu'il dit qu'elle est surmontée d'un écusson *aujourd'hui gratté*. Elle n'a, au centre de son fronton, qu'une pierre saillante en forme d'écu, laquelle, à aucune époque, n'a été ornée du moindre signe héraldique.

---

(1) L'alliance d'un membre de la famille de Brosse ayant permis de joindre aux armes de Brosse les hermines de Bretagne est celle de Jean II de Brosse (fils du Maréchal. qui avait reconstruit le château) avec Nicole de Blois, appelée aussi Nicole de Bretagne, comtesse de Penthièvre.

On voit donc que ce n'est que postérieurement à son mariage que Jean II de Brosse a pu accoler les hermines à ses armes, et la décoration en pierre calcaire, ajoutée à la cheminée élevée par son père, indique également que c'est bien à la même époque qu'a été faite celle de la porte de la tour d'entrée et des lucarnes, aussi en pierre calcaire, et exécutée d'une façon similaire à la frise de la cheminée.

Il est à remarquer que seules les armes de Brosse décorent la porte principale.

(2) « De grands seigneurs, au lieu d'effacer leurs armoiries, les ont couvertes de plâtre, se persuadant qu'on les reverrait sans aigreur lorsque le plâtre tombant de vétusté, les laisserait reparaître. » (*Lettre du 20 juillet 1790 de M. Grellet de Beauregard, député de la Marche aux États généraux, au marquis de la Celle. — Bulletin de la Société des Sciences naturelles et archéologiques de la Creuse*, t. VII (2e série), p. 90.)

(3) M. le docteur Desfosses a bien voulu prendre, spécialement en vue de ce travail sur Boussac, la photographie de la grande cheminée de la salle des Gardes. Nous lui adressons tous nos remerciements.

Les solives du plafond reposent sur deux fortes poutres soutenues par des corbeaux.

En entrant dans la salle, on voit, à gauche, la porte d'une cave. C'est dans les caves du château que, suivant la tradition, histoire ou légende, et nous admettrons volontiers que c'est l'histoire qui parle, c'est dans les caves du château que se trouve l'entrée des souterrains. « De vastes souterrains superposés s'étendent, dit-on, sous la place, écrit M. Aucapitaine. Leur entrée, qui existait dans les rez-de-chaussée du château, est aujourd'hui comblée. » Et il ajoute : « Ainsi que je m'en suis convaincu par la visite des caves du château, elles sont taillées dans le roc vif. L'entrée des souterrains existe dans les fondations mêmes de la tour. Elle est obstruée par des terres qu'il serait facile d'enlever. »

A notre demande de renseignements, tendant à savoir si des fouilles pouvaient être aisément entreprises, M. de Toméï, sous-préfet de Boussac, tout en se mettant fort courtoisement à notre disposition pour faciliter nos recherches, dans la mesure du possible, répondait, le 28 août 1906 : « Des fouilles — tout à fait sommaires, il est vrai — ont été pratiquées il y a une dizaine d'années, elles n'ont donné aucun résultat. »

Nous n'en persistons pas moins dans notre conviction sur l'existence de ces souterrains qui devaient faire partie du système de défense d'une construction aussi exclusivement militaire que celle qui nous occupe en ce moment, et nous inclinerions à penser qu'ils se dirigeaient vers le fond du jardin des gendarmes pour aboutir à une tour de défense encore debout. C'eût été, en cas de siège du château, un moyen de communication avec l'extérieur et surtout la possibilité d'accéder au cours d'eau qui se trouve à peu de distance.

Mais revenons à la salle des Gardes. Toujours à gauche et au fond, existe une pièce voûtée en plein cintre, éclairée par une meurtrière et par une petite croisée grillée; dans cette pièce se trouve une porte légèrement cintrée et murée, dont les pierres de taille sont très apparentes.

Enfin, à droite et au fond de la salle des Gardes, une porte basse conduit dans une autre petite chambre à voûte ogivale, dont la fenêtre est placée sous l'unique balcon du château.

Peut-être était-ce là que se tenait le chef, l'officier des gardes..... Elle communique avec un caveau contenant un trou béant et maçonné qui s'ouvre sur le précipice. Nous en donnons plus loin l'explication nous semblant la plus plausible.

Nous n'insisterons ni sur l'immense cuisine, ni sur une autre pièce du rez-de-chaussée qui n'ont de remarquable que leurs cheminées et leurs croisées à meneaux.

Par le large escalier de la tour octogonale de l'entrée, on arrive à l'étage du grand salon de la sous-préfecture. Il est moderne et orné de tapisseries d'Aubusson, modernes aussi. Elles ont remplacé la « Dame à la Licorne ». Les boiseries sont Louis XV.

Malgré ces modifications, l'esprit du visiteur se reporte volontiers à quelques siècles en arrière, dans ces vastes salles évocatrices du temps passé :

> Dans l'immense salon, dans le coin le plus sombre
> Où jadis à genoux et lui parlant dans l'ombre,
> Quelque page amoureux, à sa jeune beauté,
> Donnait son cœur tremblant et sa virginité,
> Belle comme une sainte au doux profil gothique
> Qu'on dirait descendue de son cadre biblique,
> La Dame semble encor rêveuse au clavecin
> Et sa voix en chantant fait palpiter son sein.
> Sous ses doigts l'harmonie emplit la vaste salle
> Et l'ombre qui descend et ternit son front pâle
> Paraît grandir encore, et ses accords toujours
> Chantent les lieds ardents des anciens troubadours (1).....

Dans l'épaisseur des murs de la fenêtre du salon, un passage conduit à la chambre qu'occupa George Sand. Elle possède le balcon que nous avons déjà mentionné et auquel on accède par une large porte-fenêtre. Il n'a été établi que bien postérieurement à la construction primitive; la grille en fer

(1) *Le Vieux Château*, poésie de Georges Hiver.

Vue prise aux pierres Jomâthres.

forgé qui l'entoure est assez artistique et du pur style de
l'époque Louis XV. On a appuyé sur deux corbeaux en
pierre, placés dans la muraille, une seule pierre plate de
granit, d'assez grande dimension, qui est soutenue en outre
par une barre de fer posée en triangle et scellée dans le mur.
La largeur du balcon est quelque peu supérieure à celle de la
porte-fenêtre qui lui donne accès et son avancement ne dépasse pas 0ᵐ,60. On surplombe de là un vide d'environ
150 pieds et, bien que garanti.par la haute balustrade en fer,
on ne peut s'empêcher d'éprouver la sensation du vertige. La
vue, assez étendue, est très pittoresque : au premier plan, le
village de Gouby, également bâti sur des rochers escarpés, et,
à plus grande distance, la montagne de Toulx-Sainte-Croix
et les pierres Jomâthres dont on distingue, à l'œil nu, les
énormes menhirs (1).

De l'autre côté du salon se trouvent des pièces séparées par
un mur d'intérieur épais de 2 mètres environ.

Le château contient, en outre, les logements de la gendarmerie, les bureaux de la sous-préfecture et des greniers dont
la charpente en forme de vaisseau renversé est des plus
remarquables.

La vue du château de Boussac a été si souvent reproduite
par la gravure, la photographie et, en ces temps derniers,
par la carte postale, qu'il semble inutile d'insister davantage.
L'illustration placée ici en donnera une idée bien plus nette

(1) « Par sa proximité de la ville celtique de « Toull », l'énorme en-
tassement de pierres, nommées les « pierres Jomàthres », qui recouvre
le mont Barlot a été longtemps considéré comme le lieu des sacrifices
de ses habitants. Rien, cependant, ne confirme cette opinion. Ces pierres,
d'un granit à gros grain assez tendre, ont aisément cédé aux agents
atmosphériques, et l'on a pris, un peu légèrement, pour des bassins et
des déversoirs une dégradation toute naturelle. Loin d'avoir été trans-
portées à mains d'hommes, les pierres Jomâthres, ainsi que celles qu'on
désigne sous le nom d'Epnell, de Louvrières et de Châlons, paraissent
faire partie d'une vaste traînée dont la direction serait de l'est à l'ouest
environ, et, là où l'on aurait cru reconnaître l'empreinte de la main
puissante des vieux Gaulois, on ne trouve plus que les effets d'un phé-
nomène alluvien. » (La Thaumassière.) On trouve le nom des pierres
Jomâthres écrit de différentes façons.

et bien plus précise qu'une longue description et il suffira de
s'arrêter uniquement sur certains détails intéressants qui
méritent une étude spéciale.

FAÇADE SUR LA RIVIÈRE.

Les murs du château sont établis sur des rochers à pic,
d'une hauteur de plus de 30 mètres et ne formant qu'une
saillie insignifiante, même nulle à certains endroits.

En se plaçant en face du château, sur la route qui conduit
à la ville, après le vieux pont qui existe encore, on remarque,
en partant de gauche, une petite tour ronde contenant le
troisième escalier, et, la touchant complètement, une petite
tour carrée, puis, à intervalles irréguliers, deux tours carrées
et enfin la grosse tour ronde qui termine le château du côté
de la ville. Cette dernière est d'une construction bien plus
ancienne que les autres bâtiments et, seule, nous l'avons déjà
fait remarquer, elle a conservé quelques mâchicoulis.

La saillie de ces diverses tours, sauf celle-ci, est très peu
considérable, ce qui s'explique facilement en raison de la
difficulté d'en établir de notables sur des rochers à pic présen-
tant une arête à peu près droite. La façade apparaît donc
presque plate.

A l'angle de la petite tour, du côté opposé à la ville, se
trouve une échauguette dont le sommet n'est que très peu
inférieur à la toiture du bâtiment.

Au premier étage de la tour carrée du milieu, on voit
le balcon de la chambre de George Sand.

A l'exception des deux fenêtres de la salle des Gardes, des
pièces qui font suite et de la porte-fenêtre du balcon, toutes
les ouvertures anciennes sont de petites dimensions (1); nous
disons ouvertures anciennes, car, pour éclairer les appartements de la sous-préfecture et les logements des gendarmes,
on a ouvert, sans symétrie, de nombreuses fenêtres d'inégale

____

(1) Les traces des grillages enlevés à plusieurs fenêtres sont encore
visibles dans le mur.

Le Château de Boussac. — Façade sur la rivière.

Dessin à la plume de M. de Fourémis.

grandeur qui sont aussi disgracieuses qu'on peut le désirer
et déshonorent la vieille et sévère façade du xvᵉ siècle.

A trois endroits de cette façade, et presque à hauteur du
rocher, existent trois ouvertures d'environ 0ᵐ,70 de large sur
1ᵐ,80 de haut, communiquant dans le château. La communication, pour l'une d'elles, s'ouvre à l'intérieur, à environ
0ᵐ,70 au-dessus du sol du caveau que nous avons décrit plus
haut (1). La pente est très rapide et nous n'avons trouvé
aucune trace de marches ni d'escalier. Quant à la seconde,
elle communique avec la porte masquée par la maçonnerie
qui mure une fenêtre de la salle des Gardes. La troisième
ouverture est au-dessous de la petite tour ronde.

Quelle était la destination de ces étroits passages et de ces
baies?

La légende en a fait des oubliettes. Le condamné, engagé
dans le couloir incliné où rien ne pouvait l'aider à se retenir,
glissait et tombait à 40 mètres de profondeur dans la rivière,
le corps brisé sur les aspérités des rocs.....

Nous nous contenterons de donner deux autres explications,
laissant à un plus érudit le soin de déterminer sûrement ce
qu'étaient ces ouvertures :

1° Sont-ce les issues de poternes s'ouvrant sur un chemin
de ronde, construit en charpente ou en maçonnerie, qu'il
était assez aisé d'établir en se servant des anfractuosités du
rocher, chemin de ronde mettant en communication, surtout
pendant un siège, les différentes parties du château du côté
où les assiégeants ne pouvaient faire aucun de leurs travaux
d'approche?

2° Ou bien encore, pour défendre l'escalade par des échelles,
le château étant à peu près dépourvu de mâchicoulis, avait-
on établi, à hauteur même des rochers, des *hourds* auxquels
on pouvait ainsi arriver à travers la muraille? Ce genre de
fortification, qui a été en grand usage et subsistait encore

---

(1) Caveau attenant à la chambre à voûte ogivale dont la fenêtre est
placée sous l'unique balcon du château.

au XVe et au XVIe siècle, consistait en une galerie en charpente posée en encorbellement au sommet des tours, des parapets, des courtines, etc..... La plupart des hourds étaient en charpente et mobiles, on les posait et on les enlevait à volonté. La charpente, à la fois très simple et très solide, avait pour point d'appui des consoles en pierres, ou en bois, que les aspérités du rocher auraient avantageusement remplacées au château de Boussac.

Dès le XIVe siècle, on commença à remplacer les hourds par des mâchicoulis dont le but était le même : permettre de lancer sur l'assaillant des projectiles pouvant ricocher, décrire des courbes et atteindre des assiégeants même placés à une certaine distance. Une échelle était placée dans le passage étroit pour descendre sur les hourds, et la pente rapide du couloir faisait glisser, de l'intérieur du château sur la galerie de défense, les projectiles destinés à être ensuite lancés sur l'ennemi.

FAÇADE SUR LA PLACE,

dite de nos jours

LA COUR DU CHATEAU.

En se plaçant de face et en partant également de gauche, on remarque en saillie : 1° une grosse tour ronde qui sert d'entrée à la gendarmerie et contient son escalier (1), puis la rotonde octogonale, dont cinq côtés seulement sont apparents, qui renferme le grand escalier, conduit aux appartements de la sous-préfecture et dans laquelle se trouvait l'entrée principale ou l'entrée d'honneur du château. Elle est construite en pierres de taille d'un granit très fin et d'un même appareil.

Postérieurement à sa construction et à une époque que nous avons à peu près précisée, on a trouvé que les moulures unies de la porte étaient trop simples et on a ajouté une décoration en pierre calcaire blanche. Pour ce faire, on a taillé dans le granit un assez large espace dont la profondeur ne dépasse

____

(1) Autrefois, sans doute, l'escalier des gardes. Sa porte est la seule ouverture entièrement ogivale. Les autres ouvertures ont l'ogive figurée par un fronton en granit.

Le Château de Boussac. — Façade sur la cour du Château.

pas 0^m,10, et on y a incrusté et scellé des pinacles, des fleurons et des panaches de style gothique flamboyant.

Le temps, qui ne peut rien sur le granit, a détruit peu à peu une partie des fleurons qui se trouvaient à droite de l'ogive de la porte, en entrant, et il est facile de reconnaître l'espace enlevé à grands coups de marteau, de pic et de ciseau. Une partie de la pierre qui supporte la première assise du fronton a été aussi entaillée pour recevoir la base d'un pinacle.

Aux ouvertures des lucarnes, on a également incrusté, dans le granit, des faisceaux de prismes se terminant en pyramides, sculptés sur pierre calcaire, et nous trouvons également cette *surdécoration* sur la grande cheminée de la salle des Gardes, qui indique, par ses motifs de sculpture, vers quelle époque elle a dû être faite.

On remarque également sur cette façade deux lignes de corbeaux ayant servi de supports à des galeries pour assurer les communications à l'extérieur du château (1). La trace de la galerie supérieure est encore très visible sur le mur lui-même, dont la couleur de crépi n'est pas semblable au reste.

Quelques-uns de ces corbeaux sont décorés de figures d'hommes et d'animaux, ce qui indique qu'ils seraient antérieurs au xiie siècle et permet d'affirmer qu'ils provenaient de bâtiments de la même époque, détruits, et qu'ils avaient été conservés lors de la restauration faite au xve siècle.

Les corbeaux que l'on voit encore contre les murs de cette façade, le nombre d'ouvertures murées et les fenêtres modernes disent clairement combien de mutilations elle a subies. Néanmoins, outre la porte d'entrée et les quatre fenêtres qui éclairent la tour octogonale, outre la porte de la salle des Gardes, on doit remarquer aussi la fenêtre qui se trouve à peu près au-dessus de cette dernière et la porte de la tour de la gendarmerie, qui ont conservé leur caractère.

(1) Charles de Luxembourg, mort en 1553, avait épousé Claudine de Foix. Pour ce mariage, de grandes fêtes et un superbe carrousel furent donnés à Boussac ; mais ces fêtes se terminèrent lugubrement : les galeries du château s'effondrèrent sous le poids des nombreux spectateurs, et le nombre des victimes fut considérable. (Voir chapitre II.)

Quant aux quatre grandes lucarnes à meneaux en croix
et à frontons triangulaires de la toiture, elles se rattachent,
par leur décoration rapportée suivant le style flamboyant
renversé et leurs colonnettes dont une seule reste entière,
au style gothique à son déclin complet; elles sont du reste,
nous l'avons expliqué plus haut, d'une époque plus ancienne
que cette décoration, et, sur la façade opposée, on peut voir
une lucarne identique à laquelle on n'a jamais ajouté aucun
ornement.

La muraille qui, sur la topographie de 1656, formait le
contrefort de gauche du gros donjon laisse des traces apparentes contre les murs du château qui portent encore les
marques d'anciennes cheminées (des montants entiers), à la
place desquelles on a percé des fenêtres. Enfin, des portes de
communication, supprimées à la tour de l'escalier de la gendarmerie, montrent, d'une façon nette, l'emplacement du
donjon.

Dans la cour, se trouvent deux puits.

En face du château, à petite distance de la tour octogonale, on voit un massif de vieilles murailles couvrant quelques mètres carrés de superficie et n'ayant pas moins de
3 mètres de hauteur, sorte de cave, de couloir ou de profonde
porte voûtée en plein cintre, n'ayant d'autre toiture que les
puissantes pierres de la voûte, des débris de ciment et de
mortier, le sable et la terre qu'y transporte le vent et que,
chaque année, le printemps reverdit d'une végétation éphé-
mère. Ces vieux murs et cette épaisse voûte romane, que ni
la pluie, la neige, ni les intempéries des saisons, ni la pioche
des démolisseurs n'ont pu détruire, en raison de leur robuste
constitution, sont tout ce qui reste de la première construction..... C'est, dit-on dans le pays, la porte d'entrée de l'ancienne forteresse, et nous sommes tout disposés à accepter
cette tradition.

Ce n'est qu'après l'édification des murs et des fortifications
de la cité qu'on a pratiqué une entrée du château du côté de

La porte d'entrée du château de Boussac.

Cliché de M. le docteur Desfosses.

la ville, en coupant les murailles fortifiées qui se trouvaient
de ce côté. Cette coupure est très visible sur les gravures de
1656. Plus tard, et presque sûrement sous Louis XV, on a
établi une nouvelle communication, en élevant un portail,
avec voûte sur pilastres, qui se trouve à une extrémité de la
cour, près du bosquet.

Avant ces communications, on aboutissait au manoir d'un
seul côté, par un chemin assez rapide taillé dans les rochers,
parfois en encorbellement sur le précipice et se trouvant en
angle droit avec les bâtiments actuels. Ce chemin, avant d'arriver au château, était protégé par une tour ronde de grand
diamètre, qui n'avait, ouvrant sur lui, ni baie, ni poterne. La
tour existe dans le jardin des gendarmes. Les mâchicoulis
ont été enlevés et, sur son mur très épais, on a surélevé,
mais avec une maçonnerie plus mince, et en retrait, un logis
avec cheminée et grandes ouvertures. Ce logis semble, du
reste, n'avoir jamais été terminé, sa construction ne remonte
pas au delà du xviiie siècle, il est à peu près en ruines et il
n'a plus aucune trace de toiture (1).

Il reste une dernière remarque à faire. Nous avons déjà
dit que la main des hommes, plus que le temps encore, avait
détruit et défiguré le vieux monument du xve siècle. En voilà
encore une preuve, s'il est nécessaire.

Lorsqu'on a voulu établir une cour, devant le château, sur
l'emplacement du donjon, de la chapelle et des logis disparus, on a tellement élevé le sol que, pour entrer dans la
belle salle des Gardes, il faut descendre comme pour arriver
dans une cave, et qu'au lieu de l'élégante entrée de la tour
octogonale, qui devait être élevée sur trois marches au
moins, on arrive de plain-pied à la hauteur du premier degré
de l'escalier intérieur..... On a enfoui le château (2)!

____

(1) Voir l'illustration, chapitre Ier.

(2) L'action bien connue du temps produit souvent ces mêmes en-
fouissements; ainsi, les Thermes de Julien sont maintenant en contre-
bas de un mètre du boulevard Saint-Michel, tandis qu'autrefois ils étaient
de plain-pied avec les terrains avoisinants.

Certes, on doit se hâter de le reconnaître, la faute n'en revient aucunement à ceux qui furent chargés de faire exécuter ces travaux, pas plus qu'à l'administration de la ville, mais bien à ce nerf de la guerre, à l'argent, qui manqua souvent au moment voulu, paralysant ainsi les bonnes volontés. De même que Boussac dut maintes fois, pour l'entretien de son château, faire passer l'indispensable avant toute autre considération, de même, alors, on fut sans doute obligé de reculer devant les frais qu'eussent entraînés ces matériaux considérables transportés en dehors de l'emplacement même des démolitions.

Quoi qu'il en soit, le sol de la place est surélevé de plus d'un mètre qu'il ne le faudrait. Ne nous en plaignons pas, car ce qui est désastreux au point de vue artistique a pour résultat de laisser intactes les premières assises de construction que, bien sûrement un jour, quelque érudit administrateur de la ville fera chercher et trouvera facilement en déblayant la place. En faisant disparaître ces remblais, il redonnera au château son air monumental et enlèvera aux entrées leur aspect de portes de caves.

Le déblaiement de la cour s'impose donc au point de vue de l'art. Il resterait alors, comme restauration urgente, à surélever quelque peu la belle tourelle octogonale en lui ajoutant la toiture élégante qu'elle a perdue, puis à reconstruire sur le haut de la vieille et grosse tour ronde les mâchicoulis en partie détruits; enfin, on rendrait aussi à la tour de la gendarmerie son toit qui a été abattu, et la façade du château serait alors celle que lui avait donnée le maréchal de Boussac. L'archéologue, l'amateur ou le touriste seraient émerveillés de retrouver, sur le même plan et artistement accolées, l'imposante et lourde tour de défense du XIᵉ ou du XIIᵉ siècle et les sévères et harmonieuses lignes des constructions du XVᵉ, et, en face, les restes du vieux donjon, passage voûté ou porte de l'immense citadelle, dont les premières assises remontent à l'époque de l'invasion romaine et que l'on doit conserver avec un soin jaloux.

Boussac aurait alors un ensemble de vieux monuments, nous n'oserions pas dire unique en France, mais bien rare à trouver ailleurs..... Il ne nous reste qu'à souhaiter une prochaine réalisation des travaux, qui, habilement conduits, seraient certainement moins dispendieux et d'une durée bien moins longue qu'on ne le supposerait tout d'abord. Espérons que les habitants de Boussac comprendront quel intérêt artistique présenterait alors leur remarquable château.

CHAPITRE V

LES TAPISSERIES DU CHATEAU DE BOUSSAC

(actuellement au Musée de Cluny).

LA « DAME A LA LICORNE ». — LE PRINCE ZIZIM.

Cyprien Pérathon, l'érudit auteur de l'*Histoire d'Aubusson* (Limoges, Ducourtieux, éditeur, 1886), donne les détails les plus circonstanciés et les plus intéressants sur l'origine de la fabrication des tapis à Aubusson et le développement progressif des célèbres manufactures connues depuis des siècles dans le monde entier. Nous résumerons quelques-uns de ces documents.

Laboreys de Châteaufavier, né en 1748, inspecteur des manufactures d'Aubusson et de Felletin, écrivait en 1780 : « D'après un ancien mémoire, ces manufactures doivent leur naissance aux Sarrasins, qui, répandus vers l'an 730 dans la Marche, donnèrent à ses habitants naturels les premiers éléments de l'art de fabriquer les tapis..... Un vicomte de la Marche, après l'expulsion des Sarrasins des Gaules, fit venir à ses frais les meilleurs ouvriers tapissiers de Flandre et les établit à Aubusson pour perfectionner la fabrication des tapisseries alors dans son berceau, etc..... » (*Encyclopédie méthodique, manufactures et arts.* Paris, 1784, tome II.)

Joullieton, dans l'*Histoire de la Marche*, admet cette tradition, et elle a pris place dans les écrits de tous les auteurs spécialistes contemporains.

Les manufactures de tapis prirent un essor considérable vers 1340, après l'interdiction par le roi d'Angleterre, Edouard III, de l'exportation des laines anglaises et de l'importation des tissus de Flandre dans son royaume. Bien des

tisseurs flamands émigrèrent, les uns en Angleterre et d'autres
à Aubusson, attirés par le comte de la Marche, Louis de
France, petit-fils de saint Louis, qui encouragea grandement
l'industrie d'Aubusson.

A ces renseignements de M. Pérathon, nous pouvons
ajouter que le musée de Guéret possède certainement l'un
des plus anciens spécimens des œuvres sorties des ateliers
d'Aubusson. C'est un fragment de tapisserie, dite sarrasi-
noise (n° 1 du catalogue du musée), trouvée, en 1860, dans
une des plus anciennes maisons d'Aubusson. C'est un ouvrage de style très ancien, dont la date exacte est indétermi-
nable, mais qui, certainement, est antérieure au xv° siècle.

Le Musée d'art et d'industrie de Lyon a un panneau de
tapisserie d'Aubusson, de la fin du xv° siècle, représentant
l'adoration des rois mages.

Les manufactures d'Aubusson étaient donc, à cette époque,
en pleine activité; elles fabriquaient la tapisserie de haute et
de basse lice, préférant cependant le métier de basse lice
comme procédé plus rapide. Du reste, la tapisserie étant
tissée, il n'est guère possible de distinguer les deux modes
de travail.

La série des tapisseries de Boussac, dites de « LA DAME A
LA LICORNE », actuellement au Musée de Cluny, qui les a
achetées 25,500 francs à la ville de Boussac, en 1882 (1), se
compose de six panneaux. La suite en comportait un plus
grand nombre.

Lorsque, antérieurement à l'acquisition faite par le musée,
un amateur, bien connu, entra en négociations pour l'achat
des tapisseries, on fit des recherches, dans les greniers et
dans les combles de l'hôtel de ville et du château de Boussac,
dans l'espoir de découvrir quelques fragments d'autres panneaux. Les recherches furent infructueuses et on ne trouva
que des débris informes, inutilisables. De vieux habitants
de la ville se souvenaient que des morceaux de tapisseries
avaient servi autrefois de tapis de pieds sous les tables de tra-

____

(1) Voir chapitre Ier.

vail des employés ; ils se souvenaient aussi qu'à une époque qui remonte à la première moitié du XIXe siècle, pendant la saison d'hiver, un sous-préfet fut obligé de faire le déménagement de quelques meubles personnels qu'il avait apportés à la sous-préfecture. Le déménagement fut fait sur une charrette à deux roues non suspendue, et, pour protéger son piano contre la neige et la pluie, et surtout contre les heurts et les secousses de la voiture, on le couvrit et on le cala avec des fragments et des débris de tapisseries trouvés dans les combles du château et que la dent des rongeurs n'avait pas encore détruits.

La légende que ces tapisseries auraient été fabriquées en Orient et portées à Bourganeuf dans les trésors de Zizim est reconnue complètement fausse. Les tapisseries sont françaises. Une inscription en caractères gothiques, sur l'une d'elles : « A mon seul désir », ne peut laisser aucun doute, et enfin elles sortent des ateliers d'Aubusson, ce qui n'est même plus discuté aujourd'hui. « Cette tenture semble avoir été exécutée à Aubusson dans la seconde moitié du XVe siècle ; on remarque la noblesse de la conception, l'élégance des figures, si éloignée de la lourdeur flamande », écrit M. Eugène Muntz dans la *Renaissance en Italie à l'époque de Charles VIII*.

M. Pérathon, dans un article publié dans le volume XII des *Mémoires de la Société des Sciences naturelles et archéologiques de la Creuse*, 1900, ajoute à cette citation : « Plusieurs critiques d'art partagent cette opinion conforme à la tradition locale, qui se trouve corroborée par une remarque que nous avons faite lorsque la municipalité de Boussac envoya deux de ces panneaux à Aubusson pour être réparés. Nous vîmes alors ces pièces sur le métier et nous pûmes constater que la chaîne de ces tapisseries était de laine, suivant l'usage des anciennes fabriques de la Marche, tandis que les Flamands employaient de préférence le chanvre ou le lin pour la chaîne de leurs ouvrages. »

M. Grellet, de la manufacture Jorrand, qui avait également vu, lors de leur restauration à Aubusson, les panneaux de Boussac, estime, nous a-t-on dit, qu'il avait reconnu la chaîne presque spéciale d'Aubusson et que le mode de fabrication

ne lui laissait aucun doute sur leur provenance. Il ajoutait
que les tapisseries n'étaient pas très fines et qu'elles étaient
beaucoup inférieures, sous ce dernier rapport, à une tapisserie, également d'Aubusson, du xviie siècle, « Le Martyre de
sainte Barbe », no 8 du catalogue, que possède le musée de
Guéret, qu'il considère comme une des plus belles œuvres
sorties des ateliers d'Aubusson.

Mentionnons, ainsi que le faisait remarquer en 1883 le
Figaro, que les tapisseries de la *Dame à la Licorne* sont,
comme on dirait aujourd'hui, laïques. Elles nous montrent
la vie d'une dame au château et non celles des saints ou des
martyrs. Le cas de ces tapisseries *civiles* au xve siècle devait être fort rare, si l'on en juge par celles qui sont parve-
nues jusqu'à nous.

Voici dans quel ordre elles sont rangées au Musée de
Cluny, dans la salle des Émaux, sous le titre de : *L'Art
français au XVe siècle :*

Ier panneau. — La dame tient une sorte d'oiseau de proie
sur le poing gauche, elle plonge la main droite dans une
coupe remplie de grains que lui présente la suivante. Il
semble que ce soit le moment du départ pour la chasse. La
licorne piaffe comme un cheval qui attend avec impatience
le moment de partir au galop.

IIe panneau. — La suivante tient un panier de fleurs et la
dame tresse une guirlande. Elle n'a pas de manteau à sa
robe et son corsage l'étreint comme une cuirasse.

IIIe panneau. — La dame joue de l'orgue (1) et sa suivante
souffle dans l'instrument. Son costume est merveilleux et le
tapis sur lequel est placé l'orgue donne une gamme de magnifiques couleurs. Les toilettes, dans tous leurs détails, celle
de la princesse et celle de la suivante, l'une d'une grande
richesse, l'autre d'une simplicité voulue, ont des lignes véritablement artistiques. La différence apparaît également voulue dans les coiffures.

IVe panneau. — La dame serre ses bijoux dans une cassette que lui présente la jeune suivante.

____

(1) Ce sont des orgues portatives.

Cliché de M. le docteur Desfosses

D'après la planche en couleurs de l'ouvrage : « Histoire de la Tapisserie », par Jules Guiffrey,
édité par la maison Alfred Mame et fils, à Tours, en 1886.

Ve panneau. — La dame tient sa bannière et caresse sa licorne.

VIe panneau. — La dame fait mirer sa licorne dans un miroir.

Les Tapisseries du château de Boussac (*suite*).

Chronique historique du prince Zizim.

Pour essayer une explication des fameuses tapisseries, il est indispensable d'étudier la vie et les aventures de Zizim.

Une chronique historique très documentée, publiée en 1838 dans la *Mosaïque du Midi* (1), pages 47 et suivantes, dans laquelle nous puiserons largement, nous fournit d'intéressants renseignements.

Pierre d'Aubusson (2) eut à soutenir dans Rhodes, contre les généraux de Mahomet, un des sièges les plus mémorables que l'histoire moderne ait inscrit dans ses fastes.

Les forces de l'Empire ottoman vinrent se briser contre le rocher de Rhodes. Pierre d'Aubusson, qui avait reçu cinq grandes blessures, continua néanmoins à commander et à combattre jusqu'au bout, et eut la gloire d'arrêter la puissance musulmane. C'est le 27 juillet 1480 qu'eut lieu la grande victoire qui mit fin au siège de Rhodes.

A la mort de Mahomet II, en 1481, la couronne revint à son fils aîné, Bajazet II; mais son fils cadet, Zizim (3), né en 1459, jeune, ambitieux et hardi, eut assez d'influence pour gagner les troupes de l'Asie Mineure et, pendant l'ab-

(1) Recueil de vieilles chroniques et de légendes historiques du Midi et du centre de la France, publié à Toulouse.

(2) Pierre d'Aubusson, surnommé le *Bouclier de l'Eglise*, élu grand-maître en 1474. On cite, après lui, Guy de Blanchefort, son neveu, élu grand-maître en 1512; Jean Levêque de la Cassière, élu en 1572, et auquel succéda Hugues de Verdalle, de l'illustre maison de Loubens de Verdalle, qui compte actuellement plusieurs représentants dans la Creuse.

(3) Il avait pour nom Zeni oa Zem, que les chrétiens transformèrent en celui de Zizim ou Zizime.

sence de son frère, qui faisait son pèlerinage à la Mecque,
pour se faire couronner empereur dans la ville de Pruse.

La guerre éclata entre les deux frères et dura plus de deux
années. Après de nombreux échecs sur les champs de bataille, Zizim, ayant perdu tout espoir de trouver un asile sûr
parmi les siens, se souvint des chevaliers et du grand-maître
de Rhodes dont il avait entendu vanter le courage et la grandeur d'âme par les vieux soldats de son père. Il résolut
d'aller lui confier sa tête et les débris de sa grande fortune,
certain qu'il était de trouver chez les chrétiens un refuge
assuré où la vengeance d'un frère ne pourrait l'atteindre.

Il débarqua à Rhodes, où Pierre d'Aubusson accorda une
noble hospitalité au fils de son plus grand ennemi.

Cependant, la haine de Bajazet voulut poursuivre Zizim
dans son nouvel asile, et une flotte se préparait à faire de
nouveau le siège de Rhodes. Pierre d'Aubusson ne voulut
pas laisser attaquer l'île une seconde fois ni exposer Zizim
à être fait prisonnier. Il fit partir le prince pour la France, où
il lui offrit pour demeure son château d'Aubusson.

Après être demeuré, suivant Méry (1), quelque temps à
Sassenage, où il composa un grand nombre de vers en l'honneur « d'une dame de haut renom » qui serait la propre fille du
baron de Sassenage et à laquelle il aurait proposé de l'épouser et de se faire chrétien (2), Zizim arriva avec ses trésors,
ses femmes et quelques compagnons d'infortune, un iman,
deux agas, ses frères d'armes, etc..... Lorsqu'il vit le châ-

---

(1) *Constantinople et la mer Noire.*

(2) Elle se prénommait Philippe-Hélène, était fille du baron de Sassenage (en Dauphiné), qui fut chambellan de Louis XI et son premier
écuyer, et de Jeanne de Commiers, dame d'honneur de la reine de
Savoie. Elle naquit probablement vers 1460 et mourut le 6 août 1533.
« Zizim, qui s'était jeté entre les bras du grand-maître de Rhodes,
après la perte d'une bataille, devint si passionnément amoureux d'elle
qu'il proposa de l'épouser et de se faire chrétien, pour la mériter par
cette preuve de sa passion. » (Moreri.)
Il est à remarquer que, dans ses multiples aventures, Zizim montra
généralement plus de fidélité à la foi de ses pères.
Philippe-Hélène de Sassenage épousa : 1º en 1484, Haymar, seigneur
de Bressieu ; 2º Hugues de Luiricu, seigneur de La Veillière ; 3º Jacques
de Montbel, comte d'Entremonts.

teau d'Aubusson, ses hautes tours, ses murs noirs en granit
et sans ornements, le ciel triste et brumeux au lieu de la
grande lumière et du ciel d'Orient, il considéra avec déses-
poir le séjour âpre et sauvage où il devait ensevelir l'ambition, les amours et les rêves qui dévoraient sa jeunesse. Il ne
lui restait, pour le consoler, que l'amour profond et partagé
qu'avait pour lui une jeune Grecque, la belle ALMÉÏDA, qui,
après l'avoir suivi sur les champs de bataille et lui avoir
voué ses forces et sa vie pour l'aider à conquérir la couronne,
partageait sa captivité.

L'auteur de la chronique prête à la dévouée Alméïda les
paroles suivantes, à un moment où le prince, complètement
découragé, en était arrivé à douter même de son amour :
« *Les douces plaines de Montgery et le beau soleil de la Grèce, je
les retrouverai toujours dans tes yeux, ô mon maître, tant que
tu daigneras jeter un regard de bonté sur ton esclave ; tu es ma
patrie, tu es mon Dieu.* »

Zizim ne resta que peu de temps au château d'Aubusson ;
après un séjour de quarante jours, dit la chronique, d'après
le P. Bonaventure de Saint-Amable (t. III, p. 727), les chevaliers de Blanchefort (1) et de Rochechouart le menèrent à
Bourganeuf, dans la demeure des grands-prieurs d'Auvergne,
où les chevaliers de la commanderie le traitaient avec les
égards dus à son infortune et à son rang.

Méry donne les mêmes détails et ajoute : « Zizim se réfu-
gia d'abord en Egypte et fit son pèlerinage à la Mecque. Ce
pieux devoir rempli, il écrivit une épitre, en vers, à son frère
pour le prier de lui accorder une faible portion de souverai-
neté en Orient. Bajazet répondit, en vers, par une épigramme
ironique : « Pèlerin de la Mecque, lui disait-il, tu dois oublier

---

(1) Guy de Blanchefort, dont la mère, Suzanne d'Aubusson, était sœur
du grand-maître de Rhodes, naquit au château de Boislamy (Creuse)
vers 1440. Elu grand-prieur d'Auvergne pour l'ordre de Saint-Jean de
Jérusalem en 1494, il résida souvent à Bourganeuf. Il s'y trouvait lorsqu'il reçut la nouvelle qu'il était élu grand-maître de Rhodes en 1512,
en remplacement de son oncle. Aussitôt, il se rendit à Nice pour s'em-
barquer, mais il tomba malade en route et mourut dans l'île de Prodane,
près de celle de Zante, le 24 novembre 1512.

« les biens de la terre et ne songer qu'au ciel. » Le pauvre
exilé riposta par une élégie dans laquelle il disait à son frère
qu'il était fort aisé, quand on se couchait sur des roses, de
donner de bons conseils aux malheureux étendus sur les
épines..... Cet échange fraternel de poésies n'eut pas d'autres
résultats. »

Pendant qu'il était à Bourganeuf, Zizim fit construire,
dit-on, une tour qui existe encore et qui porte son nom, et des
bains; il créa, pour la belle Alméïda et pour lui-même, une
luxueuse installation. C'est certainement à cette époque qu'il
fit exécuter les célèbres tapisseries par les artistes d'Aubusson, dont il avait pu, pendant son court séjour au château,
admirer les chefs-d'œuvre qui rappelaient à son souvenir
les éclatants tapis d'Orient.

Dans une étude sur Zizim à Bourganeuf, publiée en 1892 (1),
l'auteur, l'érudit abbé Arbellot, a relevé, d'après l'historien
turc Saad-Eddin, les divers châteaux de la Marche qui furent
habités par Zizim : au mois de décembre 1483, il vint une
première fois à *Borgolou* (Bourganeuf); deux mois après, il
s'installe à *Montele* (Monteil-le-Vicomte), puis à *Mouretel*
(Morterolles); en juin 1484, à *Bocalamik* (Boislamy), où il
reste deux ans; et, en juin 1486, il revient à Bourganeuf. Il
ne parle pas du séjour à Aubusson, indiqué par la chronique
de la *Mosaïque du Midi,* d'après le P. Bonaventure de Saint-
Amable, séjour fort court qui n'aurait duré que quarante
jours. Zizim a-t-il séjourné au château d'Aubusson ? N'a-t-il
fait qu'y passer? Il importe peu à la légende..... puis, avec
des déplacements aussi nombreux, où n'est-il pas allé !

Quoi qu'il en soit, pendant qu'il était à Bourganeuf, au
cours d'une grande chasse, Zizim fit la rencontre d'une jeune
fille dont M. de La Touche nous a révélé le nom et qui serait
Marie de Blanchefort, nièce de Pierre d'Aubusson.

On avait raconté à Marie les malheurs de Zizim et, lorsqu'il passait, elle aimait à contempler ce jeune prince, grave
et morne, sur un cheval lancé à toute vitesse. Une grande

____

(1) *Bulletin archéologique du Limousin,* t. II, p. 11.

intimité s'établit entre eux, et il existe deux légendes sur le caractère de leurs relations : la première, partagée par George Sand, ainsi que nous l'expliquerons, c'est que Marie n'entra en relations avec Zizim que sur l'ordre et les conseils de son oncle, pour le convertir au christianisme ; la seconde, que, peu à peu, Marie de Blanchefort partagea l'amour qu'elle avait inspiré à Zizim, qui était poète, prince et prince charmant, d'après la chronique (1), et devint la rivale de la belle Alméïda.

Un drame épouvantable de jalousie vient confirmer cette légende :

Alméïda voulut faire disparaître sa rivale et lui fit boire un breuvage empoisonné. Dès que Marie eut rendu le dernier soupir, la belle Grecque se présenta devant Zizim et se vanta de son crime qui avait pour cause sa passion profonde pour le prince et la crainte que l'amour de Marie ne lui fît oublier son but unique : la conquête de la couronne.

Au moment de cet aveu, Zizim se souvint qu'Alméïda n'était que son esclave, et, s'adressant à un homme de sa suite : « Je te la vends, dit-il ; donne-moi une tresse des cheveux de Marie et cette esclave est à toi. »

La malheureuse ne supporta pas un coup aussi terrible, elle n'existait que pour Zizim ; le perdant, elle n'avait plus de raison de vivre, et, pendant la nuit qui suivit, elle se pendit à une fenêtre qu'on appelle encore : *la Fenêtre de l'Étrangère*.

L'infortuné Zizim languit au château de Bourganeuf jusqu'au moment où le pape Innocent VIII le fit venir à Rome (2), où il fut magnifiquement reçu. Alexandre VI Borgia, son successeur, le remit à Charles VIII pour l'emmener à Naples.

(1) Djem (Zizim), d'après Michelet, était d'une beauté remarquable. Il avait l'air d'un chevalier chrétien : une figure noble, triste et pâle ; un nez de faucon, les yeux d'un poète et d'un mystique. — Silencieux et mélancolique, dit un historien, « il semblait comme ravi en hautes pensées ». (Duval, *Esquisses marchoises*, p. 256.)

(2) D'après Méry, Zizim ne serait pas allé directement de Bourganeuf à Rome. Il aurait d'abord visité Paris.

Mais Zizim mourut aussitôt qu'il eut été confié à ce prince, en 1495. L'historien turc Saad-Eddin a prétendu, dit l'abbé Arbellot, qu'il périt de la main d'un barbier qui se servit pour le raser d'un rasoir empoisonné et que lui aurait envoyé Alexandre VI. Rien ne le prouve.

Dans l'étude déjà citée sur Zizim, l'abbé Arbellot indique que l'imputation de la mort de Zizim au Pape est une légende orientale ne reposant sur aucun fondement, que les preuves manquent, et il ajoute : « La mémoire d'Alexandre VI est assez chargée pour qu'on ne lui impute pas gratuitement des crimes qu'il n'a pas commis. Zizim n'était plus au pouvoir du Pape lorsqu'il mourut. Les historiens ne s'accordent pas sur le lieu où le prince est mort : les uns le font mourir à Terracine, d'autres à Gaëte, d'autres à Naples et enfin à Capoue..... et, d'après Burchard, dans son *Diarium*, Zizim mourut d'une nourriture contraire à son tempérament (1). »

Tout est légende dans la vie et dans la mort de ce malheureux prince..... mais où finit la légende..... où commence l'histoire ?

Quoi qu'il en soit, Bajazet fit assurément bien des tentatives contre l'existence de son frère. « C'est lui rendre un bon office, écrivait-il au Pape, que de l'envoyer par une mort entière dans les cieux, où il jouira d'un repos éternel. » Et, d'après une lettre, insérée dans la *Mosaïque du Midi*, pour déterminer Alexandre VI à lui livrer la tête de l'exilé, il lui avait promis 300,000 ducats destinés à acheter des seigneuries pour les enfants que le Pontife avait eus avant d'entrer dans les ordres.

César, l'un de ceux que Bajazet dotait d'une façon si généreuse, a laissé en Berry bien des souvenirs. Il épousa la cousine du roi de France, la douce Charlotte d'Albret, qu'une raison d'État lui fit donner en mariage et qui vint finir ses jours au château de la Motte-Feuilly.

---

(1) On lit, dans Méry, qu'un navire napolitain transporta le corps de Zizim à Constantinople. Bajazet lui rendit les derniers devoirs avec la plus grande pompe et le fit ensevelir dans la mosquée de son père, Mahomet II, surnommé le « Conquérant ».

Non loin de Boussac, sur la gauche de la route de Clermont à Tours, à égale distance de la Châtre et de Châteaumeillant, dans un pays très marécageux et inculte, le plus pauvre du département de l'Indre, le touriste aperçoit un château qui remonte aux premières années de la Renaissance et une petite et modeste église..... C'est la Motte-Feuilly.

C'est dans ce vieux manoir que mourut, le 11 mars 1514, Charlotte d'Albret, et c'est dans l'église qu'on lui fit élever un mausolée que la tourmente révolutionnaire de 1793 a en partie détruit.

Dans les *Souvenirs du vieux temps (Croyances et Légendes de la France*, Chaix, 1875), M. Laisnel de La Salle a fait revivre en quelques pages, pleines de charme et d'émotion, la vie de la douce Charlotte et donné les détails les plus documentés sur les malheurs, les tristesses et les chagrins de ses derniers jours.

Les tapisseries de la *Dame à la Licorne* ont donné lieu à bien des hypothèses. Nous voyons dans les notes relevées par M. Edmond du Sommerard, et qu'a bien voulu nous communiquer M. Haraucourt, l'éminent directeur actuel du Musée de Cluny : « Ces tapisseries, aux armes, devise et attribut de la maison de Le Viste, qui portait de gueules à la bande d'azur chargée de trois croissants montants d'argent, représentent diverses scènes de la vie d'une dame de haut parage, au XVᵉ siècle.

« La maison de Le Viste appartenait dans le principe à la haute bourgeoisie de Lyon, mais, dès le XIVᵉ siècle, elle se rattacha par des alliances aux plus grandes familles de la Provence et du Dauphiné. « Maison bourgeoise », dit Claude Le Laboureur en 1682, dans ses *Mazures de l'abbaye royale de l'Isle Barbe*, « laquelle, après avoir passé par toutes les « charges dont elle était capable et par le consulat entre « autres, quitta la région pour s'adonner à la jurisprudence, « par le moyen de laquelle elle s'acquit l'honneur de la « noblesse, des lettres et des armes. » (Tome II, p. 657.)

Nous allons maintenant donner la description des tapisseries par George Sand, description parue dans l'*Illustration* du 3 juillet 1847, puis nous résumerons.

« Sur huit larges panneaux qui remplissent deux vastes salles affectées au local de la sous-préfecture, on voit le portrait d'une femme, la même partout évidemment, jeune, mince, blonde et jolie, vêtue de huit costumes différents, tous à la mode du XVᵉ siècle ; c'est la plus piquante collection des modes patriciennes de l'époque qui subsiste peut-être en France : habit du matin, habit de chasse, habit de bal, habit de gala et de cour, etc..... etc..... Les détails les plus coquets, les recherches les plus élégantes y sont minutieusement indiqués ; c'est toute la vie d'une merveilleuse de ce temps-là. Ces tapisseries, d'un fort beau travail de haute lice, sont aussi une œuvre de peinture fort précieuse..... Ces tapisseries attestent une grande habileté de fabrication et un grand goût, mêlé à un grand savoir naïf, chez l'artiste inconnu qui a tracé le dessin et indiqué les couleurs. Le pli, le mat et les lustrés des étoffes, la manière, ce qu'on appellerait aujourd'hui le *chic* dans la coupe des vêtements, le brillant des agrafes de pierreries et jusqu'à la transparence de la gaze y sont rendus avec une conscience et une facilité dont les outrages du temps et l'abandon n'ont pu triompher.

« Dans plusieurs de ces panneaux, une belle jeune enfant, aussi longue et ténue dans son grand corsage et sa robe en gaine que la dame châtelaine, vêtue plus simplement, mais avec plus de goût peut-être, est représentée à ses côtés, lui tendant, ici l'aiguière et le bassin d'or, là un panier de fleurs et de bijoux, ailleurs l'oiseau favori. Dans un de ces tableaux, la belle dame est assise en pleine face et caresse de chaque main de grandes licornes blanches qui l'encadrent comme deux supports d'armoiries. Ailleurs, les licornes debout portent à ses côtés des lances avec leurs étendards ; ailleurs encore, la dame est sur un trône fort riche, et il y a quelque chose d'asiatique dans les ornements de son dais et de sa parure splendide.

« Mais voici ce qui a donné lieu à plus d'un commentaire : le croissant est semé à profusion sur les étendards, sur le

bois des lances d'azur, sur les rideaux, les baldaquins et tous
les accessoires du portrait. La licorne et le croissant sont les
attributs gigantesques de cette créature fine, calme et char-
mante. Or, voici la tradition :

« Ces tapisseries viennent, on l'affirme, de la tour de Bour-
ganœuf, où elles décoraient l'appartement du malheureux
Zizim. Il en aurait fait présent au seigneur de Boussac,
Pierre d'Aubusson (1), lorsqu'il quitta la prison pour aller
mourir empoisonné par Alexandre VI. On a longtemps cru
que ces tapisseries étaient turques. On a reconnu récemment
qu'elles avaient été fabriquées à Aubusson. Selon les uns, le
portrait de cette belle serait celui d'une esclave adorée dont
Zizim aurait été obligé de se séparer en fuyant de Rhodes.
Selon un de nos amis, qui est en même temps une des illus-
trations de notre province (M. de La Touche, qui a chanté en
beaux vers et décrit en noble prose les grâces et les gran-
deurs des sites du Berry et de la Marche), ce serait le portrait
d'une dame de Blanchefort, nièce de Pierre d'Aubusson, qui
aurait inspiré à Zizim une passion assez vive, mais qui
aurait échoué dans la tentative de convertir le héros musul-
man au christianisme. Cette dernière version est acceptable
et voici comment j'expliquerais le fait : les dites tentures, au
lieu d'être apportées d'Orient et léguées par Zizim à Pierre
d'Aubusson, auraient été fabriquées à Aubusson par ordre
de ce dernier et offertes à Zizim en présent pour décorer les
pierres de sa prison, d'où elles seraient revenues, comme un
héritage naturel, prendre place au château de Boussac.
Pierre d'Aubusson, grand-maître de Rhodes, était très porté
pour la religion, comme chacun sait ; on sait aussi qu'il fit
de grandes tentatives pour lui faire abandonner la foi de ses
pères. Peut-être espéra-t-il que son amour pour la demoiselle
de Blanchefort opérerait ce miracle. Peut-être lui envoya-t-il
la représentation répétée de cette jeune beauté, dans toutes
les séductions de sa parure et entourée du croissant, en signe

____

(1) George Sand nous paraît commettre une erreur en disant que
Pierre d'Aubusson était seigneur de Boussac...? De 1483 à 1495, les seigneurs de Boussac étaient de la maison de Brosse.

d'union future avec l'infidèle, s'il consentait au baptême.....
Si je ne craignais d'impatienter le lecteur, je dirais tout ce
que je vois dans le rapprochement ou l'éloignement des
licornes (symbole de la virginité farouche, comme on sait) de
la figure principale. La dame, gardée d'abord par ces deux
animaux terribles, se montre peu à peu placée sous leur
défense, à mesure que les croissants et le pavillon turc lui
sont amenés par eux. Le vase et l'aiguière, qu'on lui présente
ensuite, ne sont-ils pas destinés au baptême que l'infidèle
recevra de ses blanches mains ? Et, lorsqu'elle s'assied sur le
trône avec une sorte de turban royal au front, n'est-elle pas
la promesse d'hyménée, le gage de l'appui qu'on assurerait à
Zizim pour lui faire recouvrer son trône, s'il embrassait le
christianisme et s'il consentait à marcher contre les Turcs, à
la tête d'une armée chrétienne? Peut-être aussi cette beauté
était-elle la personnification de la France? Cependant, c'est
un portrait toujours identique, malgré ses diverses attitudes
et ses divers ajustements.....

« Nous avons cherché et il reste à trouver, c'est le dernier
mot à des questions bien plus graves..... »

Voyons maintenant ce qu'écrivait, en 1853, M. Henri Aucapitaine, dans ses *Notes historiques sur Boussac* :

« Dans un des salons actuels du sous-préfet, on voit trois
pans de tapisserie de haute lice. Ces trois morceaux excitent
dans le cœur un indéfinissable sentiment de pitié quand
on songe qu'ils furent exécutés au château de Bourganeuf
(Creuse), sous la direction du malheureux prince oriental
Zizim, qui, sous le froid et brumeux climat de la Marche,
cherchait à s'entourer des souvenirs de ce chaud et volup-
tueux ciel d'Orient qui l'avait vu naître..... Au point de vue
de l'histoire et surtout du fini de l'exécution, ces tapisseries
sont des plus remarquables et peuvent rivaliser avec les plus
magnifiques produits des Gobelins.

« Il en existe, ajoute le même auteur, trois autres morceaux roulés dans un coin de l'hôtel de ville de Boussac ; il
est vraiment malheureux de les voir perdre, tant sous le rapport historique que sous celui de l'art; deux sont à peu près

semblables à celles du château..... Voici la taille de ces tapisseries ; elle est, à de légères variations près, la même pour
toutes : trois mètres de longueur sur deux mètres cinquante
de largeur. »

Les divers renseignements que nous venons de donner sur
les tapisseries et sur la chronique historique de Zizim peuvent
se résumer de la façon suivante :

1° Les tapisseries sortent des ateliers d'Aubusson ;

2° Elles ont été fabriquées vers la fin du xve siècle et les
costumes des personnages sont tous de cette époque ;

3° Il semble indiqué qu'elles ont été faites sur l'ordre de
Zizim et qu'elles ont servi à orner les murs du château de
Bourganeuf, alors que ce prince l'habitait et s'y était créé une
luxueuse installation.

Tous ces faits concordent complètement avec la tradition
locale et avec la date de l'arrivée de Zizim à Bourganeuf,
vers 1483 ;

4° Les tapisseries représentent les scènes de la vie d'une
grande dame, princesse ou patricienne de l'époque, dont le
portrait figure au premier plan dans chaque panneau. Une
jeune femme très jolie, mince et blonde, vêtue de divers costumes à la mode du xve siècle, tous de la plus grande
richesse, est donc l'héroïne dont les traits, les faits et les
gestes sont reproduits. Enfin, la grande dame est représentée,
dans chacune des tapisseries, avec l'étendard turc déployé et
des croissants répétés à l'infini.

Selon les uns, George Sand nous l'a dit, le portrait serait
celui d'une esclave adorée..... ; selon d'autres, ce serait celui
d'une dame de Blanchefort qui aurait échoué dans sa tentative de convertir Zizim au christianisme. C'est cette dernière version que George Sand accepte, et elle croit voir la
dame placée sous la sauvegarde et la défense des licornes
qui lui amènent les croissants et le pavillon turc. Le vase et
l'aiguière qu'on présente à la noble demoiselle ou à la grande
dame seront destinés au baptême que l'infidèle recevra de
ses blanches mains et qui deviendra le gage de l'appui qu'on

assurerait au prince pour lui faire recouvrer son trône, s'il embrassait le christianisme.

Nous ne partageons pas cette opinion.

Il nous semble que le portrait doit être celui de la belle Grecque, Alméïda.

La chronique publiée dans la *Mosaïque du Midi* ne fait aucune mention des tapisseries, qui, très sûrement, à l'époque où elle a été écrite, en 1838, étaient inconnues, ou tout au moins n'étaient connues que par un bien petit nombre d'habitants de Boussac et n'avaient encore donné lieu à aucune recherche ni à aucune étude. Mais la chronique nous donne, en quelques mots, un portrait d'Alméïda, ayant grand rapport avec celui représenté sur les tapisseries : « Cette femme (Alméïda) cachait une âme forte et calme sous des formes délicates, et sa pâleur, son œil languissant, toutes les apparences de la faiblesse dont elle s'embellissait avec art, ne servaient qu'à voiler plus sûrement les profondes pensées d'orgueil et d'ambition qu'elle nourrissait dans son cœur..... » La chronique ajoute encore : « Elle avait des espions et des courriers qui lui apportaient des nouvelles des cours de l'Europe, elle savait que plusieurs souverains demandaient à grands cris le prince Zizim, pour commander les armées qu'ils faisaient marcher contre le Sultan. »

Nous croyons donc trouver, sur les tapisseries, le portrait de la femme aimée et la reproduction des rêves d'ambition et de gloire qu'elle faisait avec celui auquel elle avait sacrifié sa vie, voué toutes ses forces, et qu'elle espérait voir bientôt recouvrer le trône de l'empire d'Orient.

Le premier panneau de la série serait, à notre avis, celui qui montre Alméïda en pleurs au moment du départ et de l'abandon de la tente et du champ de bataille. Elle place ses bijoux dans une cassette que lui présente une de ses suivantes, et sur le haut de sa tente, sa devise : « A MON SEUL

DÉSIR », est inscrite en caractères gothiques, légèrement fiorituriés.

C'est le soir du dernier combat..... C'est le soir de la dernière défaite! Zizim, dont la tête est mise à prix, doit tout craindre, le fer et le poison. Ses partisans et ses soldats sont tous morts ou en fuite, ce n'est plus que sur un sol étranger qu'il peut trouver un asile!..... Il lui faut provisoirement abandonner la lutte, tout en conservant l'ardent espoir de la reprendre bientôt. Dans le camp qui va être envahi et sous la tente qui sera bientôt prise par ceux qui le poursuivent, la femme dont il partage l'amour sans bornes, la compagne fidèle de sa mauvaise fortune, verse d'abondantes larmes; ce sont des pleurs, non de découragement et d'abandon, mais bien de tristesse et de rage de voir la fortune trahir l'adoré, celui auquel appartiennent toutes ses pensées, qu'elle a suivi sur tous les champs de bataille et dont elle a partagé tous les dangers! Elle ne l'abandonnera pas dans le malheur, elle le suivra dans l'exil, dans la captivité, et elle affrontera la mort à ses côtés comme elle l'a déjà fait si souvent.

Comme lui, elle n'a qu'un seul but, un seul désir : la conquête de la couronne de l'Empire ottoman, que le sort des armes vient de lui faire perdre après deux années de luttes et de combats. Elle serre dans une cassette qu'elle emportera ses bijoux, ses richesses, ses trésors, et elle partira avec le vaincu, sans s'inquiéter vers quels rivages va les conduire la fortune, justifiant ainsi sa fière devise : « *A mon seul désir* ».

Les autres panneaux sont, dans notre pensée, des scènes de la vie rêvée par les fugitifs : la grande vie des cours. Il suffit d'étudier les costumes, habits de bal, habits de grandes chasses, habits de gala, tous superbes et luxueux.

Puis le dernier tableau représente la réalisation du rêve! L'ancienne esclave, maintenant grande dame, s'assied enfin sur le trône, le turban royal au front. Le trône est superbe, les ornements de son dais, ses splendides atours sont d'un luxe vraiment oriental, et l'étendard aux croissants de feu est déployé dans toute sa grandeur. Contrairement aux autres panneaux, où la princesse n'a que de rares bijoux, dans celui-ci elle a le grand collier et la grande ceinture qui fait le tour de sa taille et retombe sur les plis de la robe, elle a un grand nombre de bagues et de bracelets..... C'est une constellation de perles.

Dans chaque panneau figurent un lion et une licorne. Dans l'un, l'héroïne flatte de la main gauche une grande licorne blanche. Tantôt, comme dans la chasse, ils sont debout, prêts au départ, et la licorne piaffe comme un cheval qui attend avec impatience le moment de partir au galop; tantôt ils sont au repos et tenant l'étendard; dans le panneau 358, ils semblaient présenter les armes et encadrer de leurs étendards l'Impératrice qui se pare des bijoux qu'aux mauvais jours elle avait dû renfermer.

Les croissants, il n'est pas besoin d'insister, sont l'attribut et la personnification de l'Empire ottoman, et il est facile de trouver le sens attribué aux licornes.

La licorne figure fréquemment dans le blason, tantôt comme pièce principale de l'écu, tantôt comme support. Animal fabuleux, elle a de nombreuses légendes. En blason, elle est tout d'abord le symbole de la virginité farouche, de la pureté immaculée, que rien ne saurait ternir; on la trouve, avec cette signification, comme pièce principale, dans les armoiries de maisons ayant produit des magistrats, conseillers aux parlements ou autres juridictions. Celui qui rend la justice ne doit, ne peut subir aucune influence étrangère au droit strict. C'est la fable grecque reproduite, dans le viie siècle, par Isidore de Séville, sur la manière de prendre les licornes, qui a donné lieu de les adopter comme emblème héraldique de la virginité; voici le texte de la fable ou légende:

« Une beste est qui est appellé en grieu (grec) monoceros, cest en latin unicorne. Phisiologes nos dist de sa nature qu'elle est moult bele de cors et si nest mie grant beste. Si a cors de ceval (cheval) et pies (pieds) d'olifant, et teste de cerf et halte vois et clere (haute voix et claire) et coe (queue) torte comme porcel; et une corne en mi le front, qui de longor a IIII piès, droite et agüe. Et de cele corne déront et despece parmi qu'auqu'ele ataint (tout ce qu'elle atteint) davant

luy quant ele est irée (en colère). Et cele beste ne peut estre
en nulle manière prise fors (excepté) par une virge (vierge)
bien parée. Li veneor (chasseurs) amainent une virge mes-
chine bel et bien parée, là où elle converse; et le laisent la,
séant en une chaiere (clairière) seule ou bos (forêt). Sistost
come li unicornes le voit, il vient a luy; et la mescine li
œvre (ouvre) son giron. Et la beste flécist ses jambes devant
la mescine et met son cief (tête) en son giron tot simplement
et si endort ens.

« Lors sont li veneor (chasseurs) pres qui le gaitent et le
prennent tot en dormant et le mainent el roial palais. »

On lit dans les notes, encore inédites, de M. Boisserie de
Masmontet : « Un ordre de la Licorne d'or fut fondé, en 998,
par le comte Ostrevant, seigneur Barbançois, lorsqu'il partit
pour la croisade. On ne connaît pas le sort de cette institution depuis longtemps oubliée. En blason, et comme signe
symbolique, les licornes et têtes de licornes rappellent les
mêmes idées que le griffon et le dragon. On pourrait écrire
des volumes sur cet animal généralement considéré comme
fabuleux, malgré les affirmations contraires de Rosemuller,
Ruppel et Fesnel, qui prétendent qu'on trouvait des licornes
dans les montagnes du Thibet.

« La Septante et la Vulgate ont traduit par μονοχερως et
unicornes le mot hébreu *rem* ou *ram*, âne sauvage, féroce et
indomptable, emblème de la furie représenté sur les monuments d'Egypte et de Persépolis.

« Les sculpteurs du palais de Khorsabad donnent à la
licorne la forme d'un taureau ayant une corne au milieu du
front. On retrouve le radical de *ram* ou *rem* dans *rama,*
cheval et cerf en sanscrit, *ramn* et *ram*, bélier, et robuste, fort
dans les langues germaniques; ρωμη, féroce, vigueur, lieu
fortifié en grec.

« On a cru reconnaître dans la description de la licorne,
faite par les auteurs de la Bible, l'antilope ou *oryx* au corps
de cerf, le riyns des Arabes.

« M. de La Borde pense que le rhinocéros, dans le nom
duquel on retrouve les mêmes radicaux, est la seule base de
tous les récits merveilleux des chroniqueurs, et il ajoute que

les cornes rapportées par les anciens voyageurs, comme provenant des licornes, sont simplement des dents de narval.

« Déjà les anciens Perses fabriquaient, avec cette matière, des coupes magiques rejetant les breuvages empoisonnés. Dans le moyen âge, on avait la foi la plus vive dans la vertu de ces cornes, que l'on débitait par petites pièces montées en or ou en argent, quelquefois ornées de pierreries. Ces objets, dans les inventaires, sont désignés sous les noms de *touches*, *épreuves* ou *essais*. On les plaçait dans les coupes, les plats et les aiguières, avec la conviction que la présence de la licorne agissait comme contrepoison. On fabriqua même de l'eau de licorne dont on a fait usage comme antidote jusqu'au xviiie siècle.

« D'après Wulson de la Colombière, la licorne « est l'ennemi des choses impures et dénote ceux qui mènent une vie pure et qui fuyent le vice (1). »

C'est surtout au xive siècle, nous dit Larousse, que la croyance dans la licorne eut toute sa force ; un breuvage empoisonné versé dans la corne d'une licorne changeait de couleur et devenait trouble. Il n'était donné qu'aux rois et aux princes de posséder ce talisman. C'est sans doute à cause du symbole de *gardiens vigilants* que les licornes sont employées comme supports d'armoiries. Enfin, saint Grégoire écrit que la licorne meurt de chagrin dès qu'on la tient en captivité et que tous ses efforts pour recouvrer sa liberté ont échoué.

Il est donc facile d'expliquer le symbole de la licorne dans les tapisseries. Elle est le *gardien vigilant* du prince Zizim et de la femme adorée, qu'elle protège contre l'ennemi et le poison. Elle est aussi le symbole des efforts qu'ils ne cessent de faire pour recouvrer la liberté et recommencer la lutte pour la conquête de l'empire d'Orient, et, enfin, elle est également le symbole de l'esprit de justice et d'équité du futur empereur (2).

(1) M. Boisserie de Masmontet a bien voulu nous communiquer ces notes extraites des documents réunis par lui en vue d'un ouvrage auquel il travaille depuis longtemps : *Le Blason expliqué*.

(2) Au château de Verteuil, chez M. le comte de La Rochefoucauld, se

Telle est l'explication que nous donnons à nos lecteurs. Nous n'affirmons pas qu'elle soit sûre et certaine, mais elle peut passer pour plausible, et c'est une solution, dans tous les cas, comme l'écrit George Sand en parlant de la sienne, « tout aussi absurde qu'on pourrait l'attendre d'un antiquaire de profession ».

Après le crime d'Alméïda, Zizim, bien certainement, ne voulut plus avoir sous les yeux le portrait de celle qui avait empoisonné la douce Marie de Blanchefort. Enlevées, et sans doute provisoirement déposées dans les combles d'une des tours du château de Bourganeuf, les tapisseries furent abandonnées par le prince au moment de son départ pour Rome. Elles restèrent, par la force même des choses, la propriété de Pierre d'Aubusson, qui était grand-prieur d'Auvergne et commandeur de Bourganeuf, et elles sont venues, dans la suite, décorer les murs du château de Boussac.

trouvent de célèbres tapisseries représentant, sous forme d'une chasse à la licorne, l'allégorie de la lutte *du Bien et du Mal*. Elles ont été faites, au XVe siècle, pour Jean II, seizième seigneur de La Rochefoucauld et quatorzième seigneur de Verteuil, conseiller et chambellan des rois Charles VII et Louis XI, gouverneur d'Angoumois et de Bayonne, mort en 1471, et pour Marguerite de La Rochefoucauld, dame de Barbezieux, sa femme. Elles ont toujours été au château de Verteuil.

M. Haraucourt, qui connaissait ces panneaux, de renommée, nous avait engagé à étudier si la série de Verteuil ne serait pas le prologue romanesque de la série de la *Dame à la Licorne*, avec laquelle, nous écrivait-il, elles passent pour présenter des caractères de parenté.

M. de La Rochefoucauld, auquel nous adressons ici tous nos remerciements, nous envoya des détails très documentés. Les tapisseries de Verteuil, mêlées de soie, or et argent, ne peuvent, à son avis, se rattacher à celles de Boussac : « Où ont-elles été faites? » nous disait-il dans une lettre du 9 janvier 1907, « à Aubusson ou en Flandre? De nombreux archéologues ont disserté sur leur origine, et je suis moi-même incertain. »

CHAPITRE VI

ÉTABLISSEMENTS CHARITABLES. — HOTEL-DIEU. — ASSISTANCE DES
PAUVRES. — ÉCOLES. — ÉGLISE.

1. — AUMONERIE DE BOUSSAC-BOURG OU BOUSSAC-LES-ÉGLISES.

De temps immémorial on distribuait dans le Berry, à la
porte des monastères, des chapelles ou des églises, des
aumônes, provenant de fondations pieuses, destinées à venir
au secours des indigents.

Dès avant le XIVᵉ siècle, une « aumônerie » de ce genre
existait à l'église de Boussac-Bourg ou Boussac-les-Eglises.
Les revenus de cette aumônerie consistaient en fondations
pieuses de quelques rentes foncières en argent et en grains,
et étaient distribués, à certains jours marqués, aux pauvres
et aux mendiants qui se présentaient à la porte de l'église.

En 1720, les hospices subirent le contre-coup des désastres
financiers du système de Law, en étant obligés d'accepter le
remboursement des rentes amortissables en billets qu'on se
procurait à vil prix et qui étaient loin de représenter leur
valeur nominale. Des doléances furent adressées au Roi par
les administrateurs des hospices, et, en 1724, Louis XV rendit un décret pour venir à leur secours et obvier, est-il expliqué, au désordre des secours répartis en divers lieux, qui
encourageait le vagabondage de nombreux mendiants et de
gens sans aveu qui couraient la province et souvent se détour-
naient de leur chemin pour aller dans les lieux où ils savaient
qu'une aumône se distribuait, et cela au grand détriment de
la sécurité publique. Le décret de 1724 décida que toutes les
aumônes qui se distribuaient dans la généralité du Berry
seraient réunies, partie à l'hôpital général de Bourges et

partie (celles qui se distribuaient entre les rivières du Cher et de la Creuse) à l'hospice des incurables d'Issoudun, et que ces maisons seraient chargées d'héberger les mendiants, vagabonds et gens sans aveu, et de recevoir, à titre de pensionnaire, un pauvre de chacune des paroisses où se distribuaient autrefois les aumônes depuis réunies. Le partage fut fait par M. de Barbérie, intendant de la province du Berry (1).

Les habitants de Boussac protestèrent contre le décret de 1724 qui les spoliait du revenu de l'aumônerie, et il fallut un arrêt du Conseil, du 16 avril 1725, pour permettre à l'hospice d'Issoudun de s'emparer de la dotation de l'aumônerie de l'église de Boussac-Bourg.

Quel était le revenu de l'aumônerie? Dans un procès-verbal du 7 juillet 1790, les administrateurs du district de Boussac l'évaluèrent à 400 livres.

Ce chiffre semble exagéré, car il résulte des titres de l'hospice d'Issoudun qu'après sa réunion à l'établissement hospitalier, « l'aumône de Boussac, consistant en somme à lever sur divers biens », n'était affermée que 100 livres (2).

II. — HÔTEL-DIEU DE BOUSSAC-LE-CHATEL.

A Boussac-le-Châtel, il n'existait qu'un « petit Hôtel-Dieu occupé par des sœurs de Charité chargées du traitement des pauvres hors de leur maison et de l'éducation des jeunes filles ». Il n'avait qu'un revenu annuel de 600 livres au maximum, et, dans le procès-verbal du 7 juillet 1790, déjà cité, les administrateurs du district constatent que ce minime revenu est insuffisant pour y établir « des lits pour le soin des pauvres malades qui sont sans asile et qui ne peuvent jamais se faire recevoir dans l'hôpital des incurables d'Issoudun où leurs revenus ont été transférés ».

Les revenus transférés à l'hôpital d'Issoudun étaient ceux de l'aumône de l'église de Boussac-Bourg et ceux de l'aumône

---

(1) *Histoire de l'Hôtel-Dieu d'Issoudun*, par M. le docteur J. Jugand. Issoudun, 1882, p. 105.

(2) *Ibid.*, p. 107.

de l'abbaye de Pré-Benoît, dont la plus grande part était distribuée aux indigents de Boussac.

L'aumône de l'abbaye de Pré-Benoît, attribuée également, par le décret de 1724, à l'hospice d'Issoudun, était affermée, par cet établissement, 210 livres par an. Pour éviter la prise de possession de l'aumône par l'hospice d'Issoudun, l'abbaye de Pré-Benoît prétendit être de la généralité de Moulins, et, pour appuyer son dire, elle détourna un ruisseau qui formait la limite des deux généralités de Moulins et de Bourges, et il fallut arrêt du Parlement de Paris pour la débouter de ses prétentions. Le décret de 1724 produisit à l'hôpital d'Issoudun un revenu annuel de 2,024 livres 10 sols en argent et 400 boisseaux de grains de toute sorte (1).

L'Hôtel-Dieu de Boussac, ne possédant pas de lits pour les malades, n'était en réalité qu'un établissement de sœurs hospitalières appelées à donner des soins aux malades de la petite cité et chargées de l'instruction des jeunes filles.

Il disparut complètement pendant la tourmente révolutionnaire et, comme nous le verrons plus loin, on établit dans ses bâtiments, qui du reste étaient fort exigus, une fabrique de salpêtre.

Les documents concernant l'hospice de Boussac sont très rares, quelques-uns sont déposés aux Archives du département de la Creuse, et d'autres, en petit nombre, ont été conservés par M. Jules Petit-Lacombe, ancien magistrat, et par son frère, M. René Petit-Lacombe, ancien contrôleur des Contributions directes, décédés fort âgés, à Boussac, dans les dernières années du xixe siècle.

.1. — Documents provenant des Archives de la Creuse.

Série II, n° 67. — Autorisation donnée en 1746, par l'évêque de Limoges (2), à l'échange entre les administrateurs de l'hôpital et les habitants de Boussac, par lequel ceux-ci

---

(1) *Histoire de l'Hôtel-Dieu d'Issoudun,* p. 108 et 109.

(2) Mgr de Coëtlosquet.

cèdent à l'hôpital la partie restante de l'ancien cimetière de la ville, appelé le cimetière de la Chapelle-Pitié, pour en faire une chènevière à l'usage dudit hôpital, contre un terrain proche les vestiges de l'ancien Hôtel-Dieu, destiné à faire un nouveau cimetière.

H, 68. — Constitution d'une rente de 40 livres, faite au profit de l'hospice par Charles Picot, curé de Boussac-les-Eglises en 1741. Testament, du 26 avril 1746, de Louise de Rilhac, veuve de Jean Bertrand, seigneur du Teilx, demeurant au château de Boussac, d'une rente de 20 livres.

II, 69. — Acceptation, par la communauté des Sœurs de Charité de Montoire, d'une somme de 1,000 livres, donnée en 1746, par Gilberte Mailly, à l'hôpital de Boussac, pour y être entretenue; la rente de 50 livres qui sera constituée avec la somme donnée devant, après sa mort, être réunie aux biens de l'hospice. — Donation, faite en 1747, à l'hospice, de 600 livres, par Charles Picot, prieur, curé de Boussac-les-Eglises.

II, 72-E, 1. — Mémoire de l'année 1750, des administrateurs de l'hôpital, établissant que, de toute ancienneté, il y a eu un petit hôpital à Boussac; que d'abord il était bâti dans un faubourg appelé la « Maison-Dieu », que depuis vingt ans (soit depuis l'année 1730) il a été rebâti auprès d'une petite chapelle; que le premier administrateur dont on ait le nom est Philippe de Saincthorent, du 17 juin 1620; qu'il est vraisemblable que Pierre de Brosse, maréchal de France, seigneur de Boussac, en fut le fondateur; qu'en 1750, ses revenus s'élevaient à 492 livres 12 sous 3 deniers; qu'on y a établi deux religieuses de la congrégation des Sœurs de la Charité de Montoire, en Bas-Vendômois. Ils demandent la réunion de certaines fondations, instituées aux environs de Boussac, savoir : donation d'une certaine quantité de pain, le Jeudi Saint, par l'abbaye de Pré-Benoît. Autre donation par le seigneur de Bâtisse, fief mouvant de Boussac, le Vendredi Saint, etc..... Ils constatent également que le seigneur de Boussac, comme haut justicier, fait nourrir et élever les enfants trouvés.

H, 73. — Etablissement de l'hôpital des Sœurs de la Charité de Montoire.

H, 74. — En 1750. Vente d'une montre, donnée par M. Banassat, curé de Saint-Silvain-Ballerot. — 1751. Donation, par M. de Carbonnières, d'un billet de 1,200 livres....., etc..... (le tout inscrit sur un registre *qui est encore en usage* et dont une copie se trouve aux Archives du département).

II, 75. — Comptes rendus par Pierre de Saincthorent, sieur de Buxerette, François Sévénagol et autres administrateurs de l'hôpital, de 1746 à 1780.

II. — Documents provenant des archives de MM. Petit-Lacombe.

1° Requête présentée, en août 1744, par Jean de Carbonnières, chevalier, seigneur marquis de Saint-Brice, baron de Boussac, et les autres administrateurs de l'hospice, à l'évêque de Limoges :

Ils exposent que, par délibération du 25 janvier 1744, ils ont décidé d'ajouter aux bâtiments de l'hôpital « deux chambres nouvelles et autre chose nécessaire audit hôpital », mais qu'il est nécessaire de prendre, pour élever ces constructions, une partie du cimetière de la ville de Boussac, à partir du mur de la basse-cour de l'hôpital « tirant sur le septentrion ». Après communication aux habitants de Boussac, au curé et aux fabriciens, par l'évêque, de la requête et l'avis donné par messire Feletin, « promoteur de visite », l'évêque de Limoges, en cours de visite à Boussac, accorde, par ordonnance du 21 août 1744, l'échange sollicité, à condition que les ossements trouvés dans la partie abandonnée du cimetière seront transportés, avec les cérémonies prescrites par le rituel du *diocèze*, et inhumés dans une autre partie du même cimetière.

L'ordonnance est signée J.-G., évêque de Limoges (1), et porte, sur cire rouge, le sceau du prélat, armoiries surmontées d'une couronne de marquis placée entre la mitre et la crosse.

Nous avons vu, d'après le document des Archives de la Creuse, II, 67, que deux années après, en 1746, le cimetière entier fut abandonné à l'hôpital ;

2° Testament, passé devant Me Georges Desaigne, notaire en la ville de Mâcon, le 27 novembre 1644, par lequel Jean Duchier, religieux capucin, lègue, à l'hôpital de Boussac, une somme de 100 livres payable par son frère et héritier, Claude Duchier, sieur de Jupille ;

3° Sentence rendue, le 11 février 1662, à la requête de l'hôpital, par Jean de Pierre Bize, juge ordinaire aux justices de Jupille et de Gaudeix, donnant acte à Claude Duchier, sieur de Jupille, qu'il vient de faire le paiement du legs de 100 livres ci-dessus indiqué ;

4° Constitution, passée devant Me de Saincthorent, notaire à Boussac, le 13 mai 1649, d'une rente de 23 sols tournois, au profit de l'hôpital, par Michel Dutheil jeune, fils d'Antoine Dutheil, laboureur au village de Chauvet, en la paroisse de Toulx-Sainte-Croix ;

5° Testament, passé devant Me Pierre Bize, notaire à la baronnie de Boussac, le jeudi 13 octobre 1667, par lequel, vénérable personne Messire Jean Aubier, prêtre, curé de Leyrat, lègue, à l'hôpital de la ville de Boussac, une somme de 30 livres et « un bon lit qu'a le testateur, qui seront recouvrés par MM. les administrateurs dudit hôpital et l'argent employé en revenu par ledit hôpital » ;

6° Diverses pièces de procédure :

L'hôpital possédait une rente de 23 livres qui, en 1678, était payable par Antoinette Duchier, veuve d'Antoine de Saincthorent, bourgeoise de Boussac, et dont les arrérages étaient dus depuis plusieurs années ;

Du 24 mars 1678, sentence du Conseil condamnant la veuve

_____

(1) Mgr Jean-Gilles de Coëtlosquet.

de Saincthorent à payer à l'hôpital : 1° 430 livres, capital de la rente, et 357 livres pour arrérages en retard ;

En 1732, poursuite en paiement de la même rente, capital et arrérages, contre les héritiers de la veuve de Saincthorent, et en exécution de la sentence du 24 mars 1678;

7° Procès-verbal de nomination d'administrateurs de l'hospice du 13 février 1746.

Les administrateurs étaient nommés à l'élection, dans une réunion des habitants de la ville. Le dimanche 13 février 1746, eut lieu une réunion de ce genre devant M⁰ Marien de L'Estang, sieur des Villates, ancien procureur au bailliage de Boussac, faisant fonctions de juge, en l'auditoire de la ville, sur réquisition de Jean-Baptiste Chénon, sieur de Champront (*sic*), administrateur de l'Hôtel-Dieu, tant pour lui que pour très haut et puissant seigneur Jean de Carbonnière Chenailles, seigneur marquis de Saint-Brice, baron de Boussac, pour procéder au remplacement de Vincent Galoux, prêtre prieur de Boussac, et de Jean-Baptiste Chénon, sieur de Champront, requérant. Il « fut délibéré par tous les habitants », qui nommèrent : 1° pour administrateurs : Antoine Ducourtioux (1), procureur au bailliage de Boussac, et François Senéragol (*sic*), notaire à Boussac. Ils choisirent comme trésorier et receveur des revenus de l'hôpital : M⁰ Jean Peyrot, greffier du bailliage. Toutes ces nominations furent faites dans l'espace de trois années.

L'hôpital de Boussac semble avoir eu, dans les siècles précédents, une bien plus grande importance. « Dès le XVII⁰ siècle déjà », écrit M. Autorde, archiviste de la Creuse, dans l'introduction de *l'Inventaire des archives hospitalières*, page XI, « était arrivé à son déclin l'hôpital de Boussac, un des plus anciens cependant de la province, puisque Louis de Brosse, par son testament daté du 31 août 1356, y fondait douze lits, *pour recevoir les pauvres qui lui vendront arberger*. »

(1) Il était fils d'Antoine du Courtioux et de Silvie de Bize. Comme nous l'avons fait remarquer déjà pour plusieurs autres noms, l'orthographe varie, et on trouve du Courtioux et Ducourtioux.

Nous n'avons pu retrouver aucun titre ni document antérieurs au xviie siècle.

Les religieuses attachées à l'hôpital étaient chargées de l'instruction des jeunes filles. On trouve dans le registre, série H, 74, des Archives dont nous avons déjà fait mention, un règlement établi en 1757, à la suite de l'indocilité des écolières de la classe tenue par les sœurs : entrée des enfants à sept ans, fixation des heures de classe; punitions : fouet, mise à genoux, changement de place. — Récompenses à la discrétion des sœurs....., etc.....

Les religieuses de l'hospice avaient également le soin des vases sacrés de la chapelle de Notre-Dame-de-Pitié et étaient chargées de la parure de l'édifice (1).

La population de Boussac-le-Châtel et de Boussac-les-Eglises était bien peu considérable avant la Révolution. L'assistance des pauvres et les secours aux malades étaient en plus assurés par la grande charité des seigneurs du château.

Les indigents de Boussac et des environs étaient encore largement secourus par la riche abbaye de Pré-Benoît (pré béni), Creuse, à une petite distance de Boussac, dans la paroisse de Bétête, dont la plus grande partie se trouvait en Berry, fondée vers 1140, par Roger, abbé de Dalon, et par les seigneurs de Maleval. Cette abbaye était de l'ordre de Cîteaux; les vicomtes de Brosse et les seigneurs de Déols la dotèrent richement : donations par Eudes de Déols, seigneur de Boussac; par Aubert, seigneur de Maleval; par Guillaume de Brosse, en 1203, du droit de pâture, dans la forêt de Moncidal; par Godefroy de Preuilly, seigneur de Boussac, héritier de l'illustre famille de Déols, au commencement du xiiie siècle, des forêts de Sagne-Guérin, de la Tremoletta (le Trimoulet), du

____

(1) En 1793, on établit à Boussac une fabrique de salpêtre pour fournir la poudre aux armées de la République. L'atelier avait été établi dans l' « ancien hôpital »; Joseph Deval avait été nommé « agent salpêtrier » du district. Les ustensiles servant à la fabrication furent vendus à la fin de l'an III. Parmi ces objets, figure une grande chaudière de cuivre rouge servant à l'évaporation, du poids de 400 livres et estimée 5,000 livres. (*Archives révolutionnaires* de M. Duval.)

Montel et Forest-Villa..... etc., etc..... (*Bulletin de la Société
des Sciences naturelles et archéologiques de la Creuse*. Etude de
M. Martin, 1893, pages 83 et suivantes.)

Conformément aux règles de l'ordre de Cîteaux, des aumônes continuelles étaient faites à la porte du monastère. Le
moine portier devait toujours avoir dans sa cellule des
pains tout préparés pour les distribuer aux passants et les
pauvres avaient droit aux distributions fondées, à leur profit,
par les bienfaiteurs de l'abbaye. Aux époques des famines, à
ces aumônes obligatoires venaient s'ajouter, suivant les besoins, des aumônes plus importantes. (*Bulletin* déjà cité,
page 117.)

« Il est certain, ainsi que le constate le docteur Villard,
dans ses notes sur Guéret (*Bulletin* déjà cité, année 1904,
page 23), qu'au cours des siècles derniers, peut-être plus
qu'aujourd'hui, la charité publique s'exerçait largement et
soulageait bien des infortunes. »

ECOLES.

*Règlement (27 juillet 1752) de l'école des filles de Boussac,
tenue par les religieuses de l'hôpital; ledit règlement arrêté
par les administrateurs dudit hôpital* (1).

« Aujourd'hui vingt-sept juillet mil sept cent cinquante-
sept, au bureau ordinaire de l'hôpital de Boussac, Messieurs
les administrateurs assemblez, ils ont dellibéré sur les objets
qui leur ont été raportez au sujet de l'indocilité et du peut
de soumission des écolieres, de la mauvaise humeur de leurs
parens, qui, sur les faux rapports de leurs enfans, ont insulté
grièvement et plusieurs fois les dites sœurs, et encore publi-
quement; qu'il étoit à propos de faire un règlement, qui,
étant suivy par les sœurs, seroit executé à la letre et sans
aucun changement par les écolieres et leurs parans, se ils
veullent que leurs enfans soient instruits par les dites sœurs,

(1) *Mémoires de la Société des Sciences de la Creuse*, M. F. Autorde, t. V.

cest pourquoy ils ont pour le bien et l'utilité de la classe dellibéré et statué ce qui suit :

« Sçavoir : 1° La classe s'ouvrira à huit heures du matin et sera fermée à huit heures et demie; le soir, la classe s'ouvrira à une heure et fermera à une heure et demie; les écolieres qui viendront après huit heures et demie du matin ou une heure et demie du soir ne seront point admises à la classe, et sous quelques pretextes que ce soit, et ce pour éviter le désordre et le bruit qui arriveroit dans la classe; il sera loisible aux sœurs de punir par quelque penitence les écolieres qui auront manqué à leurs devoirs pour se rendre à la dite heure, lorsque les écolieres seront admises à la classe subséquente. L'heure cy dessus marquée sera gardée tant pour l'hiver que pour l'été ;

« 2° Les écollières pourront sortir pour des besoins réels, en demandant néanmoins et obtenant permission de la sœur qui sera dans la classe; il ne sera pas loisible aux écollières et leur est défendu par le présent reglement (auquel la sœur regente est priée de tenir la main) de sortir et entrer continuellement dans la classe, pour ce que ces allées et ces venues sont contre le bon ordre et la pollice de la classe, et ne peuvent quen troubler la tranquilité ;

« 3° Les sœurs ne recevront que les écolieres que de l'âage de sept ans accomplis, à moins que, par des raisons de maturité dans le sujet qui se présentera, Messieurs les administrateurs, à qui il en sera référé, ne jugent à propos qu'il soit reçu avant ledit âge; ce qui dépendra d'eux seulement;

« 4° Les sœurs seront maîtresses de faire ce qu'elles jugeront à propos dans leur classe, soit pour le fouet, pour faire mettre à genoux, changer de places, et génerallement pour quelques punitions quelles jugeront a propos, comme aussy de récompenser les écollieres de quelques manières quelles aviseront bon être, pour donner de l'émulation, lesdits sieurs administrateurs s'en rapportant à leur prudence et devouement; si quelques-uns des parans d'écollieres se plaignent du gouvernement des dites sœurs dans leur classe, les écolieres, filles de parans qui se plaindront, seront chassées de la classe; les dits sieurs administrateurs défendent expressement aux susdites sœurs de les recevoir, par ce que, s'il en étoit autrement, cella ne pouroit occasionner que du trouble et de la confusion, puisque, par ce moyen, la police de la classe dépendroit du caprice des parans, ce qui est contraire au bon ordre ;

« 5° Les sœurs ne forceront les écolieres à recevoir les punitions ; les rebelles seront chassées sur le champ de la classe. Les sieurs administrateurs portent inibition aux d. sœurs de recevoir lesdites ecollieres rebelles qu'après avoir subit trois fois la punition quelles auront refusées de recevoir ;

« 6° Toute écollière qui auront manqué une seule fois la classe seront punie à la discretion des sœurs, à moins qu'elles n'ayent des escuses bonnes et valables de la part des parans, en personne ou par écrit; sur quoy les sœurs sont priées de veiller ;

« 7° Les écollieres qui auront manqué trois jours consécutifs la classe seront chassées pour toujours, à moins que leurs absences ne fut causée par maladie ou voyage hors de la ville.

« Le présent règlement sera executé à la letre par toutes les écollieres de quelques qualités et conditions quelles puissent être sans aucunes exceptions de rangs; les sieurs administrateurs qui ont des enfants sous les dites sœurs les prient de vouloir bien les y soumetre et les y faire executer directement; les dits sieurs administrateurs y soumettront formellement leurs enfans sans aucunes exemptions, et ont les dits sieurs administrateurs signez :

> « DE CARBONNIÈRE, PLANTADIS, curé de Boussac; MONVOISON, procureur fiscal; SENERAGOT, administrateur; PEYROT, administrateur; CHENON, bailly et subdelegué. »

(Archives communales de Boussac. — Registre des délibérations des administrateurs de l'hôpital.)

Élection (28 mars 1762) par les habitants de Boussac du nommé MICHEAU, *comme maître d'école des garçons de la ville.*

« Aujourd'hui dimanche, vingt-huitième jour de mars mil sept cent soixante-deux, heure de une heure de relevée, par devant nous Jean-Baptiste Chenon, sieur de Champroix et bailly de Boussac, etc....., en l'auditoire de cette ville et justice de Boussac, prise pour chambre de ville, est comparu Sylvain Sartin, sindic de cette ville de Boussac, qui nous a remontré que le sieur Silvain Micheau s'est presenté aux habitans de cette ville pour enseigner, instruire et régir la jeunesse et jeunes garçons de cette ville et paroisse ; pourquoy ledit sindic nous a requis qu'il nous plut, sur le consentement du procureur fiscal de ce Bailliage, faire assembler le général et principaux habitans pour delliberer entre eux en présence et de l'avis du sieur Barthelemy Mansoux, prêtre, curé de cette ville de Boussac, s'ils trouvent led. sieur Micheau propre et capable d'instruire et regir lad. Jeunesse et garçons, sur quoy avons aud. sindic accordé commission pour faire lad. assemblée. En conséquence ayant par led. sindic fait sonner la cloche pour ladite convocation desd. habitans, seroient comparus pardevant nous juge susd. led. sieur curé de cette ville, ensemble Michel Vaury, Jean-Baptiste Faysellier, Bernard Picot, marchand, Pierre Coternault, sculteur, Charles Moreau, maréchal, Silvain Vincent, chirurgien, Germain Blanchon, François Gallerand, marchand, Élie Bernard, Sartin, procureur, Jean Peyrot, notaire, Jean Mauvoison, marchand, Pierre et Jean-Baptiste Buchet, Jean Repon, Gabriel Barbarin, Victor Vincent, Hugues Bourdeau, Bernard Bourdeau, Gilbert Vaury, Louis Dupré et Michel Sartin, faisant la majeure et saine partie desd. habitants, qui ont prié led. sieur curé de vouloir bien se trouver et dire son avis sur la capacité dud. Micheau pour l'instruction de lad. jeunesse ; lesquels s' curé, procureur fiscal et général des habitans ont estimez que led. Micheau est capable d'instruire,

enseigner et regir les jeunes garçons de cette dite ville et
parroisse de Boussac, en conséquence de quoy, de l'avis
dud. s^r curé et sous le bon plaisir de Monseigneur l'illustris-
sime et reverendissime evêque de Limoges, lesd. habitans
susnommez ont reçu et reçoivent ledit Micheau pour l'instruction et regir lesd. jeunes garçons de cette ville et parroisse de Boussac, de luy payer par chacun mois et au commencement d'iceluy pour chacun jeune garçon qu'ils enveront
à son école, savoir : pour ceux qui commenceront l'alphabé,
huit sols; pour ceux qui liront en français et latin, douze
sols; pour ceux qui liront en français, latin et contrats,
quinze sols; pour ceux qui liront en français, latin, contrats
et écrirons, vingt sols, et pour ceux qui, outre lad. lecture et
écriture, aprendront l'arithemétique, vingt-cinq sols; le tout
chacun, ce que led. Micheau présent a accepté et s'est obligé
par ces présentes de bien et duement instruire, édiffier et
regir tous les jeunes gens qui luy seront envoyés à son Ecole,
leur apprendre à lire en latin, français et contrats, ecrire et
enseigner l'arithemétique, commencer ses écoles et les finir
par la prière, tant le matin que le soir, leur y faire faire le
catéchisme un quart d'heure par jour après l'école du soir,
les conduire exactement à la messe tous les jours et festes et
dimanches, et sera tenu d'ouvrir son école à sept heures du
matin en été et en hiver à huit heures, et à une heure après
midy en tout temps, à l'exception des jours de Jeudy que
l'école vaquera, et chacune école durera pendant trois heures;
même iceux habitants déchargent led. Micheau, pendant tout
le temps qu'il demeurera en cette ville pour faire lad. instruction, de toutes impositions qui seront imposées par chacun an sur iceux habitants, tant taille capitation qu'autres
impositions, même de toutes corvées et logement de gens de
guerre, dont et de tout quoy nous avons fait acte; et sur le
tout ouy led. procureur fiscal, nous avons interposé notre
authorité de justice à la dellibération desd. habitants que
nous avons homologué et homologuons et en ordonnons
l'exécution suivant sa forme et teneur. Fait led. jour et an
que dessus, et ont lesd. habitants déclarez ne savoir signer,
de ce enquis sauf lesd. soussignez qui ont signez avec nous,

lesd. sieurs curé, procureur fiscal, Micheau, Sartin, sindic, et notre commis greffier : Vincent.

> « *Signé :* MICHAUD, DEMANSOUX, curé, qui se reserve l'inspection sur l'instruction et doctrine de jeunesse de ladite ville et paroisse.
>
> « CHINON, MONVOISON, CATERNAULT, VAURY, GUY, B. PICOT, MORAUX, BLANCHON, GALLERAND, SARTIN, PUPOT, MONVOISON, BICHET, SILVAIN, SARTIN, sindique, SARTIN, greffier.

« Contrôlé à Boussac le dix avril mil sept cent soixante-deux. Reçu douze sols six deniers. »

(*Archives communales de Boussac*, G. G. I. *Archives départementales de la Creuse. Mémoires de la Société des Sciences de la Creuse*, tome VI, M. F. Autorde.)

L'ÉGLISE DE BOUSSAC.

L'église de Boussac est malheureusement loin de ressembler au gracieux monument de la topographie de Mérian. La Thaumassière nous dit qu'elle est située au milieu de la ville, « près de la grande place où est la croix de pierre à laquelle on fait la procession tous les vendredys ». Cette église était dédiée à sainte Anne, jadis à saint Cléréance (1).

Sous la Restauration, nous dit M. Duval dans ses *Esquisses marchoises*, le rétablissement de cette croix donna lieu à un débat assez vif entre le curé de Boussac et le Conseil municipal, et la lettre suivante fut adressée par le curé au préfet de la Creuse, le 7 juin 1823 :

> « Monsieur le Préfet,
>
> « Lorsque la Providence vous plaça à la tête des administrations de ce département, c'était (et vous n'en doutez pas, Monsieur) pour le double et précieux intérêt de la religion et de la cause du Roi. Point de religion, point de mœurs ; point de roi, nul ordre en France. A qui mieux qu'à vous, Monsieur le Préfet, ces grandes vérités sont-elles connues ? vous

(1) Voir chapitre II.

en qui elles sont si profondément gravées. Nous sommes dans l'intime conviction que vous n'avez accepté la place suprême de nos administrations que pour en consacrer la pratique dans notre département et en faire goûter la douceur à vos administrés, aidé du puissant concours de Messieurs vos secondaires.....

« Nous faisons humble invocation à votre justice, au nom de la religion, pour qu'elle fasse rentrer ici la croix dans son droit primitif. Prenez en main, Monsieur, la cause du Ciel ! Cette cause toute spirituelle est digne de vous, Monsieur le Préfet, vous la ferez triompher des vains prétextes qu'on lui oppose ; les vrais fidèles de Boussac n'en doutent pas..... »

Il s'agissait de déterminer l'emplacement qu'occuperait la croix qu'on voulait rétablir et que le curé eût voulu être le même que celui qu'elle avait avant la Révolution. On objectait qu'elle gênerait la circulation, la place étant petite et de forme irrégulière. On finit par s'entendre en la plaçant devant l'église.

On conserve avec vénération, dans l'église, les reliques de saint Domnolet. C'est à M. Jean-Baptiste Plantadis, ou du Plantadis, curé de Boussac depuis six années, en 1750, et successeur de M. l'abbé Vincent Galloux, nommé à cette époque prieur de Saint-Marien, que la ville est redevable de ces reliques.

Saint Domnolet était un homme de grand courage et de sainte vie ; « le chef du dict saint dans des coupes d'argent et dans un coffret son corps et son bufflc ou pourpoint qu'il avait lorsqu'il fut tué au Puy-la-Nau » étaient déposés à Limoges, à l'église de Saint-Domnolet.

Mme de Verthamond, abbesse de Notre-Dame-de-la-Règle, avait donné à cette église une châsse d'argent, en 1671.

Saint Domnolet était le patron de la confrérie des navetaux (corps des bateliers et pêcheurs de la Vienne), qui se disputaient l'honneur de porter ses reliques dans les processions. Il vivait au VIe siècle, et le chroniqueur Geoffroy de Vigeois nous dit que la tradition rapporte qu'il fut prince de Limoges.

Le curé de Boussac fit donc de pressantes démarches pour obtenir une relique du saint, et, lorsque ses efforts furent couronnés de succès, il obtint encore que Mgr de Coëtlosquet, évêque de Limoges, viendrait lui-même à Boussac pour l'installation de la relique.

Sa Grandeur vint en effet, le 28 août, et fut reçue avec son vicaire général, M. l'abbé d'Argentré (plus tard évêque de Limoges), et M. l'abbé Nadaud, curé de Saint-Léger, chez M. du Courtioux ou Ducourtioux, trisaïeul de Mme de Lavillatte, née Petit-Lacombe, à laquelle appartient actuellement la maison où habita Mgr de Coëtlosquet. C'est la maison à pavillon indiquée sur la topographie de Mérian.

Mgr de Coëtlosquet et sa suite occupèrent les trois chambres hautes et ses équipages restèrent à l'hôtel (1).

Le curé de Boussac organisa des fêtes en cette circonstance et, depuis, les reliques de saint Domnolet sont, dans le pays, un objet de grande dévotion.

L'église, avons-nous dit, est modeste. Ce n'est pas, ou ce n'est plus, la magnifique cathédrale ogivale avec transept, grandes et larges baies dans le pignon, et le haut et élancé clocher des gravures de Chastillon et de Mérian, et nous partageons entièrement l'avis du chanoine Lecler. « Nous pensons, écrit-il, que le dessin est un peu flatteur et qu'il s'est trop écarté de ce que devait être l'ancienne chapelle dédiée à saint Cléréance. »

(1) La maison curiale ne pouvait recevoir l'évêque. On voit, par une délibération des habitants de Boussac du 2 mai 1751, que le presbytère tombait en ruines et que le curé avait dû se loger dans une maison de la ville. En 1751, une somme de 300 livres fut consacrée à la construction d'un nouveau presbytère pour le logement du curé et d'un vicaire. (*Esquisses marchoises.*) La construction du presbytère date donc de l'an 1751.

« La première pierre de la maison curiale de la commune de la ville de Boussac a été posée par M. Charles-Louis de Carbonnières, né au château de Boussac le 22 janvier 1747, fils de M. le comte Jean-Baptiste de Carbonnières et de Mme la comtesse de Carbonnières née Françoise-Armande-Henriette de Rilhac. Etaient présents : MM. Bernard Autourde, curé de la paroisse de Leyrat; Plantadis, curé de Boussac; Jean-Baptiste Abonnet, etc..... » (Archives de MM. Petit-Lacombe; pièces historiques.)

Nous pouvons ajouter le détail que nous fournit le registre de l'église et dont on trouvera la copie entière à l'appendice qui termine ce travail. Le clocher avait été réparé et recouvert en 1753. Six ans après, le 16 juillet 1759, il était frappé par la foudre, qui produisit des dégâts considérables dans toute l'église. Le clocher fut complètement découvert, la charpente brisée et les murs de l'église fortement ébranlés et fissurés. Sans doute, d'importantes réparations durent être faites à la suite de cet accident, et peut-être aussi fut-on obligé de démolir les quelques parties de l'église trop mutilées? Nous n'avons pu trouver aucun document à ce sujet.

A l'intérieur, on peut signaler un beau retable, en bois sculpté, avec quatre colonnes torses et décorations représentant des animaux, lions, coq, serpents, au milieu de pampres et de raisins; quelques tableaux, sans grande valeur, dont un seul est daté de 1653, mais n'est pas signé, et enfin des peintures murales représentant les quatre évangélistes avec inscriptions en gothique fioriturée.

Ces peintures ont leur histoire, que nous tenons de M. l'abbé Martin, chanoine et curé-archiprêtre de Boussac :

La présence à Boussac de Nicole de Blois, dite de Bretagne, épouse de Jean II de Brosse, y avait attiré une foule de musiciens, de peintres, etc..... De plus, à son retour d'Italie, le comte de Penthièvre, son oncle, amena avec lui des artistes de ce pays qui décorèrent l'église en entier de peintures à fresques.

En 1896, M. l'abbé Martin découvrit les peintures, cachées sous la chaux. Il écrivit alors au Conseil municipal pour lui faire part de sa découverte. On nomma une commission chargée d'examiner les peintures, mais cette commission ne semble pas avoir eu une idée très exacte de ce qui lui était exposé, car elle se contenta de faire un rapport verbal disant que le curé les avait mandés « pour leur montrer la figure de Marie-Antoinette..... ».

M. l'abbé Martin fut autorisé à faire les réparations à ses frais. Il s'adressa alors aux Beaux-Arts, et un homme du métier, étant venu constater la valeur des peintures, affirma qu'il fallait 10,000 francs pour les réparer. M. le Curé ne les ayant pas, les fit restaurer à ses frais et déboursa, de ses propres deniers, une somme de 750 francs.

C'est lui aussi qui fit restaurer les colonnettes découvertes dans les combles de l'église et les fit mettre dans l'état où elles sont aujourd'hui.

Quand la chapelle aux fresques fut réparée, il n'y avait pas de vitraux. M. l'abbé Martin s'adressa à Claudius Lavergne, membre de l'Académie des Beaux-Arts, pour lui demander un vitrail représentant saint Antoine, patron de la chapelle, et saint Domnolet, en lui faisant observer que les dépenses qu'il s'était déjà imposées ne lui laissaient que 300 francs pour faire face à ces nouveaux frais.

Claudius Lavergne, se souvenant que M. l'abbé Martin l'avait obligé jadis, accepta, bien que ses prix fussent très supérieurs, la somme qu'offrait *de sa poche* le digne curé de Boussac, et répondit que, même, il ferait le travail pour rien si M. l'abbé Martin le lui demandait.

Néanmoins, M. l'abbé Martin le paya 350 francs. Il est bon de rappeler ce fait à la louange des sentiments généreux du prêtre et de l'artiste.

Outre l'église, la ville possédait jadis, en dehors de ses murs, deux petites chapelles. L'une, située dans le cimetière, était dédiée à Notre-Dame-de-Pitié. C'est là que Pierre Leroux avait établi son imprimerie, en 1844. L'autre avait pour patronne sainte Barbe.

La chapelle Sainte-Barbe était située dans le quartier de la Chapelle-Sainte-Barbe, aujourd'hui du Rocher-de-la-Boulangère. Sur son emplacement, on a fait successivement un abattoir, une école de garçons et une école de filles.

CHAPITRE VII

Les fiefs mouvants de Boussac étaient : « Le Chier, Saint-Sauvier, Salvert, Montief-Ray, Jupille (qui a justice) (1), Villebouche (qui a justice), la Chassagne, la Motte-au-Groin (qui est jurable et rendable), Rouzières, la Villate, Tellène, les Disme de Goubier, le Boucheroux, les Arses, Entraigues, Salveres et les Biesses, Puy-Maigre, Villaud, le Tremoulet, la Sizaine-de-Domerau, la Demie-Sizaine, les maisons et moulin de la Forêt-Chanon, Bidejun, Vaux-sous-Toux, le Thioulet, l'Age, Jarden, Moulin-Hennard, Bospêche, Servieres, Fleurat,

(1) En 1543, Obert de La Touche, écuyer, était propriétaire de la seigneurie de Jupille, et Aubert « d'Agurande », écuyer, était seigneur de Gaudeix. Aubert d'Agurande était également propriétaire d'une rente de 105 sols tournois sur la seigneurie de Jupille, rente qu'il avait acquise de Louis de Boucher, seigneur de l'Age-Boucheraud.

Obert de La Touche était propriétaire d'une rente de 10 livres 10 sols 8 deniers à percevoir sur le moulin..... anciennement moulin Martinot, situé sur la rivière du Bérou, en la seigneurie de Gaudeix, justice de Jupille et Gaudeix.

La reconnaissance de ces deux rentes eut lieu par sentence dressée par le garde-scel établi au contrat du bailliage, terre et châtellenie de Boussac, le dernier jour du mois de février 1543, sur avis et conseil de :

1° Gabriel d'Aygurande, protonotaire du Saint-Siège, prieur de *Nouziellès* (??) ;

2° Pierre Legroing, écuyer, seigneur de Villebouche ;

3° Messire Charles de Brosse, protonotaire du Saint-Siège ;

En présence de :

Pierre de La Chapelle et Pierre de Lambelly, bailly et châtelain de Boussac ;

Guillaume de Pierre Bize étant garde du scel,

Pierre Duchier, notaire royal,

Pierre Chatelain, notaire juré du scel,

Gabriel de Saincthorent, greffier du bailliage de Boussac.

la Boissate, la Villatelle, le Cloux, Estables, Laterrade, Bastisses, Bestestes, le Soug, Nouzernies-le-Teil, l'Age, les Plats, Beaufort, Puyserez, Château-Chevrier, le Mont-Trenchard, Disme-du-Bouchaud, Disme-du-Breul, l'Age-Barye, Moulin-du-Teil et du Bouis, la Viergne, Poinsouse, Lavalette, Lavau, Mola, Mesauvier, le Puy-Carousse, Lussier-Manerbe, Juvigny et autres..... »

« ..... Le Seigneur a dîmes, fours et moulins bannaux de Banvin, laude, corvées, taille, mortaille et servitude hors la ville, laquelle ne doit que le droit de bourgeoisie. » ..... « Le Seigneur a toute justice et droit de châtellenie dans la ville et dans les paroisses de Boussac-les-Eglises, de Leirat, Saint-Savoier, Saint-Pierre-le-Bost, Saint-Marian, Bussières, Saint-Georges, Nouzerines, Bestistes, Malereiz, Cluniac, Domeran, Rouzieres, Champeux, Toulx-Sainct-Croix, Saint-Silvain de Baleroc, Saint-Martial, la Bucire, Porsac, la Vauffranche, Pradeaux, Jalische; les justices de la Vauffranche, Godeix et Jupille ressortissent en celle de Boussac et de là au baillage d'Issoudun, comme toutes autres appellations de Boussac. » (Thaumas de la Thaumassière, *Histoire du Berry*, t. III) (1).

Nous n'avons pas l'intention de faire l'historique de tous ces fiefs. Nous nous bornerons simplement à mentionner, à titre d'exemple, un aveu du fief du Cheix, à donner quelques renseignements sur Poinsouze, dont le château, restauré, présente le même caractère d'architecture que devait avoir jadis celui du Cheix actuellement en ruines; nous parlerons d'un procès qu'eut le seigneur de Bâtisse et nous terminerons par quelques mots sur Bétète, où se trouve l'antique abbaye de Prébenoit, souvent citée dans ce travail.

LE CHIER.

Le Chier, qui s'est appelé aussi le Chiez et aussi le Chez et encore le Cheix (orthographe actuelle), appartient aujourd'hui

(1) Ces notes ont été aussi reproduites par M. Aucapitaine.

à la famille Trébuchet (1). M. Eugène Trébuchet a bien voulu nous communiquer quelques documents qui semblent devoir intéresser le lecteur.

C'est d'abord un aveu de fief donnant la description du château :

1ᵉʳ Mars 1567.
Coppie (sic) de l'aveu dénombrement de la seigⁱᵉ du Chiez. Certifié par M. Abonnet et Leyraud (2), produit par Trébuchet.

Copie par extrait d'un aveu et dénombrement de la seigneurie du Chiez rendu par Mʳ Gilbert Dagayrande, Chevalier, seigneur du dit lieu du Chiez, au seigneur suzerain de Boussac, le 1ᵉʳ mars 1567.

A tous ceux qui ces présentes lettres verront; Guillaume De Pierre Bize garde du scel établi aux contrats du baillage et chatellenie de Boussac, salut; savoir faisons que Pardevant Gabriel de Saincthorent notaire juré dudit scel, usant de notre autorité et pouvoir a Eté présent en personne, Noble Seigneur Mʳᵉ Gilbert Dagayrande, Chevalier seigneur du Chiez et De Salus, Demeurant au dit lieu en la paroisse du Bourg, Lequel, de son Bon gré et Bonne volonté, si comme il disait, a connu et confessé, connait et confesse et avoue tenir en foi et hommage Lige de très haute et puissante dame Jeanne De Bretagne, Dame de Bressuire, Villentrois, Le Vivier, des Landes et de Boussac et Dame D'honneur de la reine, absente, le dit juré présent stipulant et acceptant pour la Dite dame, et ses sieurs, à cause de son chatel, terre et chatellenie Dudit Boussac, C'est à Savoir, L'hotel et Maison forte dudit Lieu noble Du Chiez en lequel y a une grosse tour quarrée à trois étages, à L'entrée Duquel

(1) La famille Trébuchet, qui est souvent citée dans ce travail, est connue depuis bien longtemps dans notre pays, et nous ne saurions laisser passer son nom sans mentionner ici que c'est à elle qu'appartient la mère de notre grand poète Victor Hugo, Sophie Trébuchet, épouse de Joseph-Léopold-Sigisbert, comte Hugo, général et écrivain militaire.

(2) Il semble bien que ces deux noms, fort mal écrits, sont : Abonnet et Leyraud.

y a Pont-levis et fossés renfermés de Murailles ;
au dedans de la Basse-cour y a Des étables et
jouxte d'une part La rivière De La petite
Creuse par le Dessous, D'autre Les Courtillages
de la Dite maison.

Plus un corps De maison étagière entre
Deux à Trois cheminées, où il y a une grande
Salle Basse, deux garde-robes, où il y a cave
par le Dessous et par le Déhors des dits fossés,
joignant les dits courtillages et D'autre le puit
Etant par le dehors de la dite Basse-cour.

Plus un autre corps de maison à deux
Chambres et Deux cheminées, avec deux
granges, Le tout sous le Même faîte, au Devant
de la dite Basse-cour ; au bout d'une des dites
granges, y a une étable à chevaux. Plus une
bergerie, Le tout..... Et un circuit au devant
Du dit Lieu noble, etc., etc.....

Suit une longue nomenclature des terres et dépendances ;
on signale aussi « *une Ecluse au-dessous du dit Lieu noble Du
Chiez située dans la dite rivière qui contient De longueur cent
Toises ou entour* ».

L'acte indique aussi que les « *hommes serfs dud. chevalier* »
sont tenus d'aller moudre le blé nécessaire pour leur provi-
sion au moulin Bannier appellé (*sic*) le moulin de la Ro-
chette.

. . . .

Toutes les quelles choses susdites sont
situées en La dite chatellenie Du Dit Boussac,
en foi hommage et Lige, toutefois par protes-
tation d'augmenter ou Diminuer le présent
aveu et dénombrement par ledit juré notaire
qui fut tenu De ma dite Dame en foi hommage,
comme dit est, qui ne seroit ci-Dessus désigné
et nommé et suppliant..... Chevalier, ma Dite
dame lui fait advertir au dit cas, par Messieurs
ses Officiers, offre sitôt qu'il sera venu à sa
notice et connoissance si comme ledit notaire
juré, auquel nous croyons fermement et ajou-

L'ancien Château du Cheix, à la famille Trébuchet (Dessin à la plume de M. de Fonrémis).

> tons pleiniere foi, nous a rapporté en choses
> Dessus dites, avoir été aussi Dictées et Décla-
> rées par le dit Chevalier et être vraies à son dit
> rapport et ès temoins de ce, nous Garde susdit
> Ledit scel avons mis et apposé à ces dites
> presentes, etc., etc.....

L'acte constate la présence de maître Antoine Delavault,
prêtre, de Philippe de Pierre Bize, et les signatures sont à la
minute : Dagayrande et De Saincthorent.

Signé à l'expédition : De Saincthorent, notaire. Vu et certifié conforme à l'expédition soumise aux arbitres. (Mêmes
signatures qu'au début.)

Un acte, dont l'original a été communiqué également par
M. Trébuchet, concerne une rente de la seigneurie du *Chiez*
sur les habitants d'*Etables* en date du 19 février 1665.

L'enquête établit que le village d'*Etable* (*sic*) doit au *Chiez*
3 boisseaux de froment et 3 boisseaux de seigle..... et aussi
que le château du *Chiez* a été incendié dans le temps des
ligues « anciennes », en 1554.

L'habitation actuelle du Cheix est moderne, mais ses propriétaires, qui aiment ce qui est vraiment beau, ont le bon
goût de laisser subsister, au fond du parc, les ruines de l'ancien manoir, dont les murailles dominent un des sites les plus
pittoresques de la Creuse.

POINSOUZE.

Poinsouze, sur les vieux actes : *Point-Source* — réunion
de sources, — dépendait du château de Boussac et devint, suivant l'acte de vente qui nous a été communiqué par M. le
baron de Rochefort, la propriété de M. André-François
Peyrot, receveur des droits de l'Enregistrement et des Domaines, demeurant à Boussac, qui l'acquit, le 11 septembre 1820, pour une somme de 65,000 francs, de
M. Charles-Joseph Armand, vicomte de Carbonnières, et de
Mme F. de Ribeyreix, son épouse.

On voyait encore, en 1870, les armes de la maison de Brosse à l'entrée de la tour, lorsque Mme de Soubrebost, petite-fille de M. Peyrot, entreprit la restauration du château.

Le château et la terre de Poinsouze sont actuellement la propriété de son fils, M. Edouard Aubusson de Soubrebost, représentant d'une très ancienne famille creusoise, originaire de Bourganeuf, dont les armes sont décrites dans d'Hozier : d'azur à 3 étoiles d'argent, deux en chef et une en pointe (tome XVI, folio 185, folio 186, folio 187), et encore : de gueules à une fasce d'or, accompagnée en pointe d'un croissant de même (folio 186, folio 187). Il existe encore d'autres variantes conservées sur les cachets de cette famille.

BATISSE. (Le nom ancien était *Baptise*.)

Au commencement du xviie siècle, Jean de Cluis était seigneur et propriétaire de Bâtisse et habitait Clugnat. Il prétendait avoir des droits de cens et de rentes (servitude réelle et personnelle) sur les habitants du village du Chézeau, paroisse de Jalesches. Par sentence du *bally* du Berry à *Issouldun*, le 23 novembre 1628, il fit condamner les sieurs Aufaure et Couchy, habitants du village du Chézeau, à lui payer le montant de la taxe portée « sur ses rolles » et à des dommages-intérêts.

L'affaire fut portée au Parlement de Paris qui, « pour esviter à plus grande esvoluttion de procès », se borna à donner acte de la renonciation faite par Jean de Cluis au bénéfice de la sentence et à tous droits, pour l'avenir, de cens, de rente et autres qu'il pouvait avoir sur divers habitants dudit village du Chézeau, y dénommés.

Le désistement de Jean de Cluis eut lieu, moyennant la somme de 200 livres tournois, immédiatement payée, par acte « faict et passé au lieu et bourg de Clugnat, domicile de Maitre Jacques de la Ribardière, avans midy, en présence de M^tre Gilbert Juston, notaire Royal à Clugnat, de Jean Niquant, meusnier au moulin de Rozeilles, paroisse de Saint

Le Château de Poinsouze, à M. de Soubrebost (Dessin à la plume de M. de Fourémis).

Desier, témoingtz, le dernier jour de Décembre, l'an mil six centz vingt-huit ».

Cet acte notarié a été publié, entre autres, par M. Louis Duval en 1877.

BESTESTES.

Aujourd'hui Bétête, chef-lieu de commune, canton de Châtelus-Malvaleix, arrondissement de Boussac, 1,119 habitants. — *Beisteitas*, 1192 (ch. de Prébenoit) ; Beteites, 1212 (cart. de Bonlieu) ; *Capella de Betete*, xiv⁰ siècle (pouillé) ; *Parochia de Beteste*, 1622 (terr. de Prébenoit).

Cure de l'archiprêtré d'Anzème, qui avait pour patron saint Pierre-ès-Liens. Jusqu'en 1598, l'abbé de Bourg-Dieu y nomma les titulaires, puis le prince de Condé jusqu'en 1721, enfin le Roi. — En 1435, Michel, évêque de Nicosie, coadjuteur de l'évêque de Limoges, consacra un autel dans l'église de Bétête (*Nobil.*, I, 281). Cette église a été réparée de nos jours et consacrée en 1872 (*Sem. relig. de Limoges*, X, 746). Elle possède une belle croix émaillée des xii⁰ et xiv⁰ siècles, un reliquaire à statuette tenant une tour de cuivre ciselé et doré du xv⁰ siècle, et un morceau du vêtement de saint Bernard (Texier, *Orfèvrerie*, 1260).

Il y avait une communauté de prêtres en 1564.

En 1140, N..... de Malval, seigneur de Châtelus-Malvaleix, fonda l'abbaye de Prébenoit (dont il est déjà parlé au chapitre : *Etablissements charitables*) avec des moines de Gérauld de Salis, gentilhomme du Périgord, disciple de Robert d'Abrisel et fondateur de Dalon. Les vicomtes de Brosse et les seigneurs de Déols, qui possédaient Boussac, dotèrent la nouvelle fondation. Cette abbaye, de l'ordre de Cîteaux, avait la Sainte Vierge pour patronne. La dignité d'abbé, jadis élective, fut ensuite à la nomination du Roi.

Liste des Abbés de Prébenoit :

1° Pierre Ier. . . . . 1140.
2° Elie Ier. . . . .
3° Bernard . . . . 1162.
4° Elie II . . . . 1180-1182.
5° Archambauld. . . . . 1191-1192.
6° Guillaume Ier. . . . . 1204.
7° Benoit. . . . . 1208.
8° P . . . . 1214.
9° Jean. . . . . 1215.
10° Guillaume II. . . . . 1236.
11° Pierre II. . . . . 1260.
12° Raymond. . . . . 1263.
13° Jean II. . . . . 1269.
14° Airaud. . . . . 1274.
15° Gervais. . . . . 1279.
16° Pierre III. . . . . 1288-1298.
17° Hugues . . . . 1299-1300.
18° Pierre IV. . . . . 1339.
19° Pierre V . . . . 1367.
20° Pierre VI de Saint-Avit . . . . . . 1375-1381.
21° Jean III de Brolhaco. . . . . 1394-1398.
22° Jean IV de Nozerines . . . . 1402.
23° Pierre VII de La Borde . . . . . . 1405.
24° Jean V de La Pierre. . . . . 1419-1425.
25° Philippe Robinet . . . . 1436-1438.

26° Jean VI de Saint-Julien . . . . 1490-1518.
27° Guillaume Ier de Bonlieu. . . . . . 1497 (?).
28° Olivier II de Saint-Julien. . . . . . 1522.
  Les seigneurs de Saint-Julien tinrent
    l'abbaye de Prébenoit sous le nom
    de *Gardiens* jusqu'en 1599.
29° Jean VII de Rebinghes. . . . . 1545.
30° François III de Saint-Julien. . . . . 1548-1557.

Abbés commendataires :

31° Barthélemy Mosnier. . . . . 1563-1568.
32° Louis Ier de Saint-Julien . . . . . . 1568-1578.
33° Simon du Mas. . . . . 1578-1595.
34° Jean VIII d'Estampes 1595-1598,
                                    et peut-être 1614 (1).
35° François II Valletaud . . . . 1617.
36° Mathieu de Verthamon. . . . . . . 1620-1639.
37° François III de Mallesset. . . . . . 1685-1691.
38° René-Gabriel des Nots. . . . . . . 1691.
39° François IV du Bost. . . . . 1706.
40° Patrice de Magdounouhe. . . . . . 1725.
41° Pierre VIII Xaxier-Benie de la Cypière. 1737.
42° Jean-Baptiste Formiger de Beaupuy. . 1739-1784.
43° N... d'Omingon-Gassens. . . . . . 1784.

(Extrait du *Dictionnaire de la Creuse*, par l'abbé Lecler, p. 55 et 56.)

(1) Et peut-être. en 1599, Jean de Saint-Julien. dit l'abbé Lecler. — M. de Beaufranchet le cite dans sa Notice.

« Le 16 avril 1791, nous dit M. le comte de Beaufranchet dans les *Notes complémentaires sur l'histoire de l'abbaye de Prébenoit* (pages 11 et suivantes), les bâtiments, moulin, pré, étangs et terres dépendant cy-devant de l'abbaye de Prébenoit, sis sur le territoire de la commune de Bêteste, furent adjugés à Henri Carbonnières, demeurant à Boussac, moyennant la somme de 50,100 livres. Sur cette somme, l'acquéreur paya, le 15 août 1792, 17,455 livres 14 sous 2 deniers. Il restait devoir 32,644 livres 5 sous 10 deniers..... »

« On ne s'expliquerait guère, ajoute M. de Beaufranchet, cette acquisition d'un bien d'Eglise, faite par le comte de Carbonnières, seigneur de Boussac, si l'on ne songeait aux mobiles qui ont certainement dû la motiver. En effet, outre qu'ils ne partageaient pas les idées nouvelles, les membres de cette famille ne possédaient pas de terres dans le voisinage immédiat de Prébenoit, car leur propriété la plus proche était celle de Beaulieu, paroisse de Vijon, en Berry. A notre sens, les Carbonnières, se considérant comme les successeurs de la grande et forte race des de Brosse, auxquels ils avaient succédé et dont ils tenaient la place à Boussac, n'ont eu d'autre désir et d'autre idée que de sauver de la destruction les lieux qui avaient été l'objet de la sollicitude et des largesses de leurs prédécesseurs..... »

« A peine le comte de Carbonnières était-il devenu acquéreur de l'abbaye et de ses dépendances, que ses deux fils, Paul et Eugène, partirent pour l'émigration. En conséquence, ses biens et ceux de sa femme, Mlle Ducarteron, furent partagés à la requête du Gouvernement, et ceux d'entre eux qui provenaient de Prébenoit et n'avaient pas été intégralement payés firent retour à la nation. Administrés pendant quelque temps par la Régie nationale, un décret les affecta, vers 1802, à la dotation de la Légion d'honneur qui les conserva jusqu'en 1806, époque à laquelle, d'après la loi du 24 avril et les décrets impériaux des 3 mars et 2 juillet de cette même année, ils passèrent à la Caisse d'amortissement. Ce service en fit faire l'expertise le 28 juin 1808, et enfin les mit en adjudication, le 17 janvier 1811, sur la mise à prix générale de 39,600 francs, chiffre auquel s'étaient élevées les enchères partielles. Le dernier metteur et enchérisseur fut le sieur François Roques, notaire impérial à Guéret, qui déclara avoir acquis pour et au nom de M. Louis Gérouille de Beauvais, demeurant audit lieu de Beauvais, commune de Bétête. L'abbaye de Prébenoit fut vendue par lui, en 1829, à Claude-Amable, comte de Beaufranchet, grand-père de celui qui écrit ces lignes (comte Fernand de Beaufranchet), et auquel elle appartient aujourd'hui. »

C'est dans la commune de Bétête que se trouve *Moisse* — *Maisser*, en 1223. — Dans les anciens titres, ce nom est aussi écrit *Messes*, *Mouesses*, *Maisses*. C'est à partir du milieu du XVIII° siècle qu'on écrivit *Moisse*. En 1223, Aubert de Malval concéda à Jean, abbé de Prébenoit, la terre et la forêt de Moisse.

Le fief de Moisse appartenait à la famille de la Lande. (Lecler, *Dictionnaire de la Creuse*, p. 434.)

De nos jours, on y voit un superbe château. La construction a été commencée en 1843 par M. le comte de Beaufranchet, de l'antique maison chevaleresque de Beaufranchet, dont la filiation authentique est établie depuis 1250 et que l'on croit issue des vicomtes de Narbonne. Elle porte : de sable au chevron d'or, accompagné de 3 étoiles d'argent posées 2 et 1.

Le château a été augmenté, dans la suite, par son fils et par son petit-fils, le comte Fernand de Beaufranchet, propriétaire actuel.

Le Château de Moisse, à M. le comte de Beaufranchet (Dessin à la plume de M. de Fonrémis).

CHAPITRE VIII

Registre d'hommages de la seigneurie de Boussac
1519-1521 (1).

« Ce registre appartient présentement à M. l'abbé Sapin, membre de la Société archéologique du Limousin. Il se compose de 21 feuillets de parchemin, mesurant $0^m,26$ de hauteur sur $0^m,20$ de largeur. La première page a une grande initiale en or sur fond bleu renfermant l'écusson de Bretagne : d'argent (?) semé d'hermines de sable, avec des rinceaux en couleur à gauche et en bas. En marge à droite, d'une écriture moderne, on lit : *unique invée* (sic) *cotte vingt-deux*. De même sur la couverture : *cotte* 22. Les initiales sont ornées. L'écriture, d'environ 1521, est très soignée. Il y a des fautes qui ont été deux ou trois fois corrigées par une main plus récente. Les hommages sont numérotés de I à LVIII. A la fin du registre ont été collées deux feuilles de papier contenant la table des matières, d'une main du xviie ou du commencement du xviiie siècle.

« Antoine Thomas. »

(1) *Société des Archives historiques du Limousin*, 1re série, Archives anciennes, tome V. *Documents divers sur le Limousin*, publiés par M. René Fage et l'abbé Granet. Limoges, F. Plainemaison, 1893, p. 295-314.

Nous réimprimons le texte de ce registre avec l'autorisation de M. Antoine Thomas qui, ainsi que nous le disons en commençant, a bien voulu corriger lui-même nos épreuves et y enlever quelques menues erreurs existant dans la première édition, ce qui fait de cette reproduction *une deuxième édition revue par l'auteur*.

« Ci après s'ensuyvent les hommaiges, foy et serment de fidélité receuz par monseigneur Monsieur Regné de Bretaigne (1), conte de Painthievre et de Perigord, viconte de Lymoges et de Bridiers (2), seigneur des Exars (3), Chasteauccaulx (4), Chasteaumur (5), Palluyau (6), Fourras (7), La Perouze (8), Boussac, etc., a luy deuz et faiz par les valseurs (*sic*) cy dessoubz nommés a cause de sadicte seigneurie de Boussac le quinziesme jour de jung l'an mil cinq cens dix-neuf, en son chastel dudict Boussac es presences de honnorables hommes et saiges maistre Pierre Maigny, licencié en loix, bailly dudit Boussac, Francois de Chambely, aussi licencié en loix, bailly de La Perouze, et Pierre Duchier, bachellier en loix, juré et notaire soubz le seel es contractz en la chastellenie de Bossac et clerc desdictz (p. 2) fiefs et hommaiges, lesqueulz hommaiges ont esté signés par ledit Duchier par le commandement de mondit seigneur le conte les jours et an susdictz. Et premierement :

« I. — Messire Pierre d'Aguirande (9), chevalier, a congneu et confessé tenir pour raison de la succession de son feu pere en fief de mondict seigneur a cause de sadicte seigneurie de Boussac la maison, lieu et fief noble du Chier (10), assiz en la paroisse du Bourg, avec ses appartenances et deppendances ; ensemble le lieu noble de Salvere (11), assiz en la paroisse de

(1) René de Brosse, dit de Bretagne, ne posséda que de nom les comtés de Penthièvre et de Périgord et la vicomté de Limoges. Il s'associa à la défection du connétable de Bourbon et fut tué à la bataille de Pavie (1525).

(2) Commune de la Souterraine (Creuse).

(3) Les Essarts (Vendée).

(4) Aujourd'hui, par corruption, Champtoceaux (Maine-et-Loire).

(5) Châteaumur (Vendée).

(6) Palluau (Vendée).

(7) Fouras (Charente-Inférieure).

(8) La Pérouse, commune de Vijon, canton de Sainte-Sévère (Indre).

(9) Aigurande, chef-lieu de canton (Indre). Cette famille noble n'a pas d'article dans le *Nobiliaire* de Nadaud.

(10) Le Cheix, commune de Boussac-Bourg.

(11) On hésite entre *Salveur* (ou *Salvert*), commune de Saint-Silvain-Bas-le Roc, et *Salveur*, commune de Leyrat, canton de Boussac; mais il n'y a pas de hameau de ce nom à Malleret.

Mallerex (1), avec ses appartenences et deppendences, et en a faict a mondit seigneur present les foy et hommaige lige et serment de fidelité accoustumés, a quoi a esté receu par mondit seigneur, sauf son droit et l'autruy, et lui a esté enjoinc bailler son denombrement par escript dans quarente jours.

« II (p. 3). — Ledict Messire Pierre d'Aguyrande, chevalier susdit, a congneu et confessé tenir pour raison de la succession de feu son pere en fief de mondit seigneur a cause de sa dicte seigneurie de Boussac la tierce partie du lieu et fief noble de Jupille, assiz en la paroisse de Sainct-Pierre-le-Boys (2), avec ses appartenences et deppendences, et en a faict (comme ci dessus), et a offert poyer les rachaptz, si aucunz en sont deuz a mondit seigneur pour raison dudit fief.

« III. — Jacque de Manvoisin (3), escuier, a congneu et confessé tenir a cause de damoiselle Anne de la Court, sa femme, en fief de mondit seigneur a cause de sa dicte seigneurie (p. 4) de Boussac, le lieu et fief noble d'Estables, assis en la paroisse de Cluignat (4) (comme ci dessus).

« IV. — Jehan Le Groing (5), escuier, a congneu et confessé tenir pour raison de la succession de son feu pere..... la maison, lieu et fief noble de Sainct-Salvier (6), assiz en la paroisse dudit lieu, avec ses appartenances, ensemble le lieu et fief noble de Monteffrel, assiz en la paroisse du Bourg (7), avec ses appartenances, et le lieu et fief noble du Chastellard assiz en la paroisse de Mallerex (8), avec ses appartenences et en a (p. 5) faict..... dans quarente jours.

---

(1) Malleret, canton de Boussac.

(2) La Grande-Jupille et la Petite-Jupille, commune de Saint-Pierre-le-Bost, canton de Boussac.

(3) Corrigez *Mauvoisin*. Cette famille a une courte notice dans Nadaud (IV, 393, supplément), mais il n'y est pas question de notre Jacques.

(4) Etables, commune de Clugnat, canton de Châtelus-Malvaleix.

(5) Sur la célèbre famille *Le Groing*, qui a possédé entre autres le château de la Motte-au-Groing, commune de Leyrat, et qu'on s'étonne de ne pas trouver dans Nadaud, voir La Chesnaye des Bois et Badier, *Dictionnaire de la Noblesse*, éd. de 1856, tome IX, col. 862-876.

(6) Saint-Sauvier, commune du canton d'Huriel (Allier).

(7) Moitié-Froid, commune de Boussac-Bourg.

(8) Il n'y a pas de hameau de ce nom dans la commune de Malleret.

« V. — Loys de la Chapelle (1), escuier, a congneu et confessé tenir pour raison de la succession de ses feux pere et frere..... la maison, lieu et fief noble de Boucheroux, assis en la paroisse de Lerac (2), avec ses appartenences et deppendences, et en a fait..... quarente jours.

« VI. — Anthoyne Gazeau (3), escuier (p. 6)..... succession de son feu pere..... le lieu et fief noble des Chezaulx, assiz en la paroisse de Sainct-Saulvier..... quarente jours.

« VII. — Guillaume Villars (4), escuier..... succession de feu Marguerite de Villars, sa tante..... la quarte partie de la maison, lieu et fief noble de Nozerines (5), assiz en la paroisse dudit lieu (p. 7)..... et en a offert paier les rachaptz, si aucunz en sont pour ce deuz a mondit seigneur.

« VIII. — Loys de Roquefeuilly (6), escuier, au nom et comme baillistre et ayans le gouvernement de Regnec, sa fille, et de feu damoiselle Françoise Savary (7), la tierce partie du lieu et fief noble de Laige Mesnier, assiz en la paroisse de Buxiere Sainct George (8)... et en a offert (comme ci dessus).

« IX (p. 8). — Anthoine de Monfront (9), escuier, au nom et a cause de damoiselle Françoise de la Ruelle (10), sa femme..... la maison, lieu et fief noble de Chasteau-Chevrier, avec le dommaine et moulin assiz en la paroisse de Mallerex (11)..... et en a offert..... (comme ci dessus).

(1) Cf. ci-après, art. 10. Cette famille manque dans Nadaud ; elle tirait probablement son nom de la Chapelle, commune de Lépaud, canton de Chambon. En 1516, Jean de la Chapelle, clerc, était garde du sceau de la châtellenie de Boussac (Bibl. nat., *Clairambault*, 1050, fo 177, original).

(2) Le Boucheroux, commune de Leyrat, canton de Boussac.

(3) Famille qui manque dans Nadaud. Cf. plus loin, art. 29 et 30.

(4) Nadaud avait une notice sur une famille *de Villards*, mais la feuille qui la contenait est déchirée.

(5) Nouzerines, canton de Boussac.

(6) Sans doute *Roquefeuil* ; cette famille manque dans Nadaud.

(7) Famille qui manque dans Nadaud.

(8) L'Age, commune de Bussière-Saint-Georges, canton de Boussac.

(9) Famille qui manque dans Nadaud.

(10) Même remarque.

(11) Châteauchevrier, commune de Malleret, canton de Boussac.

« X. — Loys de la Chapelle, escuier,..... (p. 9) succession de son feu pere..... la maison, lieu et fief noble des Arses, assiz en la paroisse de Sainct-Marcial-la-Brugière (1)..... dans quarente jours.

« XI. — Guillaume du Mont (2), escuier..... succession dé ses feuz pere et mere..... la maison, lieu et fief noble de Bedejuin, assiz en la paroisse de Toulx (3)..... dans quarente jours.

« XII (p. 10). — Jehan des Laizes l'aisné (4), escuier..... a cause de damoiselle Jehanne d'Aubusson (5), sa femme..... la moytié du lieu et fief noble du (sic) Laige Mesnier, assiz en la paroisse de Buxiere Sainct-George..... et en a offert (comme ci dessus).

« XIII. — Maurice de Boeze (6), escuier..... succession de son feu pere..... la maison, lieu et fief noble du Cloux, assiz en la paroisse de Cluignat (7)..... dans XL jours.

« XIV (p. 11). — Gaspard Faulcon (8), escuier,..... succession de son feu pere..... la maison, lieu et fief noble du Souq, assiz en la paroisse de Betestes (9)..... dans quarente jours.

« XV. — Messire Anthoine de Crozet (10), prestre..... succession de son feu pere..... certains cens et rentes tant en de-

---

(1) Les Arses et Saint-Martial-la-Bruyère sont aujourd'hui deux hameaux de la commune de Lavaufranche, canton de Boussac.

(2) Famille qui manque dans Nadaud.

(3) Bedjuin, commune de Toulx-Sainte-Croix, canton de Boussac.

(4) Nadaud ne connaît qu'une famille des Lezes, qu'on trouve, aux XVᵉ et XVIᵉ siècles, établie à Bersac (Haute-Vienne).

(5) Voir plus loin, art. 30 et 38.

(6) Famille qui manque dans Nadaud.

(7) Le Clou, commune de Clugnat.

(8) Branche des Faucon, seigueurs de Thouron (Haute-Vienne), d'après M. le vicomte de Maussabré qui, parmi les seigneuries possédées par les Faucon, mentionne le Son en Berry. Nadaud, *Nobil.*, II, 164. Cf. plus loin, art. 24 et 47.

(9) Il y a aujourd'hui le Grand-Sou et le Petit-Sou, commune de Bétête, canton de Châtelus-Malvaleix.

(10) Famille qui manque dans Nadaud.

niers que bledz a luy deuz es villaiges de la Faye-Chapon et
Chasons (1), situez en la paroisse de Cluignac..... dans quarente jours.

« XVI (p. 12). — Jehan de Jardon (2), escuier,..... succession de ses feuz pere et mere..... la maison, lieu et fief noble
de Laige, assiz en la paroisse de Persac (3), avec ses appartenances, ensemble les dismes de Laige et de la Poyade (4).....
dans XL jours.

« XVII. — Surceance a esté baillée par mondit seigneur
(p. 13) a maistre Jehan Billon (5), secrétaire du roy nostre sire,
à la personne de Jehan Robinet, de Jalesches (6), son recep-
veur, qui estoit venu excuser ledit Billon de faire l'hommaige
de ce qu'il tiend en fief de mondit seigneur en sa dicte seigneurie de Boussac jusques a ung moys.

« XVIII. — Jean de Laizes le jeune, escuier,..... succession de feu sa mere..... le lieu et fief noble de Las Chinaulx (7), assiz en la paroisse de Nozerines..... dans quarente
jours.

« XIX. — Jacques de Marieres (8), escuier..... pour raison de damoyselle Marguerite Cerviere (9) sa femme, la maison (p. 14) et fief noble de La Boissate, assiz en la parroise de
Cluignac (10)..... et a offert payer les rachaptz pour ce deuz a
mondit seigneur.

---

(1) Nous trouvons bien la Faye-Chapon, mais non Chasons, parmi les
hameaux actuels de la commune de Clugnat.

(2) Famille qui manque dans Nadaud et qui tirait son nom du village
de Jardon, commune de Parsac.

(3) L'Age, commune de Parsac, canton de Jarnages.

(4) La Pouyade, commune de Domérot.

(5) Sur cette famille, qui manque dans Nadaud, voir quelques notes
de Bosvieux dans le Congrès de Guéret (1866), p. 57.

(6) Jalesches, canton de Châtelus-Malvaleix.

(7) Corrigez *Las Chinaulx*, aujourd'hui la Chinaud, commune de
Nouzerines.

(8) Famille qui manque dans Nadaud; voir plus loin, l'art. 26.

(9) *Ibidem.*

(10) La Boissatte, commune de Clugnat.

« *Faict du XVIe jour dudit moys de jung, an susdit.*

« XX. — Anthoine de Verneige (1), escuier..... succession de son feu pere..... la maison, lieu et fief noble de Poinsouze (2), assiz en la paroisse du Bourg..... dans quarente jours.

« XXI. — Gaspard Faulcon, escuier..... (p. 15) pour raison de damoiselle Marguerite de la Vallete, sa femme,..... la maison, lieu et fief noble de la Vallete (3), assiz en la parroisse de Sainct-Pierre-le-Boys..... tant pour luy que pour damoiselles Jehanne et Marquisce ses sœurs..... et a offert (comme ci dessus).

« XXII. — Messire Antoine de Lussay (4), chevalier..... succession de son feu pere..... les lieux et villaiges de Thelines, Buxerete (5), assiz en la parroisse de Cluignac et les villaiges des Biessez (6) et de Thouzinac (7), assiz en la paroisse de Lerac..... dans quarente jours.

« XXIII (p. 16). — Anthoine du Boys, escuier..... pour raison de damoiselle Claudine de Varnege, sa femme..... lieu et fief noble du Puy-aux-Ortz (8), assiz en la paroisse de Buxure (*sic*) Sainct George..... et en a offert (comme ci dessus).

« XXIV. — Surseance a esté baillee par mondit seigneur a messire François de Mauvoisin (9), chevalier, de faire son

(1) Verneiges, canton de Chambon. Cette famille manque dans Nadaud.

(2) Poinsouze, commune de Boussac-Bourg.

(3) La Valette, commune de Saint-Pierre-le-Bost. Cette famille manque dans Nadaud.

(4) Famille qui manque dans Nadaud et dont le nom s'est fondu avec celui de la famille de Rochefort. Le père du célèbre pamphlétaire, marquis de Rochefort-Lussay, est né à Evaux en 1790.

(5) Téline et Busseire ou Bussière, commune de Clugnat.

(6) Les Biesses, commune de Leyrat.

(7) Nous ne retrouvons pas ce nom dans la nomenclature actuelle.

(8) Aujourd'hui le Puzor ou Puizort, commune de Bussière-Saint-Georges.

(9) François de Mauvoisin, que Joullieton indique comme ayant été sénéchal de la Haute-Marche de 1521 à 1543, fut, en réalité, nommé à cet office (en remplacement de son père Jean, décédé) le 10 janvier 1512.

hommaige du lieu et fief noble de Bosbesche (1), jusques au moys.

« (D'une autre main) : Depuis ledict M° François de Monvoisin (*sic*) a satisfaict et donné son adveu et denombrement le XXV octobre MVCXIX.

« XXV (p. 17). — Messire Loys de Sainct Julien (2), chevalier, au nom et comme procureur de damoyselles Katherine et Lyonne de la Soubzmaigne (3), succession de leur feu pere..... la maison, lieu et fief noble de la Terrade, assiz en la parroise de Jalesches (4), avec ses appartenances, ensemble le lieu et fief noble de Traignes (5), assiz en la paroisse de Lerac..... dans quarente jours.

« XXVI. — Jehan de Cermere, escuier.... succession de feu son pere..... la maison, lieu et fief noble de Cermere, assiz en la paroisse de Dommeran (6), quarente jours.

« XXVII. — Messire Jacques de Courjat (7), chevalier,..... succession de feu son père..... la moitié des cens, rentes tant en deniers que bledz, et ce par indivis, a luy deuz es villages de Montranchard et Grant Viergne et du Molin des Chomeilz (8), dans XL jours.

« P. Duchier.

« *Faict du XVIIe jour dudict moys, an que dessus.*

« XXVIII. — Loys Bouchard (9), escuier,..... succession

---

(1) Corrigez **Bospesche**, écrit aujourd'hui Beaupêche, commune de Domérot, canton de Jarnages.

(2) Sur ce personnage, voir Nadaud, II, 371 et 604.

(3) Sur cette famille, voir plus loin, art. 55.

(4) La Terrade, commune de Jalesches.

(5) Corrigez *Traigues*, aujourd'hui Antraigues, commune de Leyrat.

(6) Corrigez *Cerviere*. Il s'agit de Servieres, commune de Domérot.

(7) Sur la famille de Courjat, voir une note de P. de Cessac dans Nadaud (I, 648).

(8) Le Grand-Viergne est dans la commune de Saint-Dizier-les-Domaines, canton de Châtelus-Malvaleix. Quant à Montranchard et au moulin des Chomeils, nous ne les retrouvons pas.

(9) Nadaud ne donne pas de généalogie de la famille Bouchard; il a relevé la mention d'Odebert Bochard, damoiseau en 1382 (I, 218).

de feu (p. 19) Dauphine d'Aguyrande, son ayuelle,..... certains cens et rentes tant de deniers que bledz et certaines charges sur la seigneurie et fief de Jupille, et grange de Tornesa (1), et a offert (comme dessus).

« P. DUCHIER.

« *Faict du XVIIIe jour dudit moys, an que dessus.*

« XXVIIII. — François Gazeau, escuier, au nom et comme procureur de Anthoyne et Gabriel Gazeau..... certaines rentes tant de deniers que bledz et autres assises es paroisses de Mallerex, Cluignac, Besteles et Buxiere - Sainct-George..... (p. 20) et a declaré que lesdictz Anthoyne et Gabriel tiennent lesdictes rentes pour raison de la succession de leur pere et autres leurs predecesseurs.

« XXX. — Jehan d'Aubusson (2), escuier,..... pour raison de la succession de feu Anthoyne Gasot (3), escuier, prochain parent dudit d'Aubusson..... la maison, lieu et fief noble du Puy-Mesgres (4), assiz en la parroisse du Bourg..... et a offert (comme ci dessus).

« XXXI (p. 21). — Jehan de Vernusse (5) l'aisné et Jehan de Vernusse le jeune, escuiers,..... succession de leurs feuz peres..... la quarte partie du lieu et fief noble de Laige Mesnier, assiz en la paroisse de Buxiere Sainct-George..... dans quarente jours.

« XXXII. — Gabriel de la Celle (6), escuier,..... succession

---

(1) Tournesac, commune de Bétele. Quant à Jupille, c'est un village de la commune de Saint-Pierre-le-Bost, divisé en deux parties : la Grande et la Petite-Jupille.

(2) Par acte de l'an 1516, ce personnage, qualifié écuyer, seigneur du Puy-Mesgres, paroisse de Malcreix (*sic*), et sa femme, Jeanne de Perpirolle, vendent à Fortuné de Courjat, écuyer, 28 sous de rente sur un serf du village de Villaud, même paroisse (Bibl. nat., *Clairambault*, 1059, f° 177, pièce originale). Je ne sais s'il appartenait à la célèbre famille d'Aubusson.

(3) Malgré la différence d'orthographe, il est probable qu'il s'agit de la famille Gazeau déjà mentionnée.

(4) Puy-Maigre, commune de Boussac-Bourg.

(5) Famille qui manque dans Nadaud.

(6) Voir Nadaud, suppl. III, 406.

de son feu pere, la quarte partie par indivis de la maison, lieu et fief noble de Nozerines, assiz en la parroisse dudict lieu..... (p. 22) dans quarente jours.

« P. DUCHIER.

« *Faict du XXI*ᵉ *jour dudict moys, an que dessus.*

« XXXIII. — Pierre de la Ville (1), escuier..... pour raison de damoiselle Magdeleine de la Penneunaire (2), sa femme..... la quarte partie par indivis de la maison, lieu et fief noble de Nozerines, assiz en la paroisse du dict lieu..... et a offert (comme ci dessus).

« XXXIV (p. 23). — Gilbert de Rochedragon (3), escuier..... pour raison de feu Ysabeau de Malleret (4), sa mere..... la maison, lieu et fief noble des Maisons (5), avec le dommayne dudit lieu, assiz en la parroisse de Toulz, ensemble la tierce partie de la chevance dudit fief, et Pierre d'Anglardz (6), present, a dit que l'autre tierce partie de ladicte chevance lui appartiend a cause de feu Marie de Rochedragon, sa mere, et François du Peroux (7), escuier, aussi present, a dit que l'autre tierce partie de ladicte chevance luy appartiend a cause de feu Delphine de Rochedragon, sa mere, et en a ledit Gilbert faict a mondit seigneur present les foy, hommaige lige et serment de fidelité acoustumés tant pour luy que pour lesditz d'Angladz et du Peroux, ses nepveux,..... et a offert (comme ci dessus).

« XXXV (p. 24). — Jehan de Luchat, escuier..... succession de son feu pere..... le lieu et fief noble du Molin-Hesi-

---

(1) Probablement petit-fils du trésorier de la Marche, Jacques de la Ville, anobli par Charles VII en novembre 1441.

(2) Corrigez *Pennevaire*, nom d'une famille connue (voir Nadaud, III, 344).

(3) Famille originaire d'Auvergne, dont Nadaud ne fait pas mention.

(4) Famille qui n'a qu'une mention de quelques lignes dans Nadaud (IV, 303).

(5) Les Maisons, commune de Toulx-Sainte-Croix.

(6) Voir Nadaud, I, 44.

(7) Voir Nadaud, III, 321.

nard (1), assiz en la paroisse de Persac..... dans quarante jours.

« Plus a confessé ledit de Luchat qu'il a acquis de noveau d'un nommé Couronneau ung pré appelé la Prelle, duquel il exibera les contractz, et, iceulx veuz, mondit seigneur [pourra] la prandre par puissance de fief si bon luy semble ou en prendra le rachapt.

« XXXVI. — Jehan de la Chastre (2), escuier..... pour raison de donation (p. 25) faicte a luy par ses pere et mere en son contract et traicté de mariage..... la maison, lieu et fief noble de la Viergue (3), assiz en la paroisse de Sainct-Silvain de Ballerot..... et a offert (comme ci dessus).

« P. DUCHIER.

« *Faict du XXVIᵉ jour dudit mois, an que dessus.*

« XXXVII. — Anthoine de la Chastre, escuier, au nom et comme procureur de dame Gilberte Bertrand (4), vefve de feu Messire Jehan Le Groing, chevalier, a congneu audit nom que ladite dame comme ayant le noble bailli (*sic*) de Pierre, Ludovic, Anthoine, Jehan, Gilbert, Guillaume, et Françoise, enfans dudit deffunct et d'elle (5), tiend en fief de mondit seigneur a cause de sa dicte seigneurie (p. 26) de Boussac, le lieu, maison et fief noble de Villebousche (6), assiz en la parroisse de Treignac..... quarente jours.

« P. DUCHIER.

(1) Corrigez, probablement, en *Molin-Hesmard*, aujourd'hui les Moulins. Sur la famille de Luchat, voir Nadaud, III, 130.

(2) Famille originaire du Berry, sur laquelle on trouvera quelques notes (relatives à une autre branche) dans Nadaud (suppl. III, 11 et 410).

(3) Corrigez *la Viergne*, commune de Saint-Silvain-Bas-le-Roc.

(4) Sur la famille Bertrand, voir une note de M. le vicomte de Maussabré dans Nadaud (I, 320).

(5) La Chesnaye des Bois ne connaît comme enfants de Jean Le Groing et de Gilberte Bertrand que Pierre, Louis, Jean, Gilbert et Guillaume.

(6) Villebouche, commune de Treignat, canton d'Huriel (Allier).

« Faict le XXVIIᶜ jour dudict moys, an que dessus.

« XXXVIII. — Guillaume Bertrand, escuier, bastard de Villemort (1), au nom et comme procureur de Messire Jehan Bertrand, a congneu et confessé que ledit messire Jehan Bertrand tient en fief de mondit seigneur a cause de sa dicte seigneurie de Boussac et par eschange faict par ledit chevalier avec Jehan d'Aubusson (2), escuier, la maison, lieu et fief noble de Lasvaulx (3), assiz en la paroisse de Sainct-Pierre-le-Bois..... (p. 27) et a offert (comme ci dessus).

« XXXIX. — Jehan de la Forest (4), escuier, au nom et comme procureur de dame Jehanne Bertrand, vefve de feu messire Jacques de Lussay (5), quant vivoit chevalier,.....la maison, lieu et fief noble de la Villatte, assiz en la paroisse de Lerac (6)..... quarante jours.

« P. Duchier.

« Faict du IIIᶜ jour de juillet, an que dessus mil Vᶜ dix neuf.

« XL (p. 28). — Damoyselle Anthoynette de Magnac, vefve de feu Philbert de Ligondeix (7), quant vivoit escuier, tant en son nom que comme aiant la garde de noble (*sic*) de Galias, Guillaume, François, Marie et Loyse, enfans dudict deffunct et d'elle:.... la maison, lieu et fief noble de Chanon (8)...... dans quarente jours.

« XLI. — Anthoyne de Varnege, escuier,..... pour raison

---

(1) Villemort ou Villemore, commune de la Celle-Dunoise, canton de Dun.

(2) Voir plus haut, art. 30.

(3) Lavaud, commune de Saint-Pierre-le-Bost.

(4) Le même qui figure plus loin comme maître d'hôtel du seigneur de Boussac.

(5) Voir plus haut, art. 22.

(6) Commune de Leyrat.

(7) Ligondeix, commune de Clugnat. Sur la famille de Ligondeix, voir Nadaud, III, 89, et surtout III, 557. On remarquera que les généalogistes ne mentionnent pas notre Philibert.

(8) Chanon, commune de Toulx-Sainte-Croix.

d'acquisition de Gabriel de Gratain, escuier,..... le lieu et fief noble de Longners (1), assiz en la paroisse du Bourg..... (p. 29) et a offert (comme ci dessus).

« P. DUCHIER.

« *Faict du XVIII^c jour dudit moys, an que dessus.*

« XLII. — Jehan de Courjat, escuier,..... succession de son feu pere..... la moitié par indivis des rentes et devoirs a luy deux tant en deniers, bledz que autres es villaiges du Mont-Tranchard, de Grant-Viergne et le moulin des Chomeilz..... dans quarante jours.

« XLIII (p. 30). — Ledit Jehan de Courjat, escuier susdit..... au nom et comme procureur de Fortuné de Courjat (2) .certains (*sic*) rentes, tant en deniers, bledz, poules que autres, deuz audit Fortuné au village de Villand (3), assiz en la parroisse de Mallerex, et a offert payer les rachaptz deuz a mondit seigneur pour raison dudit fief, lequel mondit seigneur luy a donnez (*sic*).

« P. DUCHIER.

« *Faict du XXVII^c jour dudit moys, an que dessus.*

« XLIV. — François Raffin (4), escuier,..... succession de feu son pere..... (p. 31), la maison, lieu et fief noble de Mallerex, assiz en la parroisse dudit Mallerex..... dans quarante jours.

« P. DUCHIER.

(1) Corrigez *Longvers*, aujourd'hui Lougvert, commune de Boussac-Bourg. Sur la famille de Gratain ou Gratin, voir Nadaud, II, 373.

(2) Déjà cité dans une note de l'art. 30.

(3) Corrigez *Villaud*, commune de Malleret.

(4) Voir, dans Nadaud (III, 142), une note où il est question de « Pierre de Raffin, damoiseau », qui, vers 1400, possédait le fief de *Malause* ou *Malarose*, fief que l'éditeur identifie dubitativement avec Malauze, commune de la Souterraine; et qui est apparemment notre Malleret.

« *Faict du XXVIII⁰ jour dudict moys, an que dessus.*

« XLV. — Anthoyne Danoadour (1), escuier,..... succession de son feu pere..... certaines rentes et devoirs a luy deuz, tant en deniers, bledz que autres choses, au villaige de Foussac (2), assiz en la parroisse de Betestes,..... et en a faict a mondit seigneur, a la personne de Jehan de la Forestz, escuier, maistre d'hostel de mondit seigneur, ayans especial charge (p. 32) de mondit seigneur de vive voix de recevoir ledit hommaige,..... quarente jours.

« P. Duchier.

« *Faict du dernier jour dudit moys, an que dessus.*

« XLVI. — Claude de Chassecourte (3), escuier,..... pour raison d'acquisition par lui faicte de Jehan de Pramy (4), escuier..... les lieux et fiefz noble (*sic*) de Salvere, les Biesses, et Puychadel (5), assiz en la paroisse de Lerac..... quarente jours.

« P. Duchier.

« *Faict du II⁰ jour d'aous, an susdict mil V⁰ dix-neuf.*

« XLVII (p. 33). — Messire Loys de Crozet (6), prestre,..... pour raison de la succession de son feu pere..... la maison, lieu et fief noble de la Vallette, autre que celluy dont par Gaspard Faulcon, escuier, par cy devant a esté faict hom-

----

(1) Ce nom est évidemment altéré. Corrigez, probablement, en *d'Auradour*. Voir Nadaud, III, 303.

(2) Nous ne retrouvons pas ce nom parmi les hameaux de la commune de Bétête.

(3) Corrigez *Chaussecourte*, nom d'une famille noble bien connue (voir Nadaud, I, 447 et 580).

(4) Famille qui manque dans Nadaud.

(5) Sauveur et les Biesses sont, en effet, dans la commune de Leyrat, mais nous ne retrouvons pas Puychadel.

(6) Voir plus haut, art. 15.

maige lige à mondit seigneur, assiz en la paroisse de Sainct
Pierre le Bois (1)..... quarente jours.

« P. Duchier.

« Faict du XVe jour dudit moys, an que dessus.

« XLVIII. — Francoys de Peroux (2), escuier,..... succession de son feu pere..... certain moulin et estangt appellé
de la Forestz, assiz en la parroisse de (3)..... et pour ce que
lesdictz moulin et estangt avoient esté acquis par son dict feu
pere, a offert payer les rachaptz deux pour ce à mondit seigneur.

« P. Duchier.

« Faict du dixiesme jour d'avril l'an mil V^e et vingt.

« XLIX. — Par devant Jehan de la Foretz, escuier, seigneur de Baptisses (4), maistre d'hostel de mondit seigneur
ayans especial mandement de mondit seigneur de recevoir
le per-en-sus desdictz hommaiges non faictz a mondit seigneur, duquel mandement la teneur s'ensuit :
« Nous Regné de Bretaigne, conte de Painthievre et de Perigord, vicomte de Lymoges et de Bridiers, seigneur de
Laisgle, Boussac, Chastcauccaulx, Chasteaumur, Fourras,
des Exars, de Palluyau, de la Perouze, etc. A tous ceulx qui
ces presentes lettres verront salut. Savoir faisons que pour
ce que avons donné respit a aucuns de noz subgectz de noz
terres de Boussac et de la Perouze de faire leurs hommaiges
et que le temps des (p. 35) aucuns pourroit estre expiré avant
que allisions en nos dictz (*sic*) terres, a ceste cause avons
donné et donnons commission et puissance a Jehan de la Fo-

----

(1) Il n'y a qu'un seul village de la Vallette, dans la commune de
Saint-Pierre-le-Bost. Y avait-il deux maisons nobles?

(2) Voir plus haut, art. 34.

(3) Il y a un moulin de ce nom dans la commune de Mortroux, mais
il ne doit pas s'agir de celui-là, car Mortroux était dans la Marche et
non en Berry.

(4) Batisse, commune de Clugnat.

restz, nostre maistre d'hostel, appelé avec luy le chastellain,
procureur et clerc des hommaiges de nos dictz terres, de recevoir nos dictz subgectz et autres es foy et hommaiges en
quoy ténuz nous peuvent [estre] a present en la forme et ma-
niere que de toute ancienneté eulx et leurs predecesseurs ont
acoustumé de la faire, sans en plus large leur atribuer droict
par lesdictz hommaiges, et de leur en faire bailler lettre dont
les doubles demeureront es registres et papiers de nostre
clerc des hommaiges, sauf que n'entendons qu'ilz recoivent
aucunz venuz par nouveaux acquestz ou en sorte dont ne
pussions avoir les choses par puissance de fief et droit de retenue jusques adce que nous ayons esté advertiz. En tes-
[moing] desquelles choses nous avons signé ces presentes de
nostre main et faict signer a nostre secretaire. Donné aux
Exars le XXIIe jour de janvier l'an mil cinq cens dix neuf et
signé au dessoulz : REGNE DE BRETAIGNE et J. BELOCE (p. 36),
par commandement de mondit seigneur le conte.

« L. — Messire Marc Le Groing, chevalier,..... succession
de ses feuz pere et mere..... la maison, lieu et fief noble de
la Mothe au Groing (1), assiz en la parroisse de Lerac.....
dans quarente jours.

« Ll. — Ledit Messire Marc Le Groing, chevalier,..... pour
raison desdictz successions des ses dictz feu pere et mere.....
la maison, lieu et fief noble de Rouziers (2), assiz en la paroisse dudit lieu..... dans quarente jours.

« *Faict le XXVIe jour dudit mois, an que dessus.*

« LII. — Lors de Cluys (3), escuier,..... succession de son
feu pere..... le lieu et fief noble de Laige Barrion, assiz en
la paroisse de..... dans quarente jours.

« LIII. — Jacques Barchon (4), escuier, au nom et comme

(1) Leyrat. Voir les art. 4 et 37.

(2) Rouzier, commune de Clugnat, où l'on voit encore les ruïnes d'un
château.

(3) Famille originaire du Berry. Voir Nadaud, I, 762 et 593.

(4) Corrigez *Barlhon.* Nadaud constate qu'il y avait des *Barton* à Jurigny, paroisse de Saint-Pierre-le-Bost (I, 161). Cf. plus loin, art. 57 et 58.

procureur de Lancelot de la Touche, escuier, et de damoyselle Magdeleine de Menou..... (p. 38) certains cens et rentes
[tant] de deniers, bled que autres choses acquises par feuz
dame Andrée de Norray, quand vivoit veuve de feu messire Jehan de Blanchefort (1), et par messire François de
Blanchefort, chevalier, fils de ladicte feue dame, et delais-
scez ausdilz de la Touche et sa dicte femme pour ledit chevalier messire François de Blanchefort..... et a ledit Barchou
audit non offert (comme ci dessus).

« P. Duchier.

« *Faict du XIe jour d'octobre, an que dessus.*

« LIV. — Anthoyne Couronneau,..... pour raison de la succession de son feu pere..... (p. 39) le lieu et fief noble de la
Croux (2), assiz en la parroisse de Persac..... dans quarente
jours.

« P. Duchier.

« LV. — Loys de la Soubzmaigne (3), escuier..... pour
raison de donation a luy et damoyselle Jehanne de Moussy,
sa femme, faicte en traictant leur mariage par dame Perro-
nelle Hébrard, tante de ladite Jehanne,..... certains cens
et rentes de deniers, bledz et autres choses situés en la paroisse de Demncoran (4)..... (p. 40) et a offert (comme cy
dessus).

« P. Duchier.

« *Faict du XVIIe jour d'octobre l'an mil cinq cens vingt et ung.*

« LVI. — Venerable personne messire Pierre la Maille,

(1) Famille célèbre, sur laquelle voyez Nadaud, I, 211 et 326; il n'y
est pas question de nos personnages.

(2) La Croix-de-la-Gladière, commune de Parsac.

(3) On ne trouvera que quelques notes insignifiantes sur cette famille
dans Nadaud (IV, 174). Nous avons déjà vu, sous le n° 23, deux damoiselles de la Soubzmaigne. Le 24 octobre 1537, Louis de la Soubzmaigne,
écuyer, seigneur de Fers (?), fut nommé capitaine d'Ahun et de Chénérailles. C'est sans doute le même qui est mentionné ici.

(4) Il faut évidemment corriger *Dommeran*, comme plus haut, et y
reconnaître Domérot.

prestre, tant en son nom que comme procureur des venerables doyen et chapitre de Saint-Martin d'Huriec (1) et pour raison de donnation faicte par les predecesseurs [dudict seigneur] ausdict doyen et chapitre..... le lieu et fief noble de la Rue (2), assiz en la paroisse de Cluignac,..... (p. 41) dans quarente jours.

« P. Duchier.

« *Faict du VIe jour de novembre, an que dessus.*

« LVII. — Jacques Barchon (3), escuier,..... succession de ses feux pere et mere..... les lieux et fiefs noble de Boys Barchon et de Jurinier (4), assis en la paroisse de Saint-Pierre-le-Boys,..... (*sic*) quarente jours.

« P. Duchier.

« *Faict du XXIe jour desdictz moys et an que dessus.*

« LVIII. — Jacques Barchon, escuier, au nom et comme procureur de Christofle de Seriz (5), succession du feu pere de Seriz (p. 42), les deux tiers et tierce partie du lieu noble et fief de Foussac (6), assis en la parroisse de Betestes..... dans quarente jours.

« P. Duchier. »

(1) Huriel (Allier), chef-lieu de canton.

(2) Nous ne retrouvons pas ce nom.

(3) Voir l'art. 53.

(4) *Jurinier* est aujourd'hui Jurigny, village divisé en Grand et Petit-Jurigny; mais nous ne retrouvons pas *Bois-Barton* dans la commune de Saint-Pierre-le-Bost, à moins qu'il ne faille l'identifier avec l'un des deux hameaux de *Bois-Denier* et *Bois-Remord*.

(5) La famille de Seris est originaire du Berry; sa notice a été déchirée dans le manuscrit de Nadaud.

(6) Voir l'art. 45.

APPENDICE

Il eût été très intéressant de réunir et de publier tous les titres et documents concernant Boussac et son château. La difficulté était grande, et le « chartrier » serait toujours resté incomplet.

Il n'existe, dans les archives départementales et municipales, qu'un nombre bien restreint de pièces..... Que sont devenues les vieilles et volumineuses archives qui, au moment de la vente du château à la ville, se trouvaient dans la tour dite des « Archives » et que les anciens propriétaires s'étaient réservé le droit d'enlever dans le délai de deux ans?..... Nous n'avons pu trouver en quel endroit elles avaient été déposées. Divers habitants nous ont affirmé qu'à certaines dates on en avait emporté des « voitures entières ».

Nous devons nous borner à indiquer celles qui se trouvent à la préfecture de Guéret et à reproduire quelques extraits des registres des baptêmes, mariages et inhumations de l'église de Boussac, intéressant de nombreuses familles de la cité dont beaucoup ont encore des représentants dans la ville et dans les environs, et renfermant maints détails d'événements locaux. Les extraits nous ont été donnés par M. Autorde, dont la grande expérience nous a été précieuse dans le cours de nos recherches.

Nous commencerons par les baptêmes; l'acte le plus ancien des registres (baptême Debize) est de 1676.

Baptêmes (1).

1676. De François, fils de Pierre Debize, avocat en parlement, et de Philiberte Masson.

---

(1) L'orthographe des noms a souvent varié dans ces registres. Nous l'avons conservée telle qu'elle est dans ces vieux documents.

1677. De Jean, fils de Silvain Vincent, maître chirurgien, et de
Marguerite Maulmont. Parrain : M° Jean Dagard, lieutenant criminel de robe courte d'Issoudun ; marraine :
damoiselle Chabridon, femme du bailli de Boussac.

1678. De Marie-Ursule, fille de M^{lre} Godefroy de la Rochaymon
et de dame Henriette-Madelaine Desgrellets (sic), dame
de Boussac. Parrain : messire Jean de Fricon, seigneur
de Parsac ; marraine : damoiselle Armande de Rilhac.

1683. De Victor, fils de Gilbert de « Saint-Horent », maître chirurgien de Boussac, et de dame Jeanne Duchier. Parrain : M. Victor Mallet, curé de Boussac ; marraine :
dame Elisabeth de « Saint-Horent », femme de M° Jean
Grangiron, notaire de la baronnie de Boussac.

1684. De Albert, fils de Pierre Chabridon et de dame Gessier.
Parrain : Albert de Rilhat (sic), chevalier, comte de Saint-
Paul, baron de Boussac ; marraine : dame Jeanne-
Armande de Larochaymon d'Aubusson, comtesse de
Saint-Paul.

1686. 26 février. De Henriette de Champernaux.

1688. De Jacques Chabridon. Parrain : M. Jacques Jammet, docteur en théologie, prêtre recteur de la ville de Boussac ;
marraine : honnête femme Gilberte Peyrot.

1690. De Armande, fille de René Debize et de Armande Duchier.
Parrain : François Debize, bailli de Boussac ; marraine :
Jeanne-Armande d'Aubusson de la Rochaymon, veuve
de messire François de Rillac, chevalier, comte de Saint-
Paul.

1697. De Albert, fils de Jean de Saincthorent, avocat, et de demoiselle Catherine Ruby. Parrain : Albert de Rilhac, seigneur et comte de Saint-Paul, capitaine de Chevau-
Légers dans le régiment de Marivaud ; marraine :
demoiselle Henriette-Madeleine de Rilhac.

1709. De Godefroy, fils de Victor de Saincthorent, greffier, et de
Anne Aubert. Parrain : Godefroy Aubert, sieur des
Villates ; marraine : demoiselle Jeanne Duchier.

1711. De Françoise Soumillet. Parrain : Haut et puissant seigneur
Albert de Rilhac, comte de Saint-Paul, lieutenant-colonel du régiment de Roussillon ; marraine : dame Françoise de Couslin, dame de Boussac.

1712. De Françoise, fille de Jérôme Chéron, sergent, et de Mar-
. guerite Charteron. Parrain : de la Rochebernard, capitaine ; marraine : Françoise de Couslin, dame de Boussac.

1716. De François-Armand Jamet. Parrain : Messire François de
Bonneval, écuyer; marraine : damoiselle Françoise de
Rillac.

1717. De Sébastien, fils de Louis de Montagnac, écuyer, sieur de
Gouby, et de damoiselle Silvaine Darnat. Parrain :
Sébastien de Chaussecourte, écuyer, sieur du Breuil;
marraine : demoiselle Marie Barlet.

1721. De François, fils de Charles Dutellier, écuyer, seigneur du
Rochier, et de dame Françoise Noblet. Parrain : François de Mornay, écuyer, seigneur de Bonnat; marraine :
haute et puissante dame Madelaine du Ligondais, comtesse de Saint-Paul.

1724. De Armande, fille de Pierre Debize et de Marguerite de
Saincthorent. Parrain : M. Antoine Aubert, contrôleur;
marraine : Armande de Rilhac, damoiselle de la baronnie de Boussac.

1727. De Armande Debize. Parrain : Messire Antoine de Thu-
renne, écuyer, seigneur, marquis d'Aubeperre; marraine : damoiselle Armande de Rillac, damoiselle de
Boussac et autres lieux.

1732. De Charlemagne, fils de Me Jean Duchier, notaire, et de
demoiselle Antoinette Gallerand. Parrain : Jean de Carbonnières, écuyer, marquis de Saint-Brice, baron de
Boussac; marraine : demoiselle Marie Demay Deter-
mont.

1732. 19 août. De Elisabeth Chabridon.

1733. De Louise-Françoise, fille de Jean de Carbonnières et de
Armande de Rilhac, dame de la baronnie de Boussac.
Parrain : Messire François de Coustin, comte d'Oradour.
grand-oncle maternel de l'enfant; marraine : Louise De
la Tour, marquise de Lestour, bisaïeule de l'enfant.

1744. 11 janvier. De Elisabeth Picot.

1744. 25 octobre. De François Baudron.

1745. De Françoise, fille de Jean-Baptiste Chénon, bailli de Bous
sac, et de dame Jeanne Tacquenet. Parrain : M. Jean-
Baptiste Debize, sieur d'Entraigues; marraine : damoi
selle Françoise Tacquenet.

1748. De Jeanne, fille de Alexis Géraud, commis aux aides, et de
Marie-Marguerite Châtelain.

1749. De Jacques-Philippe, fils de M. Jean-Baptiste Chénon,
bailli de la justice de Boussac, subdélégué de M. l'Intendant de Bourges, et de dame Jeanne Tacquenet.

Parrain : Messire Jacques-Philippe Peyrot, ancien mousquetaire ; marraine : damoiselle Françoise Tacquenet.

1751. De Anne Monvoison. Parrain : Mᵉ Jean Peyrot, notaire et greffier ; marraine : Anne Autourde.

1753. De Gilberte, fille de M. Silvain Autourde, marchand, et de damoiselle Marie Alaindré.

1760. 27 août. De Jean-Baptiste Duchier.

1769. De très haut et très puissant seigneur Antoine-Paul-Jacques-Bonne-Félicité, fils de très haut et très puissant seigneur, messire Charles-Henri de Carbonnières, baron de Boussac, comte de Saint-Brice, etc., etc., et de très haute et très puissante dame Madame Marie-Anne Ducarteron de la Pérouse. Parrain : Mgr Antoine-Paul-Jacques de Quélen, chef des nom et armes des anciens seigneurs de Quélen, en Haute-Bretagne, substitué aux nom et armes de Stuer et de Caussade, duc de la Vauguion, pair de France, gouverneur de Mgr le Dauphin, grand-maître de la garde-robe, etc. ; marraine : Mᵐᵉ Bonne-Félicité Bernard, épouse de Mgr Mathieu-François Molé, marquis de Méry, ancien premier président au Parlement de Paris.

1771. De Gabriel, fils du sieur François Desfosses, maître chirurgien, et de damoiselle Anne Gallerand. Parrain : le sieur Gabriel de Saincthorent, bailli de Clugnat ; marraine : damoiselle Anne Gallerand (*sic*).

1783. 12 janvier. De Marie-Anne, fille de M. Jean-François Tardy, docteur en médecine, et de dame Marie-Anne de l'Estang.

MARIAGES.

1679. Entre Gilbert de Saincthorent, fils de Mᵉ Robert de Saincthorant, procureur, et de dame Gilberte Duchier, de la paroisse de Boussac, d'une part, et demoiselle Jeanne Duchier, fille de Jean Duchier, sieur de la Courcelle, et de défunte dame Anne Mallet, de la paroisse de Boussac-les-Églises, d'autre part.

1696. Entre Pierre Aubert, procureur en la justice de Boussac, et demoiselle Louise Demenirone.

1696. Entre Robert de Saincthorent, sieur de Chantemille, et Marie Duchier.

1703. Entre Guillaume Lemoyne, sieur de la Villetelle, de la paroisse de Ladapeyre, et damoiselle Madelaine de Bize, fille de noble François de Bize, bailli de Boussac.

1705. Entre Catherine, fille de Louis Desaincthorent, fermier de la baronnie de Boussac, et Aimé Moreau.

1708. Entre Léonard Deluchat, sieur des Ages, de la paroisse de Saint-Dizier, et demoiselle Gabrielle de Montagnac, de la paroisse de Boussac.

1715. Entre Albert Debize, sieur de Crevant, de la paroisse de Boussac, et demoiselle Jeanne-Marie Valichon, de la paroisse de Vesdun.

1719. Entre Jean Vincent, chirurgien, et Madeleine Debize.

1721. Entre Jean-Baptiste Caternault, sculpteur et doreur de la ville d'Issoudun, et Catherine Debize.

1749. Mariage entre Mⁱʳᵉ Jean-Baptiste de Montagnac, chevalier, seigneur de la Rierge, fils de Messire Louis de Montagnac, chevalier, seigneur de Goubi, et de défunte dame Silvanie Darnat, d'une part, et damoiselle Françoise Taquenet, fille de Messire Jacques Tacquenet, chevalier, seigneur de Rilly, et de dame Marguerite Debize.

1753. Entre Mᵉ Antoine Monvoison, procureur d'office de la châtellenie, et damoiselle Marie de Boudachier, veuve de Mᵉ François Debize.

1756. Entre Godefroy Maugenest, marchand, fils de Mᵉ Joseph Maugenest, bailli des justices de Jupille et Gaudeix, et de demoiselle Marie-Marguerite de Saincthorent, d'une part, et demoiselle Gilberte Caternault, fille de Jean-Baptiste Caternault, sculpteur et doreur, et de feu damoiselle Catherine Debize.

1775. Autorisation accordée par M. de Boisberland, prévôt général des maréchaussées de Berry, au sieur Germain Courant, brigadier de la maréchaussée à Boussac, de se marier avec Anne Monvoison, « sur la connaissance que nous avons que ce mariage est convenable et dans le cas d'être approuvé ».

1777. Entre M. André Pacaud, capitaine de la brigade de Bonnat, et demoiselle Anne Bourdeaux.

1781. Entre M. Pierre de Laboureix de Puygrenier, étudiant en droit, fils de noble Léonard-Amable de Laboureys, seigneur de la Bussière, président châtelain de Chéne-railles, et de feue dame Marie d'Argniat de la Serre,

demeurant à Chénerailles, d'une part, et demoiselle
Jeanne Monvoison, fille de M. Antoine Monvoison, seigneur du Pradeau, bourgeois, et de dame Marie Boudachier, demeurant à Boussac, d'autre part.

1788. Entre le sieur Victor Peyrot, d'une part, et demoiselle
Elisabeth Peynard de Sallus, fille de Mᵉ André Peynard
de Sallus, seigneur du Cloux, subdélégué de M. l'Intendant de Bourges, bailli du baillage de la baronnie de
Boussac, et de feue dame Agathe Chabridon, d'autre
part.

DÉCÈS.

1678. Au lieu dit de la Maison-Dieu, de Gilbert de Saincthorent,
sieur de Vilmory, inhumé dans la chapelle de Saint-
Antoine de l'église paroissiale.

1680. De Mᵉ Robert de Saincthorent, notaire et procureur en la
justice de Boussac.

1681. De damoiselle Anne Furet, veuve de Charles Debize, en son
vivant bailli de Boussac. Témoins : Mᵉ Charles Debize,
avocat en parlement, et François Debize, bailli de
Boussac, fils de la défunte.

1684. De Jean Dagard, procureur fiscal, inhumé dans la chapelle
de Notre-Dame-de-la-Pitié du grand cimetière de la
paroisse.

1685. De M. Charles Duchier, âgé de 32 ans; « furent présens à
son convoy Mʳˢ les curés du voisinage et les plus considérables habitants du lieu ».

1686. Le 28 décembre. De Etienne Symonnet, curé de Boussac.

1687. De Marguerite de Tourraine, femme de Jean de Saincthorent, décédée à la Maison-Dieu, paroisse de Boussac,
inhumée dans la chapelle de Saint-Christophe de l'église
paroissiale de Boussac-le-Château.

1692. De Jean Jamot, sergent royal, et de Jean de Champerneau,
sieur de Beaufort.

1712. De Antoine Ganiveau, lequel, dans son testament passé
par le curé de Boussac, laisse 600 livres pour faire un
tabernacle.

1718. De Jean Marchesson, couvreur, « qui fut tué par les cava-
liers et valets de Monsieur de Saint-Paul ».

1729. En son château, de très haut et puissant seigneur, Albert
de Rilliac, comte de Saint-Paul, baron et seigneur de

la baronnie de Boussac, âgé de 68 ans environ, inhumé
« dans le charnier des seigneurs de Boussac, au-dessus
du chœur de l'église ».

1731. Le 12 mai. De Messire Jacques Jammet, curé de Boussac.

1733. De Mᵉ François Debize, veuf de dame Gilberte Chabridon,
bailli de la justice de Boussac, âgé de 95 ans, inhumé
dans la chapelle de Notre-Dame-du-Rosaire.

1736. De Marie Desaincthorent, veuve de feu Pierre Debize, sieur
de la Prugne.

1754. De Catherine Debize, épouse du sieur Jean-Baptiste Caternault, sculpteur et doreur.

1762. Décès de Charles Boisset, maître sellier, « ayant demeuré
cinq jours sans connaissance et tourmenté, de deux
minutes en deux minutes d'intervalle, par des convul-
sions esfrayantes provenant sans doute de quelques
vaisseaux rompus à la tête, d'une chute, principe de la
maladie ; a été inhumé dans le cimetière de cette
paroisse par nous, curé soussigné, qui, dans la marche
du convoi, avec tous les assistants, a vu, soleil cou-
chant, la figure d'une brillante étoile plus grande
qu'une fusée qui s'est fendue et allongée dans les airs
et s'est perdue du côté de la fosse du susdit défunt ».

1763. Le 26 octobre. De M. Barthélemy Mansoux, curé de Boussac, âgé de 34 ans, mort et inhumé le même jour
« pour raison indispensable ».

1776. De M. Pierre de Boussac, chevalier de l'ordre royal et militaire de Saint Louis, ancien brigadier des gardes du
corps du Roi.

1780. De « un garçon » de M. Jacques-Adrien Trébuchet, notaire
royal et greffier de la justice de Boussac, et de Catherine Gallerand.

1783. De M. Jean-François Tardy, docteur en médecine, « à l'enterrement duquel Messieurs les officiers du baillage
ont assisté en corps, comme aussi Mʳˢ François Des-
fausses (1), Silvain Picot et Jean Vincent, maîtres chi-
rurgiens ».

1785. De M. Jean-Baptiste Drulhac, premier huissier audiencier
de la maréchaussée du Limousin, inhumé en présence
de « Messieurs les Officiers du baillage de cette ville,

____

(1) L'orthographe véritable du nom est « Desfosses ».

qui, par honnêteté pour M^r son fils, curé de cette ville, ont bien voulu assister en corps à l'enterrement ».

1785. De haute et puissante dame Françoise-Armande de Rilhac de Saint-Paul, baronne de Boussac, épouse de haut et puissant seigneur Jean-Baptiste de Carbonnières, seigneur marquis de Saint-Brice, baron de Boussac, âgée de 73 ans, inhumée dans le couvent de Notre-Dame-de-la-Miséricorde, à Paris, rue du Vieux-Colombier.

Différents événements survenus à Boussac ou actes concernant la Ville.

L'année 1694. — « Grand guerre et grand famine; le septier, bled seigle, 14 livres; il meurt grand monde. »

2 juillet 1751. — « Pose de la première pierre de la maison curiale. » (Voir chapitre VI.)

16 juillet 1759. — « Le seize juillet 1759 (mille sept cent cinquante neuf) environ une heure après minuit, s'estant élevé un orage affreux, le tonnerre est tombé sur cette église (de Boussac); il a découvert tout le clocher et a brisé plusieurs pièces de bois considérables, en a endommagé le coq; de là il a passé dans l'horloge où il n'a fait d'autre mal que de fondre et briser en petits morceaux, longs d'un pouce ou environ, le fil d'arreschal qui porte frapper les heures sur la grosse cloche; il a découvert *leglise* en plusieurs endroits. Le dégast du clocher a été d'autant plus facheux qu'en 1753, c'est à dire six ans au paravant, on l'avait fait recouvrir à neuf. Il est rentré dans l'église, en a brisé une partie de la porte, a brisé au *cotté* de *lépitre* le *pieds* de *stal* d'un pilastre du rétable à *cotté* de la *stattue* de St Jacques. De là il a été dans la chapelle du Rosaire où il a mutilé la statue de la Ste Vierge et lui a retiré un grand relet de bois derriere, depuis les épaules jusques au bas et une partie de son pied de stal. Ce qu'il y eut d'heureux, c'est que leglise estoit pleine de monde, de *soneurs*, de femmes même qui priaient Dieu, et personne n'a été tué; il y eust seulement quelques particuliers qui eurent quelque légère blessure à la jambe; toutes les lumières qui estoient dans leglise furent éteintes, leglise en fut ebranlée jusque dans ses fondements, ainsi qu'on put le conjecturer le lendemain par le griffage, les (*illisible*) de blanchissage, poussière, etc., dont le pavé fut couvert. On y trouva aussi plusieurs trous dans les murailles, entre autres, dans la grande fenestre de dessus la porte et dans celle du chœur dont partie des vitres en furent brisées. J'ay mis cet evenement icy, pour en conserver la mémoire et prier mes successeurs, lorsqu'ils diront les litanies des Saints, d'appuyer sur ces paroles : *a fulgure et tempestate libera nos Domine.* »

25 juin 1790. — « Aujourd'hui 25 juin 1790, MM. les électeurs des cantons composant le district de Boussac étant assemblés en cette ville, chef-lieu du district, pour procéder à la nomination des députés qui doivent se rendre à Paris le 14 du mois prochain, pour la confédération nationale, m'ayant fait l'honneur de venir en corps à la maison curiale, accompagnés de MM. les officiers municipaux de la dite ville, j'ay regardé comme un devoir aussy flatteur qu'indispensable pour moy de l'inscrire sur les registres de cette paroisse pour leur en témoigner ma reconnaissance. *Signé :* le marquis DE LIGONDÈS, baron DE GOUZON ; CARBONNIÈRES, commandant de la Garde nationale de Boussac ; DE BOUDACHIER DE FROMENTEAU, officier de la Garde nationale de Chatelus... etc... »

A l'inventaire sommaire des archives départementales antérieures à 1790.

CREUSE.

Archives civiles : Série C. Compléments D. et E. (première partie), par MM. A. Bosvieux, A. Richard, L. Duval et F. Autorde.

Subdélégation de Boussac.

C. 412 (Liasse). 7 pièces papier.

« 1695-1762. — Egalement de la somme de 400 livres d'une part et 50 livres de l'autre, imposée par les collecteurs de Boussac-le-Château, l'année prochaine 1696, pour le logement de la compagnie de cavalerie qui doit y passer l'hiver : François Debize, bailli, 30 livres ; Pierre Desaincthorent, procureur fiscal, 15 livres ; Jean Desaincthorent, avocat et procureur, 12 livres. Exempts : le curé, les dames et demoiselles de Boussac ; le sieur de la Chapelle, gentilhomme. — Nomination d'expert par J.-B. Chenon de Champroin, subdélégué à Boussac, pour faire l'estimation des revenus du fief de Jupille (1745). — Requête à l'intendant présentée par les habitants de Boussac, pour être déchargés de la somme de 336 livres qui leur a été imposée pour le logement de la brigade de maréchaussée établie dans la ville de Boussac, laquelle ne consiste qu'en 80 maisons. Ils exposent qu'ils ont perdu leurs fruits par la grêle et la gelée, et une partie de leurs bestiaux par une maladie épidémique ; que le nombre des cotisables n'est que d'environ 80, dont partie sont mendiants ou journaliers. Ils demandent enfin que la répartition de cette somme soit faite sur toutes les paroisses de la subdélégation (1749) (1). — Nomination de Charles Laborde comme syndic de Boussac, par Chenon de Champroin, subdélégué (1753) ; de Silvain Sartin (1762). — Ordonnance du même, enjoignant aux syndics et collecteurs de Boussac-les-Églises d'imposer la somme de 152 livres sur cette paroisse pour le logement de la brigade (1755-1758). »

Assemblée provinciale du Berry.

C. 413 (Liasse). 1 cahier, 15 feuillets et 10 pièces papier.

« Dépense, subdélégation de Boussac : payé aux officiers municipaux de Boussac 1,500 livres, d'après le procès-verbal de réception du sieur Saint-André, sous-ingénieur, le 21 août 1787, pour travaux aux abords de Boussac ; à Philippes Dumoulin, 1,939 livres, pour construction d'un pont à Boussac, sur la Petite-Creuse, suivant quittance du 28 décembre de la même année. — Du 23 juin 1789, donné un mandement à M. de Salus, subdélégué, de la somme de 200 livres. M. de Salus étant décédé, M. Debourges de Moitiefroi, qui l'a remplacé, a employé cette somme en achat de blé, dont il a fait la distribution aux plus malheureux de la subdélégation. »

La liste qui va suivre est forcément bien réduite ; on trouvera souvent, comme nous le faisons observer au sujet des listes qui précèdent, les mêmes personnes avec leurs noms orthographiés de façons différentes. Nous avons également tenu à les conserver tels qu'ils sont dans les vieux actes qu'il nous a été donné de lire, ou dans les ouvrages que nous avons eus sous les yeux.

CURÉS.

MM. Malet, 1676-1683.
    E. Symonnet, 1686.
    J. Jammet, 1687-1707.
    Galoux, 1732-1744.

(1) Aux signatures : Monvoison, Desincthorent, Bonnet, Sartin, Peyrot, Duchier, syndic ; Béchet, Ripon, Gallerand, Debize, Autourde, etc.

Du Plantadis, 1744-1760 (1).
De Mansoux, 1761 (décédé en 1763).
Polier, 1764-1782.

Les curés qui se sont succédé depuis la Révolution sont :
MM. Blanchard, du Quéraud, Miallot et Martin.

SUBDÉLÉGUÉS DE L'INTENDANT DE BOURGES.

MM. Jean-Baptiste Chénon, sieur de Champroint, 1749.
André Peynard de Sallus, seigneur du Cloux, 1788.
Debourges de Moitiefroy, postérieurement au 23 juin 1789.

MAITRES PARTICULIERS DES EAUX ET FORÊTS.

MM. Jean-Baptiste Chénon, sieur de Champroin, 1745.
André Peynard de Sallus, seigneur du Cloux, 1785 (2).

BAILLIS.

MM. Roger Roque, « bailly de la chastellenie », 15 septem-
bre 1427 (3).
« Maitre » Marc Orson, 22 février 1436 (4).
Pierre Maigny, licencié en loix, 1519 (5).
Pierre de Lachapelle. 1543 (6).
Charles Debize, décédé antérieurement à 1681.
François Debize. 1681.
« Noble » François de Bize, 1703.

(1) En 1760, François Sénéragot est fabricien de l'église paroissiale.
— On trouve un *Sénéragot*, contrôleur des actes notariés, receveur des
francs-fiefs en 1745.

(2) Il est dit, à la même époque, seul juge ordinaire, civil, criminel
et de police de la ville « baillage » de Boussac. — Jean-Baptiste Chénon est dit, le 18 mars 1753, « juge ordinaire et criminel du baillage de
Boussac ».

(3) Il signa à la charte d'affranchissement des habitants de Boussac.

(4) Il signa à cette époque pour le choix d'un curateur de Jean II de
Brosse.

(5) Registre d'hommages de la seigneurie de Boussac (1519-1521).

(6) A cette date, on trouve « Pierre de Lachapelle et Pierre de Lambelly, bailly et châtelain de Boussac ». A la même époque, Gabriel de
Saincthorent est dit « greffier du baillage de Boussac », et Guillaume de
Pierre-Bize, « garde du scel ». Guillaume de Pierre-Bize porte le même
titre en 1567.

François Debize, 1733 (décédé cette même année, à 95 ans).
Jean-Baptiste Chénon, 1745 (1).
Jean-Baptiste Chénon, 1749-1757.
Jean-Baptiste Chénon, sieur de Champroint. 1762.
André Peynard de Sallus, seigneur du Cloux, 1785.
André Peynard de Sallus, 1788.

NOTAIRES.

MM. Pierre Duchier, 1519.
Gabriel De Saincthorent, 1567.
« Me » de Saincthorent, 1649.
« Me » Pierre Bize. 1667 (2).
Micheau, 26 avril 1668.
Robert de Saincthorent, 1680.
Jean Grangiron. 1683.
Duchier, 1732.
Antoine Ducourtioux, décédé à 45 ans, le 1er mars 1734.
François Senéragol. 1746.
Jean Peyrot, 1751.
Jean Peyrot, 1762.
Charles Ducourtioux, décédé le 19 août 1772.
Peyrot, 1776.
Sartin. 1778.
Dudoussat. 1778.
Desaincthorent, 1778.
Sartin, 1779.
Sartin, 1780.
Jacques-Adrien Trébuchet, 1780.
Charles Jamot. décédé en 1790.

PROCUREURS.

MM. Pierre de Bize, sieur de la Prugne, 1668.
Autre Pierre de Bize, sieur de la Prugne, décédé le 17 mars 1714, à 53 ans.

(1) Jean-Baptiste Chénon, qui portait le titre de sieur de Champroint. est dit bailli ordinaire, civil et criminel de la terre et baronnie de Boussac.

(2) En 1567, à l'aveu du fief du Cheix, on trouve Guillaume De Pierre-Bize garde du scel et établi aux contrats du bailliage et châtellenie de Boussac.

Robert de Saincthorent, 1679.
Pierre Aubert, 1696.
Jean Abonnet, 1741.
Pierre de Bize, antérieurement à 1745.
Antoine Ducourtioux, 1745.
« Me » Marien de l'Estang, sieur des Villates, dit « ancien procureur au baillage de Boussac, faisant fonctions de juge », en 1746.
Antoine Monvoison, 1753.
Sartin, 1762.

PROCUREURS FISCAUX.

MM. Jean Dagard, 1684.
Monvoison, 1751.

PRUD'HOMMES ET CONSULS.

MM. Antoine Aubert, 1751, 1752, 1753.
François Gallerand, 1751, 1752, 1753.
Pierre Bonnet, 1751, 1752, 1753.
Silvain Picot, 1753.
Silvain Gallerand, 1753.
Jean-Baptiste Caternault, 1753.
Nicolas Parot, 1753.

SYNDICS DE LA VILLE ET PAROISSE DE BOUSSAC.

MM. Pierre Düchier, 1745.
Claude Laborde, 1753.
Sylvain Sartin, 1762.
Pierre Béchet, 1762.

MAITRES CHIRURGIENS.

MM. Silvain Vincent, 1677.
Gilbert de « St Horent », 1683.
Jean Vincent, 1719.
François Desfosses, 1771.
Silvain Picot, 1773.
Antoine Sartin, 1778.
François Desfosses, 1783.

DOCTEUR EN MÉDECINE.

M. Jean-François Tardy, 1783.

Juges.

MM. Daussigny, 1786.
Debourges, 1786 (1).
Autourde, 1786.
Desaincthorent, l'aîné, 1786.
Louis Duchier, 1789.
Duchier de la Courcelle, 1789.
Augier, 1790.

Avocats.

MM. Pierre Debize, 1676.
Charles Debize, 1681.
Jean de Saincthorent, 1697.
Jean-Baptiste Chénon, licencié en *l'un et l'autre droit*, 1745.
André Peynard de Sallus, 1785.
Jean Debourges de Moitiefroy, 1785.
Autourde, 1786.
Duchier, 1789.

Greffiers.

MM. Gabriel de Saincthorent, 1543.
Victor de Saincthorent, 1709.
Jean Peyrot, 1745, 1751, 1753.
Jacques-Adrien Trébuchet, 1780.
Jean-Baptiste Abbont est *commis-greffier* en 1751.

Maitres d'école.

MM. Etienne Floquet, 1694.
Jean Petitpet, 1701.
Pierre Triouiller, 1746.
Silvain Micheau, 1762.
Jean-Baptiste Teillat, 1782.

(1) Dans le corps de l'acte, le nom est écrit De bourges; à la signature, De Bourges de Moitiefroy.

TABLE DES MATIÈRES

CHAPITRE VII

CHAPITRE VIII

Versailles. — Imprimerie AUBERT, 6, avenue de Sceaux.